地域の考古学

私の考古学講義

Nishitani Tadashi
西谷正

梓書院

発刊に当たって

私たちのように、大学教員の経験者にとって、現役のときはもちろん、定年退職後も、専門分野に関して、一般市民の皆さまを対象とした講演・講座などを担当する機会がしばしば巡って来ます。その中には、講演などの記録が少なからず蓄積される結果となりました。それらを今、読み返しますと、その後の調査・研究の進展に伴って加除修正が必要な部分が少なくありません。そこで、増補改訂の意味も込めて、また、私の北東アジア古代史の考古学的研究の一端を披瀝して、この分野に対する皆さまのご理解・ご関心をいただきたく、書物の体裁にまとめることにいたしました。

本書は、既刊の『北東アジアの中の弥生文化』や『北東アジアの中の古墳文化』と合わせて、いわば「私の考古学講義」の三部作に当たるもので、今回は日本列島諸地域の考古学をテーマに編集してみました。編集作業を進めながら、私の高校生時代から憧れの森浩一先生の、「考古学は地域に勇気を与える」という名言の意味するところを改めて噛み締めたことでした。

目次　地域の考古学―私の考古学講義

第Ⅱ部　出雲・伯耆と吉備

第Ⅲ部　近江・美濃・尾張・加賀・能登と上野

装幀　いのうえしんぢ

※本書は過去の講演録を再編集したものです。本書内の地名等は講演当時のもので現在と違うものもございます。ご了承いただけますと幸いです。

第Ⅰ部　筑紫・豊前・日向と肥後

第1章　筑後川の流域史

筑後川の古代史

ここでは筑後川流域の地域の歴史を振り返ってみたいと思いますが、私のお話が、たとえば東海地域の木曽川、揖斐川、矢作川あるいは豊川といった流域の歴史、地域史研究の参考になればと思っています。さて、古代に筑紫と呼ばれた北部九州には筑紫次郎とも称される九州第一の河川、筑後川が流れています。その筑後川の流域には長年にわたって人々の歴史の足跡が刻まれて来ました。一万年以上前の旧石器時代から人々の営みがあったのですが、縄文時代に入りますと、歴史が本格的に展開します。すでに縄文時代数千年の間に、筑後川流域の各地で集落が営まれていましたが、生活の糧は川で魚を獲ったり、山に入り込んで獣を獲ったりという採集経済の段階です。発掘調査の結果、筑後川流域では縄文時代の前期には、大規模な集落が形成されていたことも分かっています。そうした長い歴史を経て二千数百年前に弥生時代に入るわけですが、この地域の歴史が大きく展開するのはこの弥生時代に入ってからのことです。

玄界灘に面した沿岸部で稲作を行う集落が営まれるようになると、筑後川流域へも稲作を行う集落が広がってゆきました。そしてその後、弥生時代前期の後半から中期の前半にかけての頃になると、さら

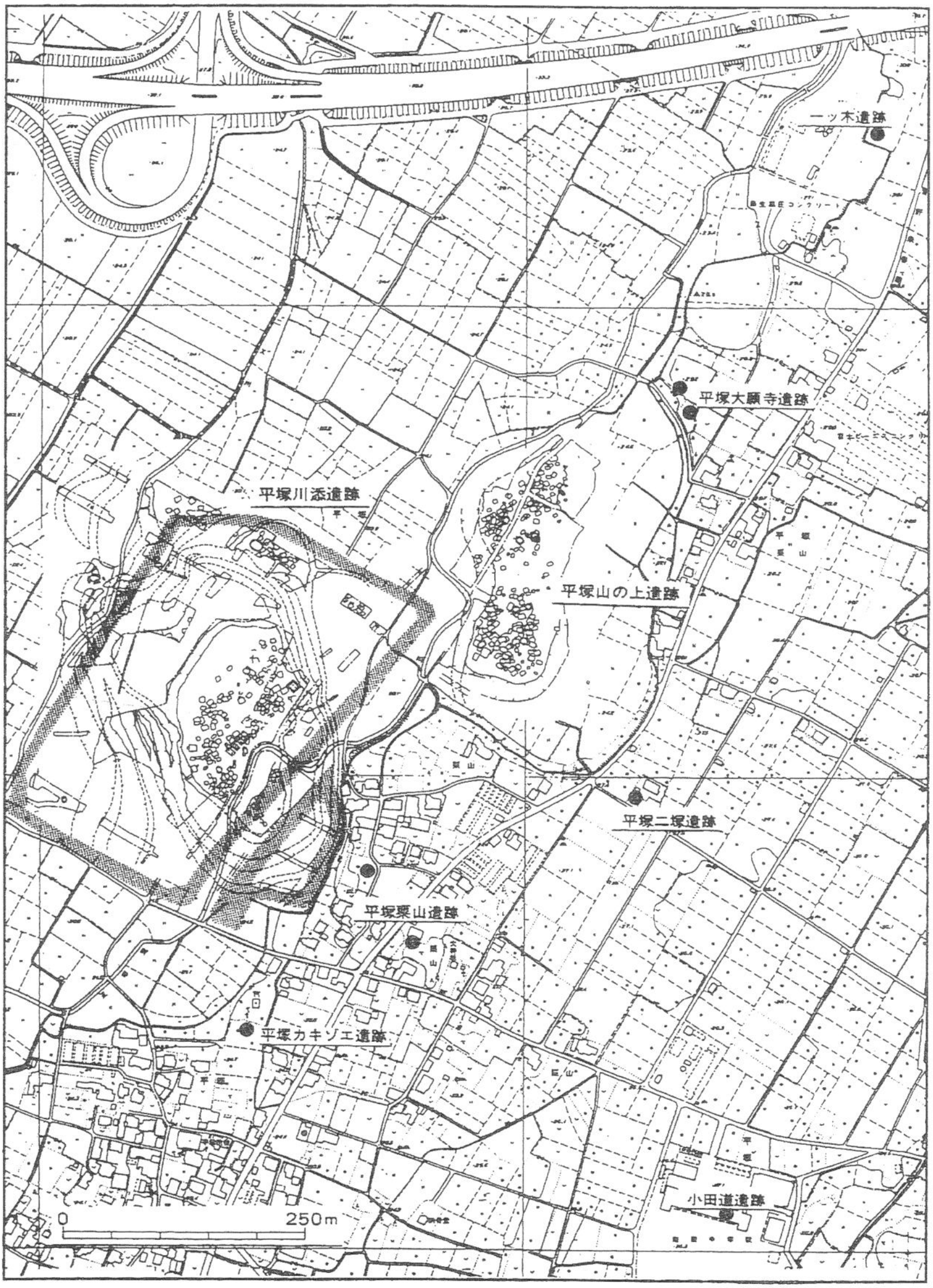

第１図　平塚川添遺跡周辺遺跡分布図（平塚川添遺跡を愛するみんなの会, 1995『水に浮かぶムラのはなし』より）

に大きな展開が見られるようになります。それまで人々の生活基盤は内陸部の丘陵地や、そのすぐ眼下の谷あいとか、あるいは少し海側の河岸地域であり、そういった場所に水田を営んでいたわけですが、この頃から稲作を行う村々が内陸部の沖積地にどんどん進出していくのです。そして紀元前一世紀の前半には、この流域で非常に巨大な集落が登場します。専門用語では拠点集落といいますが、そういった集落があったことが筑後川流域の支流の宝満《ほうまん》川流域などの数カ所で判明しています。

これは二、三ヘクタールくらいの規模を持つ大規模な集落です。その例を第1図に一カ所挙げておきました。また、そのような巨大集落では、墳丘墓と呼ばれる、これまでには見られなかったような大型の墳墓が出現します。第1図の中央下に当たる平塚栗山《ひらつかくりやま》遺跡からは、一辺が一一メートル×一五メートル規模の墳丘墓が見つかっています。

つまり、弥生時代中期の前半から後半頃には拠点集落が生まれ、そこには墳丘墓が築かれるようになりました。もちろん、吉野ヶ里遺跡で見られるような大規模な墳丘墓ではありませんが、それでも当時としては際立った墳墓です。さらに、平塚栗山遺跡の甕棺墓《かめかんぼ》からは中国の前漢の鏡が出土しました。

博多湾岸では奴《な》国とか伊都《いと》国のことがよく知られていますが、そういったところでは、甕棺墓の中から多量の前漢の鏡が出土しており、おそらくそれらは漢帝国から楽浪郡を通じて入手したものでしょう。つまり、まず、弥生時代前期の終わりから中期の前半にかけて、この地域では各地の村々が集まって、拠点集落を中心とする地域的なまとまりが出来ていったのではないでしょうか。これを専門用語では農業共同体といいます。そして、そうした共同体がやがて弥生時代中期後半に入って、漢帝国との間で外交関係を結んだということではないでしょうか。

北東アジアの中の位置付け

その結果が前漢鏡の入手であり、弥生時代後期初には、皆さんよくご存じの志賀島で発見された「漢委奴国王」と刻まれた有名な金印までもらって来るのです。弥生時代の中期の後半、紀元前一世紀の後半頃になると、そうした地域社会あるいは農業共同体は、漢帝国から国として認められ、そして、そのリーダーは王として認証されたのです。中国の『漢書』地理志の「倭人は分かれて百余国を為す」という記事は、そうした国々がたくさんあったということを示しているといえましょう。

第１図の平塚川添《ひらつかかわぞえ》遺跡に代表される拠点集落に関連して、『魏志』の韓伝や倭人伝を詳しく調べていきますと、「国に邑《ゆう》あり」とか、「国邑《こくゆう》を為す」と記述されています。つまり「国に邑」、というのは「国都・王都」という意味です。国があれば当然そこに都があり、その遺跡もあります。それが拠点集落の遺跡であり、第２図に想像復元図で示した平塚川添遺跡もその一つなのです。王墓のようなトップクラスの首長の墓があるのも当然といえます。当時の国とは、後の律令時代の郡が一つか二つぐらいの規模と考えられます。そのことを目安にしますと、第３図のように、当時の筑後川流域には、国々が次々と生まれていたのではないかと思われます。

ちなみに邪馬台国九州説に拠りますと、この辺りに邪馬台国があったともいわれます。それはともかくとして、こうして小さな国々が次々と生まれていったというのが弥生時代の終わり頃の状況ではなかったでしょうか。付言しますと、北部九州には、現在の福岡平野を中心とする地域に奴国があり、そ

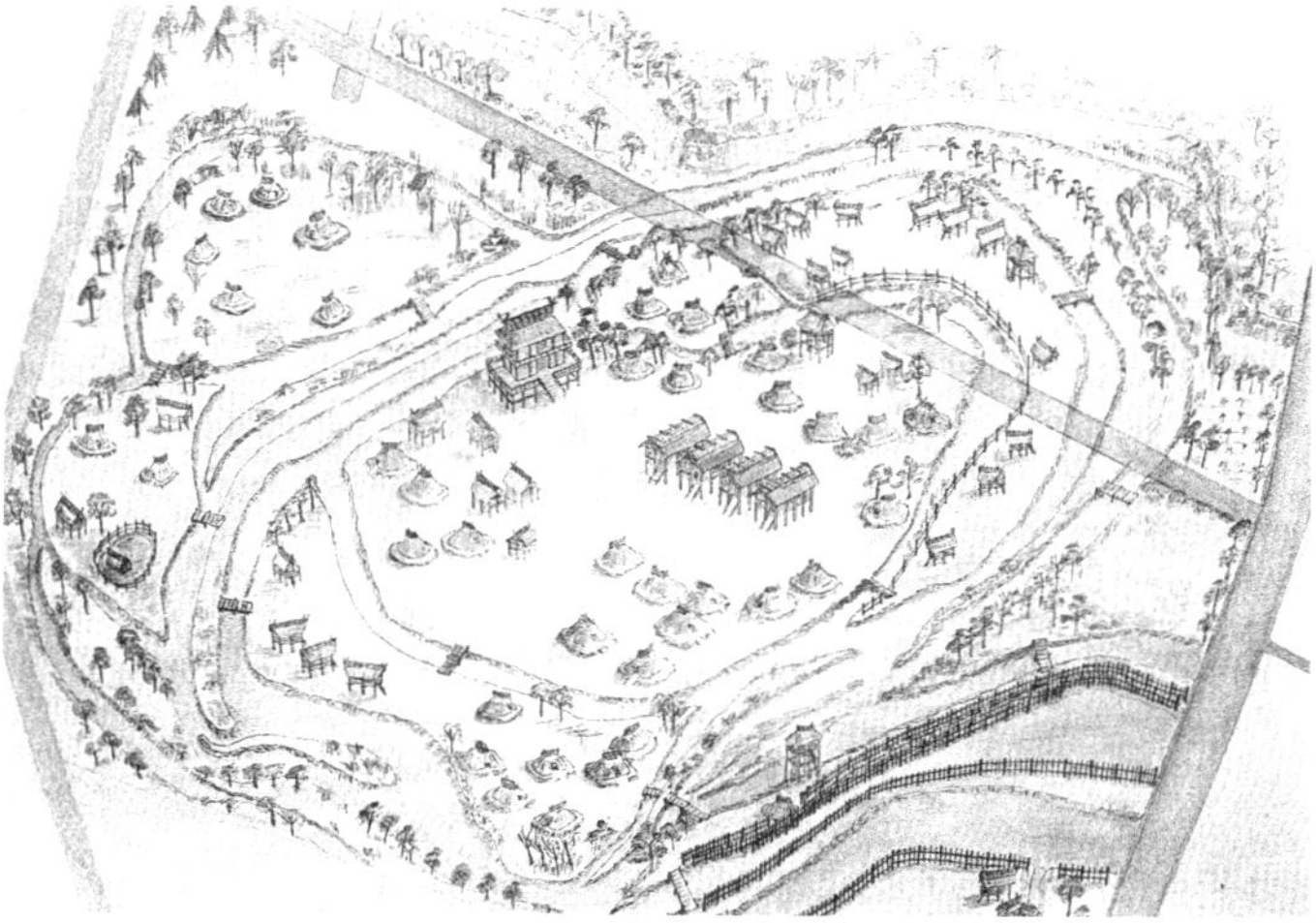

第２図　平塚川添遺跡想像復元図（平塚川添遺跡を愛するみんなの会，1995『前掲書』より）

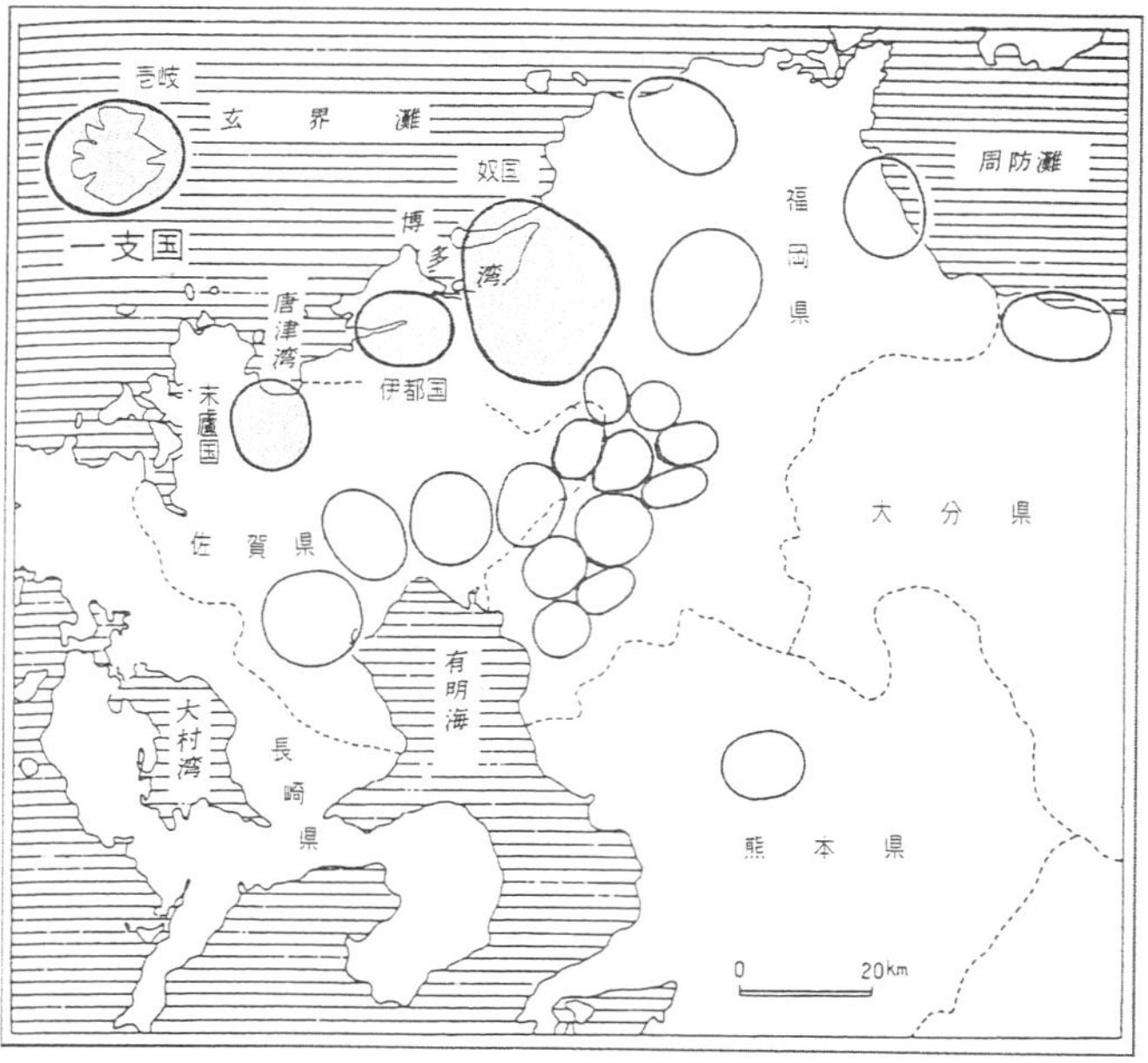

第３図　北部九州における邪馬台国時代の国々（小郡市史編集委員会，1996『小郡市史』第１巻より）

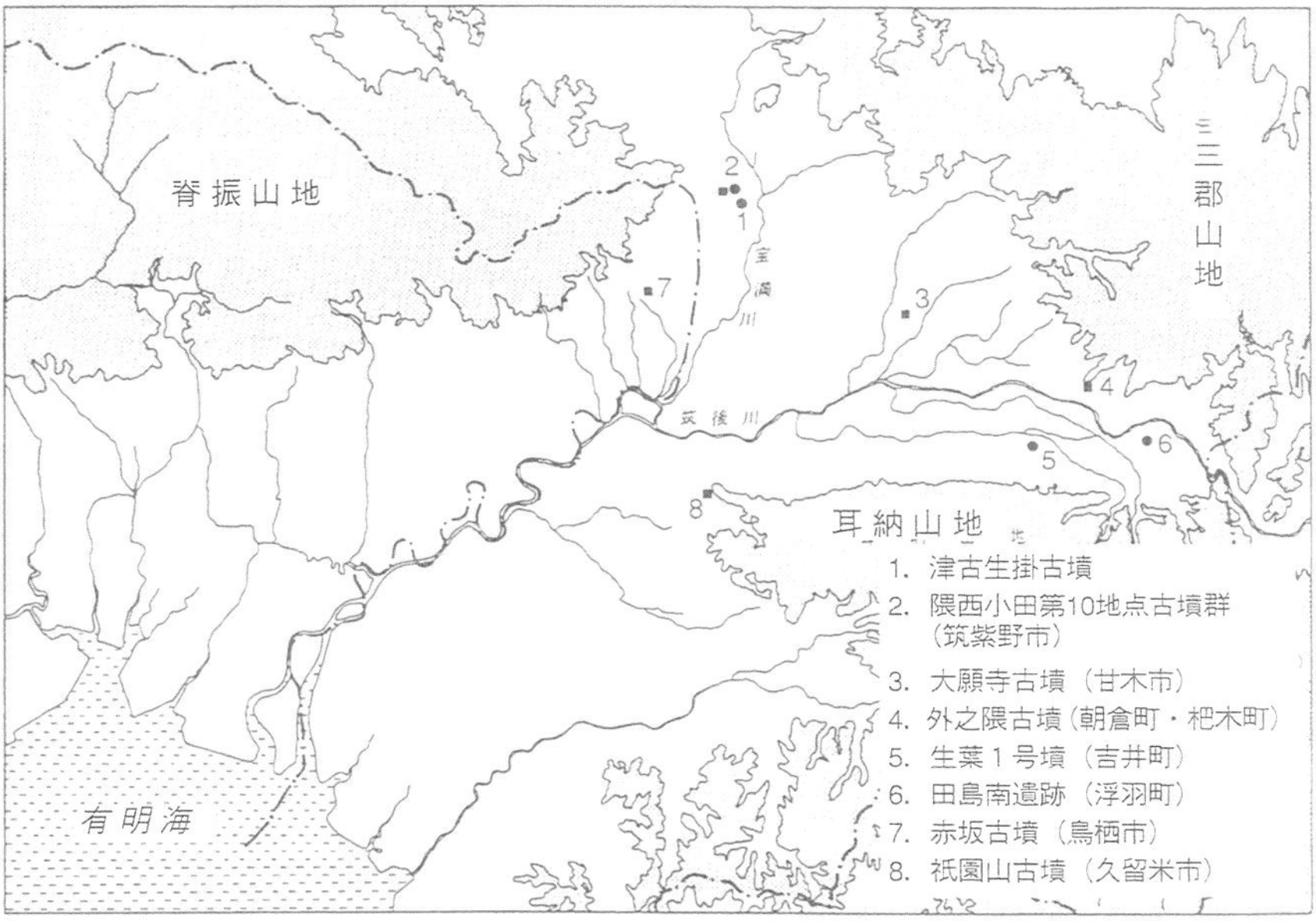

第４図　筑紫平野の出現期古墳（小郡市史編集委員会，1996『前掲書』より）

の西隣りに伊都国があったということは、すでに定説化しています。

しかし、北部九州には、奴国・伊都国より大きな国はありませんでした。邪馬台国九州説の場合、小さな国々があったところと考えられる地域に、邪馬台国があったと推定されています。しかし、このことからも分かりますように九州説は成り立たない話です。

やがて近畿地方の大和盆地で古墳が築かれるようになりますと、筑後川流域でも初期の古墳が築かれ始めます。そのことを示したのが第４図にある古墳の分布状況です。つまり、ヤマト王権との関わりの中で、この地域に前方後円墳の造営が始まるということです。こうした古墳の造営はやがて五世紀へと展開していくわけですが、五世紀に入りますと第５図のように前方後円墳が分布を次第に広げていきます。

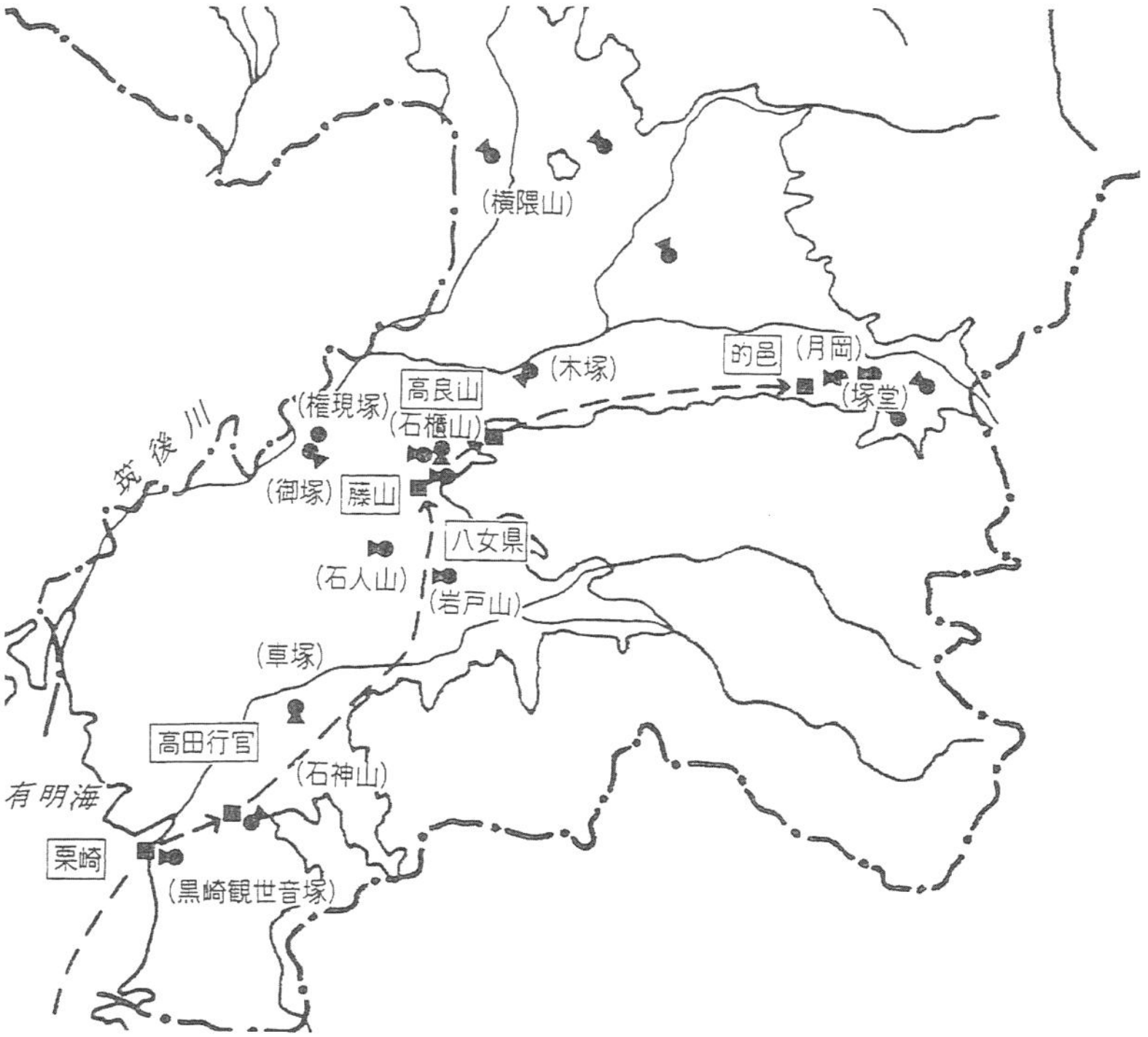

第５図　景行天皇巡幸ルートと主要古墳（小郡市史編集委員会，1996『前掲書』より）

そこで興味深いことは、『日本書紀』に景行天皇が九州をずっと巡幸されるという記事が見えます。とくに、筑後川流域に関していえば、景行天皇紀に出てくる地名と符合するかのように、前方後円墳が築かれていっていることがうかがえるのです。つまり、この地域がヤマト王権の支配下に入る過程で、次々と前方後円墳が築かれていったのではなかったでしょうか。

磐井と的氏

筑後川流域の古墳文化の中で、やはり見逃してはならないのは、筑紫《ちくしの》君《きみ》磐井《いわい》の墳墓の問題でしょう。それは全長が一三五メートル

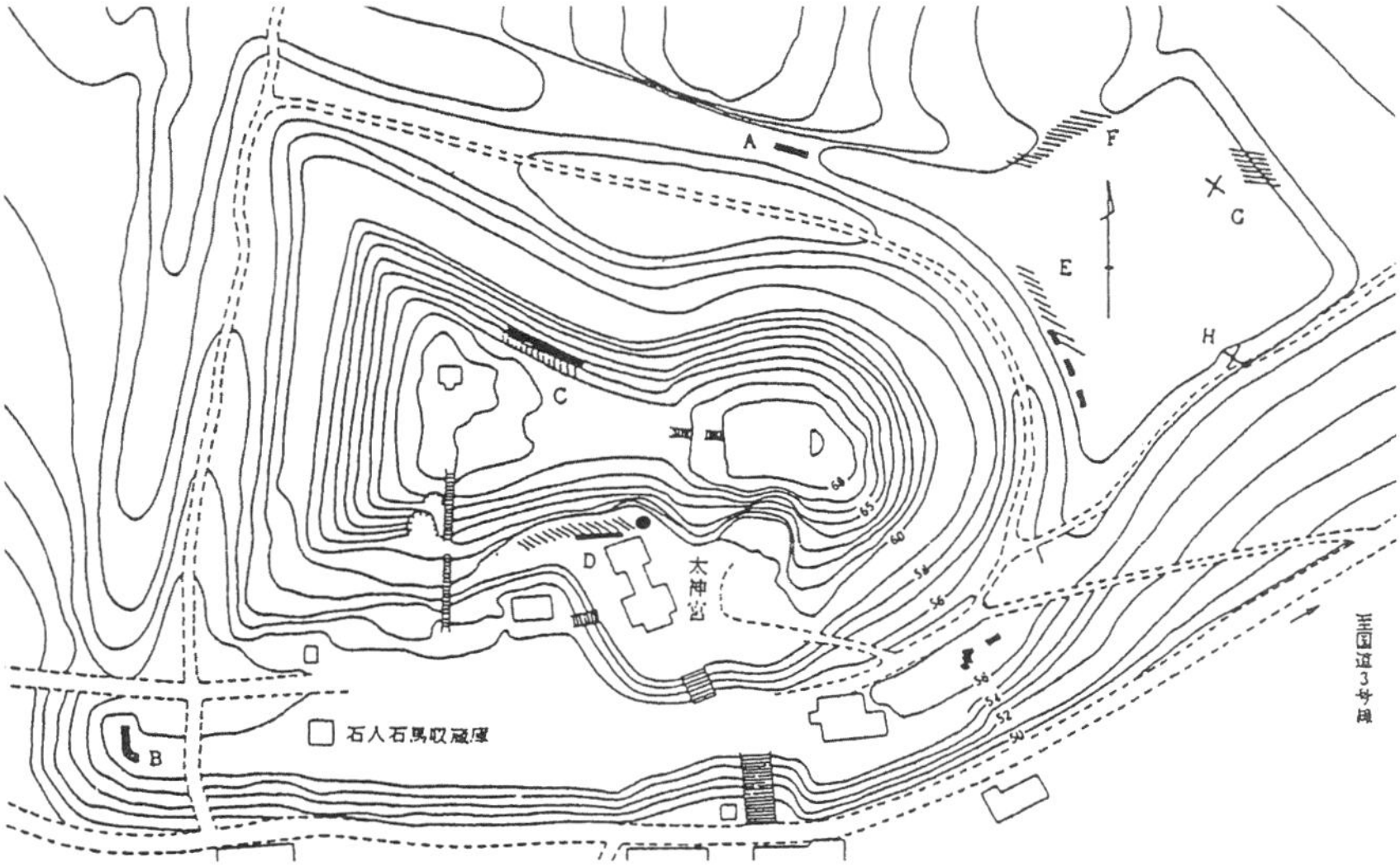

第６図　岩戸山古墳全体図（森貞次郎，1970『岩戸山古墳』中央公論美術出版より）

もある北部九州では最大の前方後円墳で、岩戸山《いわとやま》古墳と呼ばれています（第６図）。これだけの大規模な古墳が築かれるというのは、この地域では六世紀前半の段階に筑紫君磐井に象徴されるような大豪族が生まれていたということを物語っています。皆さんよくご承知のとおり、『日本書紀』の継体天皇紀二一年の条、つまり西暦五二七年のところを見ますと、筑紫君磐井はヤマト王権から新羅に出兵せよという命を受けますが、それに背いて反乱を起こします。これが有名な筑紫君磐井の反乱です。この反乱はいずれ鎮圧されるわけですが、その歴史的経緯としては『日本書紀』の宣化天皇元年紀、つまり西暦五三六年に那津のほとりに官《みや》家《け》を置くという形で登場します。古代の北部九州で大きく成長、発展した大豪族が、中央政権に対抗するという事件が起こったわけです。

この磐井の反乱のあとで非常に興味深い問題が、最近の調査結果からうかがえます。福岡県南部で筑後川左岸域の浮羽郡《うきはぐん》は、律令時代には生葉《いくは》と呼ばれていました。そこの田主丸大塚《たぬしまるおおつか》という古墳は、直径が六〇メートルぐらいの大円墳でした。ところが、この田主丸大塚古墳の発掘調査が近年行われ、周辺調査の結果から、全長が一〇三メートルという前方後円墳で、六世紀後半の古墳としては九州最大であることが明らかになったのです。六世紀前半の磐井の墓は全長一三五メートルですが、磐井が没落した後に、全長が一〇三メートルもの九州最大の前方後円墳が築かれたということが大変重要なのです。

先ほど浮羽郡といいましたが、この地域は律令時代は生葉郡といって、いわゆる的臣《いくはのおみ》という氏族の根拠地でした。したがって、この田主丸大塚古墳を築いた被葬者は、的臣の一族の一人でしょう。田主丸大塚古墳の前方に浮羽古墳群があって、若宮《わかみや》と朝田《あさだ》という二つの古墳群から成っています。つまり、五世紀から六世紀前半にかけて次々と前方後円墳が築かれていって、それが後半に入って田主丸大塚古墳となるわけです。五世紀前半から六世紀にかけて築造された前方後円墳は、その地域を支配していた豪族である的臣の一族の歴代の墓地なのでしょう。

ここで重要なのは、田主丸大塚古墳が歴代の地域首長の一人の墓というだけにとどまりません。六世紀の後半に一〇三メートルという全長を持つ大規模な前方後円墳が築かれたことは、その当時の的臣の力、あるいは存在感がいかに際立っていたかということだと思います。

ご承知のとおり、六世紀後半の欽明天皇の時代になりますと、日本列島と朝鮮半島の関係が新たな局面を迎えます。欽明天皇の二三年、つまり西暦五六二年に朝鮮四国の中の加耶《かや》（任那《みまな》）が新羅によって滅ぼされるという事件が起こります。その前後に、ヤマト王権は九州の豪族を尖兵として、朝鮮半島の加耶、そして後には百済の救援を行います。的臣はそういう緊張した国際関係の中で急成長して来たのではなかったでしょうか。

やはり『日本書紀』の欽明天皇のところの一五年紀を見ますと、西暦五五四年に当たる年に、百済の要望に応えて、筑紫から援軍一〇〇〇人・馬一〇〇頭や船四〇艘を準備したという記事が見えます。百済救援のために、筑紫の兵士と馬と船を送るというわけです。私はその担い手こそが的臣達ではなかったかと考えるのです。

ちなみに、筑後川流域の中流域に宝満川という支流があって、その西側の丘陵地帯で大変興味深い遺跡が調査されています。そこの円墳の周りには長方形の土壙がたくさん掘られ、そこに馬が埋葬されていたのです。馬の歯が出土したり、実際に馬具も出て来ました。現在二〇基ほど見つかっていますが、馬が埋葬されているということは、おそらくその近くで馬を飼育していたのでしょう。古代の言葉でいうと牧《まき》ということになります。現に、そのように馬を埋葬した遺跡が見つかった近くの丘陵地には遺跡の空白地帯があります。そこがおそらく牧の跡ではなかったかと推測されています[1]。果たしてそれが、欽明天皇紀一五年の条の記事と合致するのかどうかは別としても、検討に値すると思います。

それから浮羽郡は山林資源の豊富なところで、古代史の田中正日子《まさひこ》さんの研究によりますと、『古事記』、『日本書紀』あるいは『風土記』などから考えて、その辺りの木で船を建造したのではないかということも指摘されています[2]。こうしたことから、この筑後川流域は、欽明天皇から斉明天皇にかけての頃の、加耶そして百済の滅亡へと繋がる国際的な緊張状態の中で、ヤマト王権側の百済救援のための兵《へい》站《たん》基地の役割を果たしていたのではないかと思われるのです。そして、その中心勢力が的臣であり、九州最大の前方後円墳が築かれたのも、そのためであったと考えています。

明らかになりつつある北東アジアと筑紫

さかのぼれば、生葉はもともと的《まと》に関係していました。その頃の九州の古墳文化といえば、すぐ思い起こされるのが装飾古墳です。菊池川流域の熊本県に次いで装飾古墳が多いのが、やはりこの筑後川流

第７図　筑後川流域の装飾古墳（白木守，2002『筑後川流域の古代遺跡』より）

1. 浦山古墳　2. 日輪寺古墳　3. 下馬場古墳　6. 前畑古墳
15. 中原狐塚古墳　16. 寺徳古墳　17. 益生田古墳　18. 清長橋古墳
19. 西館古墳　20. 原古墳　21. 珍敷塚古墳　22. 鳥船塚古墳
23. 古畑古墳　25. 富永古墳　26. 日岡古墳　27. 重定古墳
28. 塚花塚古墳　36. 狐塚古墳　38. 観音塚古墳　39. 仙道古墳
A. 筑後国府跡　B. 狐塚古墳　C. 山本郡衙推定地

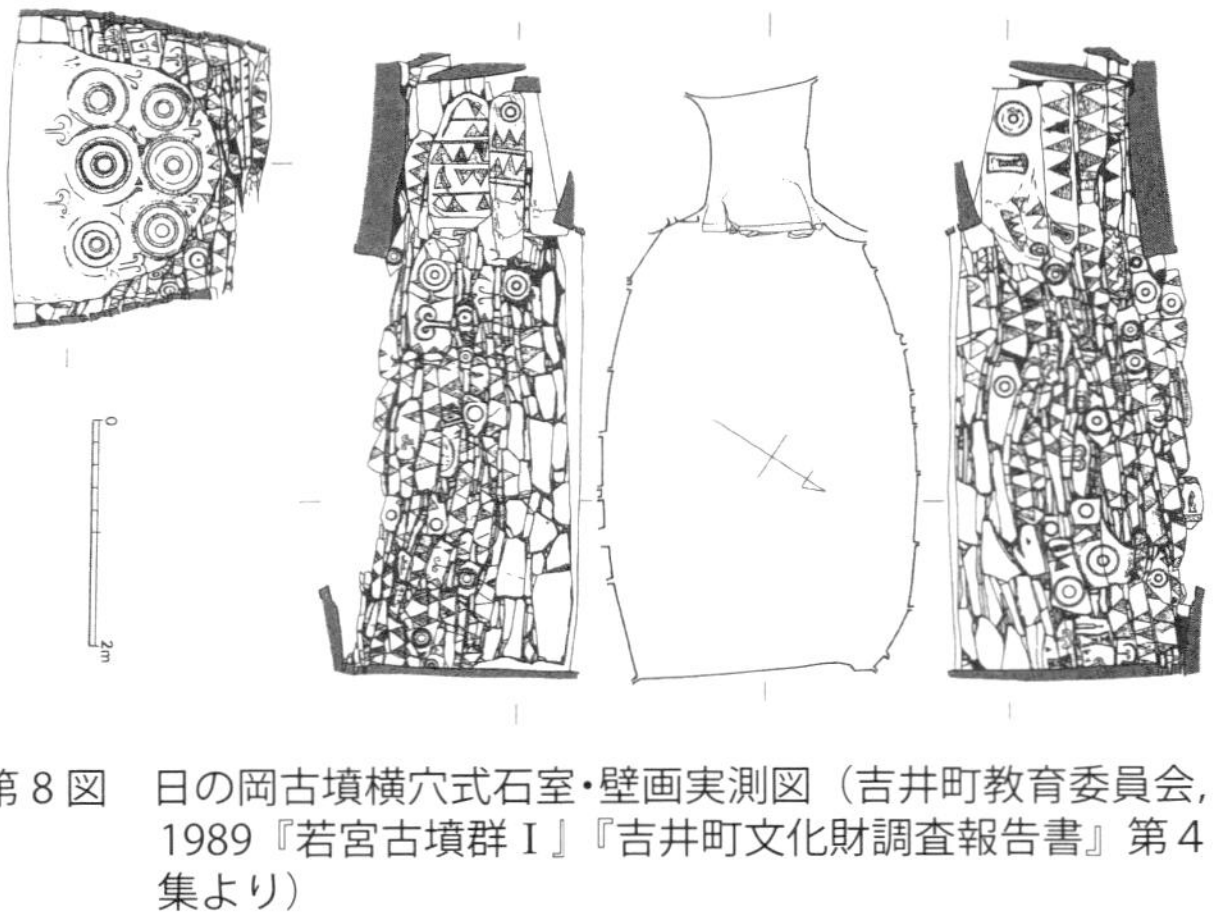

第８図　日の岡古墳横穴式石室・壁画実測図（吉井町教育委員会，1989『若宮古墳群Ⅰ』『吉井町文化財調査報告書』第４集より）

域の福岡県です（第7図）。その筑後川流域の装飾古墳の題材で特徴的なものの一つは同心円文です（第8図）。円を何重にも重ねた同心円文です。もちろん、船や馬の絵もあります。これらを先ほどの欽明天皇紀一五年の条の記事と合わせ考えますと、なかなか興味深いことが分かって来ます。私は装飾古墳の題材を、的臣の活躍と関連づけて考えてみてはどうかと思っています。

今、装飾古墳の題材の中に同心円文があるといいましたが、この同心円文は、弓矢の標的の的とか、太陽や鏡を表現しているという説もあります。したがって、的《いくは》という言葉から生葉《いくは》になったと考えます。

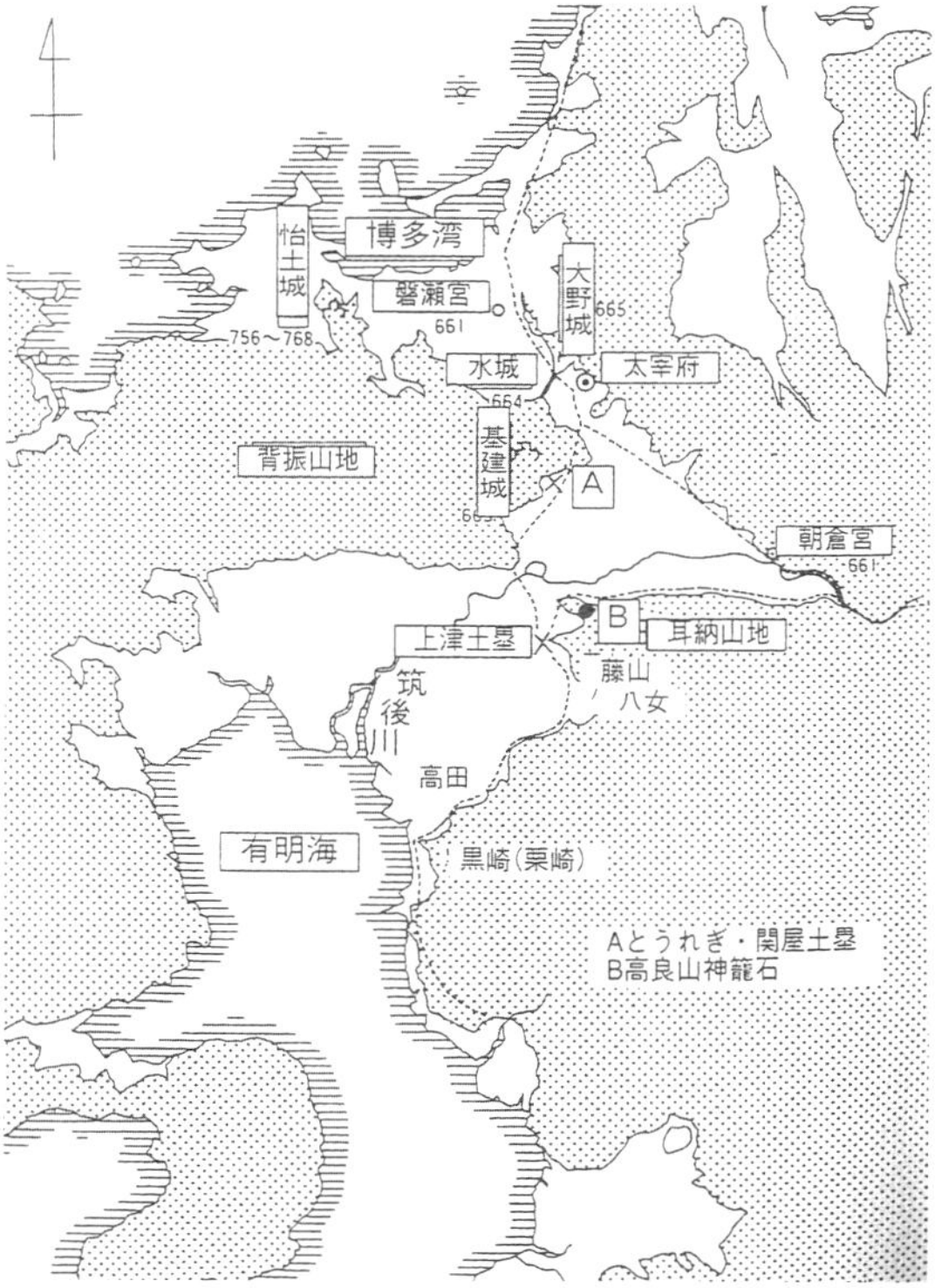

第９図　７世紀後半ごろの北部九州（久留米市教育委員会，1986『上津土塁』『久留米市文化財調査報告書』48 より）

『日本書紀』の仁徳天皇の条には、高句麗が鉄の盾と的を献上し、盾人宿禰《たてひとのすくね》という人がその的を射通したので、その人物に的戸田宿禰《いくはのとだのすくね》という名前を与えたという記事が見えます。こうしたことから、同心円文というのは的臣のアイデンティティを示すもの、つまりシンボルマークではなかったかと考えるようになりました。(3)

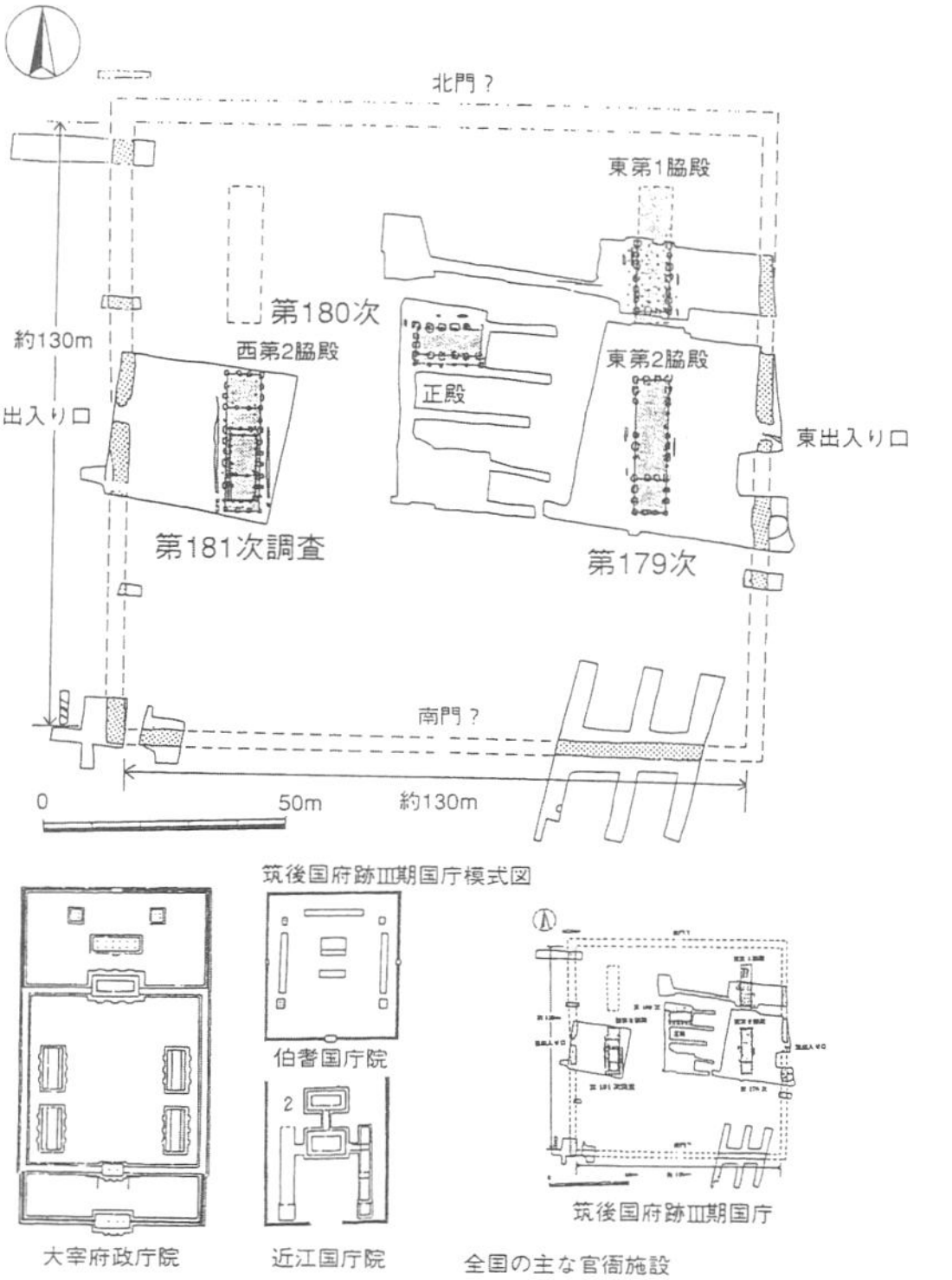

第10図　筑後国府跡第Ⅲ期国庁模式図（上）と全国主要官衙施設（下）（久留米市教育委員会，2002『筑後国府跡―第181次調査―』現地説明会資料より）

やがて欽明天皇から斉明天皇の時代にかけて、北部九州は外交上、重要な地域となっていきます。すなわち、六六〇年の百済の滅亡、続く天智天皇二（六六三）年の百済と倭の連合軍の敗退を通して、北部九州は未曾有の国際的な緊張状態の中に巻き込まれていくわけです。

そうした背景があって大宰府の防衛体制が整備されるようになり、第9図に示しましたような水城や大野城・椽《きい》（基肄）城をはじめとする防衛施設が次々と築かれていきました。しかし、幸いにして唐と新羅の襲来はありませんでした。

おそらく持統天皇三年、西暦六八九年に飛鳥浄御原令《きよみがはらりょう》が制定される頃には、筑紫と呼ばれていた国が筑前と筑後の二国に分かれました。そして、筑後川流域に、筑後国の役所として国府が建設されたのです。その基盤となった背景には筑後に一〇の評《こおり》（郡）があり、すでに評《こおり》（郡）衙が営まれていてヤマト王権による支配が他の地域よりも進んでいたのでしょう。

こうしたことを踏まえて、筑後国府の調査が五〇年以上にわたって行われて来ました。(4) この筑後国府は、国衙を三回移したということがはっきりして来ています。そのうち、第10図にありますように、第三期に当たる一〇世紀の中頃から一一世紀後半にかけて存在した、筑後国府の政庁部分の実態が明らかになっています。一辺一三〇メートルという広大な濠と塀に囲まれた中に正殿と脇殿を持った政庁の実態が明らかになって来たのです。第10図の下の各地の国府の遺跡とを比較しますと、筑後国府の第三期が全国でも最大規模の国府で、筑後川流域の重要性は律令時代に入っても、なお失われていなかったということだと思います。

〔注〕

（1）小郡市史編集委員会、一九九六『小郡市史』第一巻通史編、小郡市。
（2）田中正日子、一九八七「筑後古代史の展開（中）」『田主丸郷土史研究』創刊号。
（3）西谷　正、二〇〇三「筑後・田主丸大塚古墳をめぐって」『新世紀の考古学―大塚初重先生喜寿記念論文集』。
（4）久留米市教育委員会、二〇一七『筑後国府跡―Ⅰ期政庁地区―』（筑後国府跡正式報告書(1)）『久留米市文化財調査報告書』第三八三集。

第2章　遠賀川流域の考古学

はじめに

今回の公開講座で、私はテーマとして「遠賀川流域の考古学」というタイトルを掲げましたが、それには理由がございます。

本講座のお世話をなさった平田寛先生から、直方市で何か考古学の話をするようにといわれたとき、即座に私の念頭に浮かんだのが、『遠賀川流域の考古学』という書物であり、また、その著者の上野精志君のことでありました（第11図）。

第11図　上野精志君の遺稿集

上野君といいましても、ご存知ない方も多いかと思いますが、この「遠賀川流域の考古学」を語るとき、直方市植木町生まれで、去る昭和五四（一九七九）年に、三二歳で夭逝した一人の若き考古学徒・上野精志君のことを想起します。同君は、立正大学の卒業論文で、「遠賀川流域の考古地理的研究―轟・曽畑式土器出土地よりみた古遠賀潟について―」を取り上げました。卒業後は故郷に帰り、福岡県教育庁に勤務して、県内の遺跡調査に従事しながらも、地元のために「直鞍文化財を守る会」の主要メンバーの一人として、直鞍地方の文化財の調査や保存に取り組んでいましたので、遠賀川流域の考古学の解明に大きく貢献したといえましょう。

上野君の業績もしくは遺稿は、没後六年目の昭和六〇年に、佐々木務先生や牛嶋英俊さんら、かつての師・仲間の手でまとめられましたが、それが『遠賀川流域の考古学』なのです。

上野君の遺志は、「直鞍文化財を守る会」をはじめ、民間の人々に受け継がれ、調査や研究も継続されていることは喜ばしいことです。ただ、最近、県内の各市町村では、専門技師を配置して、文化財の調査に取り組んでいますが、歴史民俗資料館がないとか専門技師がいないのは、直方市ぐらいではないでしょうか。本日、ここにご出席の皆さんにも、そこいらのことをじゅうぶんにお考えいただきまして、文化財の調査や保存の体制を整備していただきたいと願わずにはおれません（付記参照）。

遠賀川流域の考古学

さて、これから問題にする遠賀川は、福岡県嘉麻市に属する馬見山に源を発し、穂波川・彦山川・犬鳴川など四四もの支流を集めて六〇数キロ、遠賀郡芦屋町の河口で響灘《ひびきなだ》に注いでいます。

話は少し大げさになりますが、エジプト・メソポタミア・インダス・黄河の世界の四大文明は、それぞれナイル川、ティグリス・ユーフラテス川、インダス川、黄河の流域に発生し、古代文明の花を咲かせました。遠賀川流域に花開いた原始・古代の文化は、それらに較べるまでもないとしても、どのようなものであったのでしょうか。

ここでは、私の専門の考古学の立場から、その辺りのお話をさせていただきます。考古学といいますと、広い意味では歴史学です。それに対して、狭い意味の歴史学あるいは文献史学という学問がありますが、それは文書・記録などの文献史料によって研究するのです。ところが、考古学というのは、古墳などの遺跡や石器などの遺物、言い換えますと、物質資料によって歴史を研究する学問なのです。したがいまして、時代は問わず、たとえば人類誕生の何百万年前から、ついこの前の昭和時代までも研究対象とします。

つまり、たとえば二五〇万年ほど前のアフリカの旧石器時代の遺跡を発掘するかと思えば、アメリカの南北戦争時の第七騎兵隊の砦や北海道の明治期のビール瓶工場の跡まで調査します。そして、田川市には立派な石炭資料館がありますが、そのような近代産業の遺跡を取り扱う場合、とくに産業考古学と呼んでいます。また、対象地域も、ヨーロッパ・アメリカ、中国・朝鮮とか、さらに、日本・九州・遠賀川流域といったように、どの地域でも研究対象になります。さきほども述べましたように、考古資料はふつう遺跡・遺物と呼ばれますが、平たくいえば、「物」のあるところ、古今東西を問わないのが、考古学という学問なんです。

そこで、今回は、遠賀川流域に限りまして、数万年前の旧石器時代から、数百年前の近世におよぶ地域の歴史を、考古資料から考えてみたいと思います。

旧石器時代

さて、遠賀川流域の歴史はとても古く、旧石器時代にさかのぼります。日本の旧石器時代遺跡は、昭和二四（一九四九）年に、相沢忠洋氏の手で、群馬県の岩宿遺跡において注意されて以来、六〇年以上たったこれまでに、全国で一万カ所以上もの遺跡が知られるようになりました。福岡県でも、五〇カ所以上の旧石器時代の遺跡が知られています。

遠賀川流域では、そのような遺跡が一〇カ所以上見つかっています。すなわち、三万年ほど前から出現して来る後期のナイフ形剝片石器が宮若市の汐井掛遺跡で出土しています。直方市内では永満寺地区で尖頭器が知られます。ともに、シカ・イノシシといった中形獣を対象とした狩猟活動に使われたことでしょう。遠賀川下流域に当たる、北九州市若松区の椎ノ木山遺跡はとくに注目に値します。この遺跡は、昭和六〇（一九八五）年に発掘されたものですが、長方形に近い平面形をなし、柱穴を伴う竪穴式の住居跡が二軒検出されまして、一定の定住生活を意味するといわれます。その他にも、炉跡・土壙の遺構や、剝片石器が見つかっています。

この時代の特色は自然環境にありまして、地球上が数回にわたって氷河期に見舞われています。日本の場合、氷原に直接覆われることはありませんでしたが、その当時、陸続きもしくは対馬海峡が狭まっていた大陸からは、少しでも温暖な地を求めて、人類はもちろん種々の生物群が移動して来ました。その結果、現在の中国や朝鮮と共通した旧石器文化が展開したようです。

いまから一万二千年ほど前、最後の氷河期であるヴュルム氷期が終わって気候が温暖化し、海水面が上昇した結果、現在、私たちが見るような日本列島が形成されたのです。そして、ここに縄文文化が出現するようになったのです。

縄文時代

遠賀川流域の縄文時代遺跡は、四〇カ所以上ほどあるといわれますが、そのような遺跡では、多くが貝塚を形成しています。したがいまして、旧石器時代の狩猟を中心とする採集経済に加えて、新たに漁労活動が盛んに行われるようになったといえましょう。貝塚は、当時の人々が食料残滓物を捨てた結果出来上がった、いわばゴミ捨て場ですから、すぐ近くに住居もしくは集落があったことを意味します。つまり、当時の集落は、漁労活動に適した海辺に立地していたと思われますので、貝塚の分布をたどっていくと、当時の海岸線が推定出来るわけです。そのようにして、東京湾の場合を見ますと、海岸線が一番深く内陸に入っていた時期には、現在より五〇キロほど深まっていたといわれます。

さて、さきほどご紹介した上野君らの研究によりますと、遠賀川の中・下流域は、古遠賀潟（湾）とも呼ばれる内湾になっていまして、干潮時には、広大な干潟が形成され、また、洞海湾とも水道でつながっていたようです（第12図）。たとえば、遠賀川流域の最奥の貝塚は、直方市大字新入の天神橋貝塚です。ここは、橋梁の掛け替え工事に際し、河底の下およそ六メートルという深いところで発見されたものですが、現在の遠賀川の河口から一六キロほど奥まったところに当たります。貝層中には、鹹《かん》水産

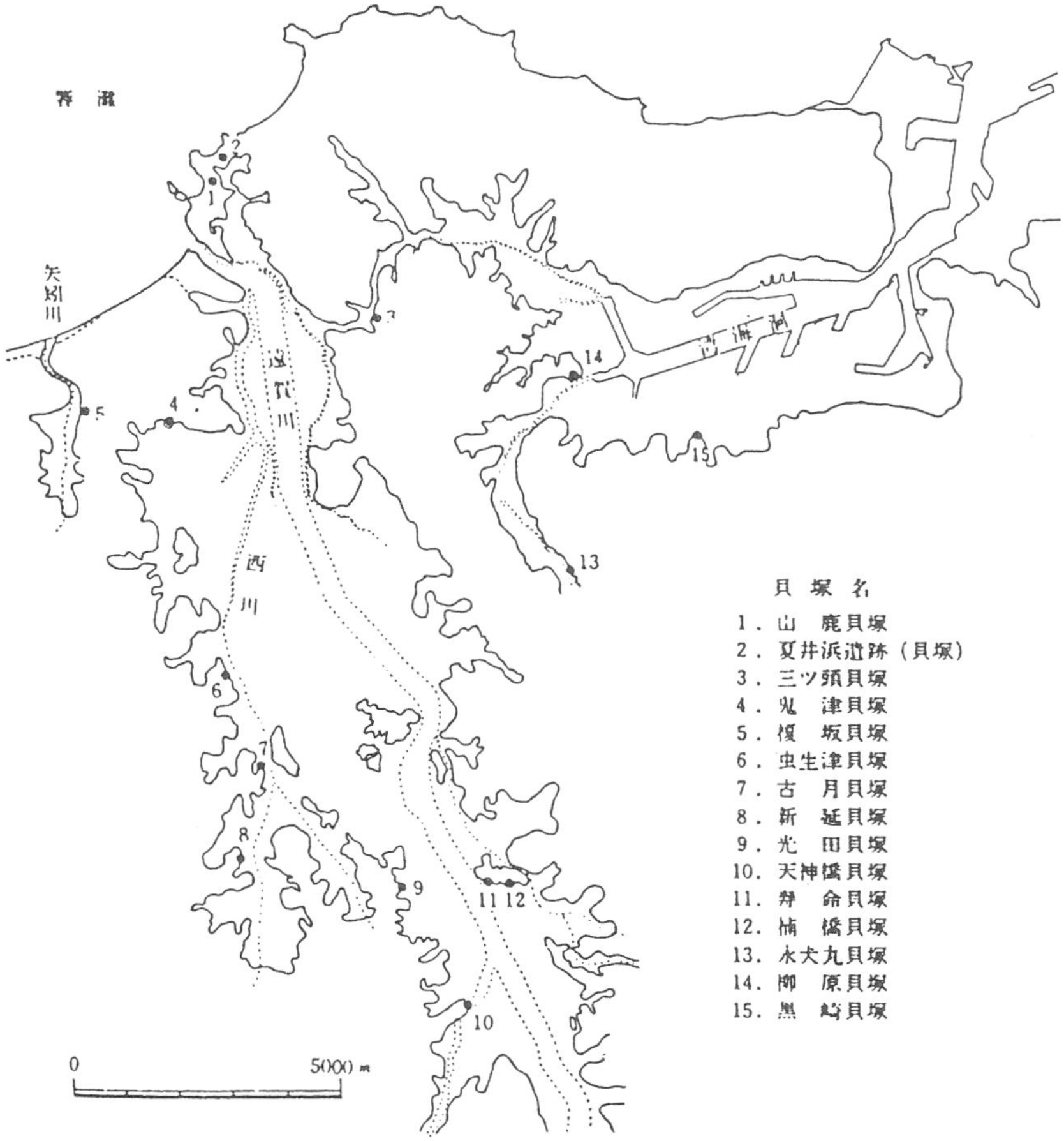

第12図　遠賀川とその周辺における縄文時代貝塚の分布と推定海岸線（山鹿貝塚調査団, 1972『山鹿貝塚』より）

の貝種も含まれますので、この貝塚の年代である縄文時代の前・中期の頃には、少なくともこの辺りまで内湾が広がっていたことがうかがわれます。

また、遠賀川の支流であり、その西方を流れる西川流域には、鞍手郡鞍手町大字木月に古月貝塚があります。ここは、シジミを中心とする主淡貝塚ですが、やはりハマグリ・カキなども混じっていて、海岸線が近かったことを示しています。このほか鞍手郡には、現在の遠賀川の河口から一〇キロほどさかのぼった位置に、同じような内容の新延《にのぶ》貝塚も知られますので、それらの遺跡の年代から見て、縄文時代の前・中・後期を通じて、内湾が樹枝状に深く入り込んでいたことを示してくれます。そして、中間市の中之江・宮田・下大隈などの遺跡群の立地からは、その付近が島になっていたことを思わせます。

このように見て来ますと、縄文時代の人々は、古遠賀潟におきまして、満潮時には魚を釣ったり、網で獲ったりしたことでしょう。といいますのは、貝塚出土の魚骨の分析によりますと、内湾性のクロダイ・スズキや、外海性のヘダイ・イルカ・サメなど五〇種類以上が知られています。さらには、干潮時に干潟で、ハマグリ・カキ・シジミなどの貝類も採取していたようです。上述の新延貝塚からは、シカ・イノシシ・タヌキ・アナグマ・テンなどの獣骨の出土も報告されていますので、当時の人々は、周辺の山でそれらを捕獲していたことも分かります。そのように、自然の食糧資源に比較的恵まれていたことが、遠賀川中・下流域に遺跡群を濃密に残すことになったのでしょう。つまり、当時の人々は、豊かな自然の恵みに抱かれて、採集経済を謳歌していたのではなかったでしょうか。

ただ、かつて昭和六三（一九八八）年七月一九日から八月七日までの会期で開催された、飯塚市歴史資料館の「嘉穂・田川地区埋蔵文化財出土品展」を見学していて思ったことですが、遠賀川上流域に当たる飯塚市の春田遺跡において、筑豊地方では珍しい遺跡が見つかっているのです。この遺跡では、ピット四〇〇、土壙六〇、そのうちには墳墓の土壙かと思われるもの二、溝状遺構四などの遺構と、その内外から、後・晩期の縄文土器多数と、石鏃・石斧・石錘などが見つかっています。つまり貝塚を伴わない内陸部の遺跡として注目されるのです。この遺跡を残した住民の生活基盤は、石錘の出土から見て、近くの河川での漁労も考えられますが、狩猟・植物採集を主体としていたと思われます。さらには、原始農耕がまったく行われなかったかどうかも考えてみる必要がありましょう。その点で、直方市の中ノ江遺跡で出土している扁平打製石斧は、土掘具と考えられますので、原始農耕という観点からも見直してみてはどうでしょうか。

いま述べて来ましたような縄文時代が、数千年間以上にわたたって続きましたが、その終末期、すなわち、いまから二五〇〇年ほど前までに、自然環境に変化が現われて来ます。古遠賀潟《おんがかた》は、遠賀川の上流からの沖積土の堆積、あるいは、小海退といわれる海水面の低下などの理由によって、陸化が進み、河口から八キロほどのところまで、海岸線が後退していったことが、やはり貝塚の分布状況から推測出来ます。ちょうどその頃、遠賀川下流域において、弥生文化が成立したのです。

弥生時代

紀元前五〇〇年の頃までには成立した弥生文化は、水稲耕作を主体とする生産経済の開始に特徴づけられます。ヨーロッパでは、生産経済に入ると、牧畜も始まりますが、日本の場合はほとんどがそれが認められない点に特色があります。過去三〇年ほどの調査を通じて、北部九州では、縄文時代終末期にすでに稲作が始まっていたことが分かって来ましたが、遠賀川流域では、その時期に当たる夜臼式土器もしくは刻目突帯文土器の段階もしくは弥生時代初期の遺跡は、地下に深く埋没しているせいか、あまり多く知られていません。遠賀川の河口に近く、響灘に面した北九州市若松区の夏井ヶ浜貝塚では、夜臼式土器と共伴して、貝包丁が出土しています。また、中間市の砂山遺跡は弥生時代初期のもので、ともに数少ない代表的な遺跡といえましょう。これらの遺跡から考えますと、遠賀川流域における稲作文化は、その下流域においてまず定着したようですが、遺跡立地が海岸ないしは内湾に面していることを考えますと、半農半漁の性格が濃厚であったといえましょう。

ここで、遠賀川下流域において、弥生文化がどのようにして始まったかを考えますとき、中間市の砂山遺跡で磨製石鏃や石包丁が出土していることが参考になります。これらの遺物は、日本最古の農耕遺跡といわれる、佐賀県唐津市の菜畑遺跡で出土しているものと同種のものです。ともに、朝鮮半島南部の稲作文化と共通しますし、半島からの渡来人によって稲作文化が持ち込まれたと推定してみてはいかがでしょうか。ちなみに、稲作文化が菜畑遺跡から遠賀川下流域の遺跡まで、北上もしくは東伝したと仮定しますと、同じような遺跡が海岸部に点々と分布しています。すなわち、西から曲り田・有田・板付・夜臼・今川といった遺跡群です。

その後、年月が流れて、弥生時代も前期後半頃になりますと、遺跡の数は数倍もの広がりを見せて来ます。その立地も、海岸部近くの低湿地だけでなく、内陸部へと、つまり、遠賀川の中・上流域へとさかのぼっていきます。

そのようにしまして、農業集落が増加していきますと、新たな社会現象が発生します。あちこちに点在していた農業集落の間で、新たに農耕地を開発したり、用水の利用をめぐって、集落間で話し合いがもたれることもあれば、争いも生じたことでしょう。そうこうしまして、農業を基軸とした共同体、い い換えますと部族国家を形成したと考えたいのです。そのような農業共同体は、遠賀川上流域において、一つの典型例を想定してみてはどうでしょうか。

飯塚市の遺跡群を見ますと、立岩遺跡群を中核とする地域集団が参考になります。つまり、弥生時代中期後半には、一定の地域内で集落間で統合化が進み、立岩遺跡群を頂点とする農業共同体＝部族国家が誕生していたと仮定します。立岩遺跡群の第一〇号甕棺墓の場合、中細形銅矛一・鉄剣一・鉄鉇《やりがんな》一・砥石二とともに、中国の前漢鏡（第13図）六面が副葬されていましたが、これだけ豊富な文物を集中的に所有しているのは、おそらく部族国家の首長墓といってさしつかえないでしょう。

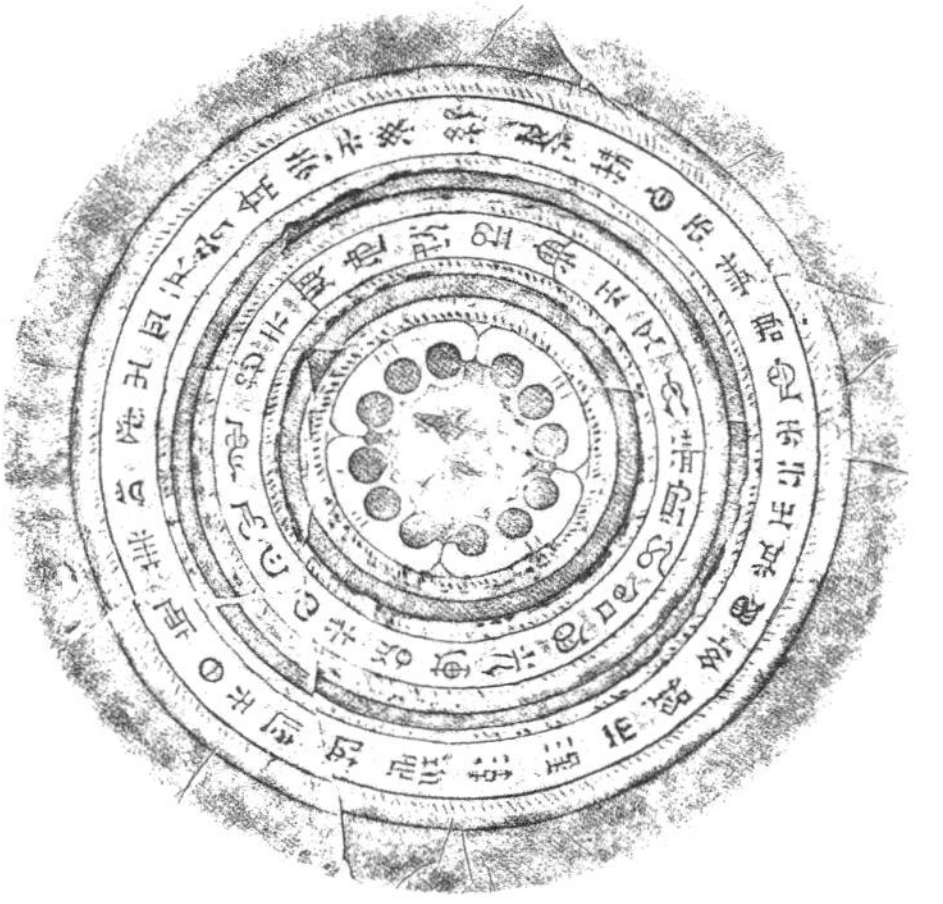

第13図　立岩遺跡第10号甕棺墓出土の前漢鏡（立岩遺蹟調査委員会，1977『立岩遺蹟』より）

ところで、「魏志倭人伝」を見ますと、北部九州には末盧国・伊都国・奴国等々の国々があったことになりますが、ちょうどそれらは、松浦郡・怡土郡・那珂郡等々と、奈良時代律令体制下の地方行政単位の一つである一、二郡に対応します。このことから当時の「国」というのは、およそ一、二「郡」ほどの規模を持っていたと推定されます。立岩遺跡群でいいますと、もとの嘉麻郡ほどの規模に、一つの「国」を想定することが可能でしょう。そこで、一説には、ここに不弥国が想定されるのです。もっとも、ここでいいます「国」に、律令制的な古代国家とか、また、帝国主義的な近代国家などのような国家の概念を当てはめるわけにはいきません。当時の「国」は、『漢書』地理志に、倭すなわち日本列島が百余国に分かれていたと記載する場合の「国」と同じ意味です。つまり、中国の前漢時代の郡国制という地方統治制度にもとづく考え方で、漢帝国に朝貢して冊封体制下に入っていた部族国家ということを意味します。

そうしますと、立岩遺跡群を含む、その周辺の部族国家が、漢帝国に朝貢した結果、仮に「嘉麻《かま》国」として認証されたことになります。その際、漢帝国から銅鏡などの先進文物を賜与され、そして、その首長、もっといえば、「嘉麻国」の「国王」は死後、甕棺墓にそれらを副葬品として埋納したと考えるわけです。

こうして、もとの嘉麻郡に一つの「国」が想定出来ますと、つぎは、穂波・鞍手・遠賀の各郡にも、それぞれ「国」の想定が可能ということになりましょう。そのためには、立岩遺跡第一〇号甕棺墓のような、王墓級の墳墓が発見されねばならないでしょう。今のところ、そのような手がかりはつかめませんので、将来の課題として、念頭においておくより仕方がないと思います。

これまで述べて来ましたような社会状況は、弥生時代後期、そして、その終末期に当たる邪馬台国の時代へと引きつがれていったことでしょう。「魏志倭人伝」では、卑弥呼の死に際し、大いに冢《ちょう》を作ると記されていて、古墳の出現をうかがわせます。こうして、三世紀後半頃から古墳とくに前方後円墳が出現し、古墳時代あるいはヤマト王権の時代に入っていきました。

古墳時代

北部九州におきまして、出現期の古墳の分布状況を見ますと、つぎのとおりです。

福岡県京都郡苅田町（旧・京都郡）石塚山古墳
大分県宇佐市（旧・宇佐郡）赤塚古墳
福岡県筑紫野市（旧・御笠郡）原口古墳
福岡県福岡市（旧・那珂郡）那珂八幡古墳

これらの前期古墳は、ほぼ律令体制下の郡、さらにいえば三世紀の「国」単位の地域社会に分布しています。それらはいずれも前方後円墳で、内部の埋葬施設には、石塚山古墳で見るような竪穴式石室が含まれます。そして、三角縁神獣鏡などを副葬品として持っています。そこで、これらの古墳は、そのようにヤマト王権の色合の濃い内容を持っているところから、畿内型古墳とも呼ばれます。つまり、そのような古墳築造の背景として、北部九州の国々が、後の畿内におけるヤマト王権の支配下に入るといった状況が考えられます。

その頃の遠賀川流域の古墳を見ますと、現在のところ、出現期の古墳は河口域左岸の丘陵地に築かれた島津丸山古墳が知られます。遠賀川の上流域から見ていきますと、嘉麻市（旧・嘉麻郡）の沖出《おきで》古墳が知られます。この古墳は、昭和六二（一九八七）・六三年に発掘調査されましたが、全長約七〇メートルの前方後円墳で、後円部には舟形石棺を納めた竪穴式石室が築かれています。古墳の表面には、円筒埴輪の他、壷形や家形の埴輪が立てられていました。石室はひどく盗掘を受けていましたが、石釧・車輪石・鍬形石といった、畿内色の濃厚な石製腕飾類や、鉄刀・管玉などが見つかっています。

中流域では、旧・鞍手郡に属する、直方市大字上境の神地神社二号墳や、鞍手郡鞍手町の新延剣神社一号墳があります。前者は円墳で、竪穴式石室の可能性があり、五世紀初めといわれますが、後者は小形円墳に竪穴系横口式石室があり、五世紀末まで下るともいわれます。

下流域では、前述のとおり遠賀郡遠賀町（旧・遠賀郡）の島津丸山古墳が知られます。これは全長五七メートルの前方後円墳です。内部の埋葬施設は不明ですが、墳形から見て初期のものと思われます。古墳築造の契機は、畿内色の濃い前方後円墳や石製腕飾類から考えて、ヤマト王権との政治的関係の成立、いい換えますと、ヤマト王権への服属にあるとすれば、今述べましたような古墳の状況から見て、遠賀川流域がヤマト王権の支配下に入ったのは、三世紀後半以後のことになりましょう。

ここで少し話題を換えまして、古墳時代に関する記録を見てみることにしましょう。それは、『日本書紀』仲哀天皇八年春正月の記事です。すなわち、仲哀天皇の二年三月に始まる熊襲《くまそ》征討の過程で、筑紫行幸の折、岡縣主の祖・熊鰐《わに》は、寿詞や神宝の貢上を通じて、仲哀天皇に服属を誓っているのです。この伝承は、おそらく岡すなわち遠賀（旧・遠賀郡）の在地豪族がヤマト王権に服属し、その際、領域の一部を割いて縣《あがた》として献上したことと、その見返りとして縣主《あがたぬし》といういわば地方行政官に任命されたことを物語っているのだと思います。こうして、在地豪族出身の縣主が、その死後、畿内色の濃厚な前方後円墳を築いたのが、島津丸山古墳のような古墳ではなかったかと考えたいのです。記録には出て来ませんが、前述の沖出古墳の場合も、同じような背景で築造されたのではないでしょうか。

岡縣主と関連して想起されるのが、屯倉の問題です。『日本書紀』安閑天皇二年の条によりますと、九州に屯倉が次々と設置されています。その中で、遠賀川流域では、筑紫の穂波屯倉（筑前・穂波郡）と、鎌屯倉（筑前・嘉麻郡）が見えます。古代史の専門家の研究によりますと、屯倉は、六世紀代に入りまして、それまでの縣主制に代わって、新たに国造制が採用されたことと関係があります。つまり、在地の地方豪族が国造に任命され、筑紫君・菟狭公・豊直などといった姓《かばね》を与えられます。そして、その代償として、支配領域の一部を屯倉として貢上したようです。

そのような屯倉を考古学の立場から検証しますと、やはり関連する現象が認められそうです。といいますのは、遠賀川流域、とりわけ上流域の穂波屯倉や鎌屯倉の地で、六世紀の前方後円墳が少なからず築造されていますが、それらが国造ならびにその一族の墳墓群と考えられはしないかということです。具体的にいいますと、飯塚市枝国（旧・穂波郡）の山ノ神一号墳は、全長八〇メートルほどの堂々とした前方後円墳で、内部の埋葬施設である横穴式石室からは、画文帯神獣鏡・盤龍鏡・衝角付冑・挂甲・馬具・刀剣・斧など豊富な副葬品を出土し、六世紀頃の年代が考えられます。また、飯塚市川島（旧・嘉麻郡）の寺山古墳も、全長六八メートルほどの立派な前方後円墳です。内部の埋葬施設である横穴式石室は盗掘によってひどく破壊されていましたので、副葬品はほとんど残っていませんでしたが、それでも挂甲片・鏃・刀子などが出土し、六世紀中頃の築造と思われます。

遠賀川中流域では、旧鞍手郡の宮若市内に、この時期の前方後円墳が二、三知られていますが、下流域の遠賀郡ではよく分かっていません。

さて、六世紀も後半から七世紀前半にかけて、古墳時代の後期になりますと、とくに群集墳の時代とも呼ばれますように、中小の古墳が爆発的に多く出現して来ます。この時期の遠賀川流域についていいますと、およそ二つの特色が認められます。

その一つは、いわゆる装飾古墳が分布している点です。いずれも全国的に有名な古墳です。すなわち、嘉穂郡桂川町（旧・穂波郡）の王塚古墳は、全長七九メートルほどの前方後円墳で、その後円部に築かれた横穴式石室に見事な装飾壁画が見られることは、皆さんもよくご存知のことと思います。宮若市の竹原古墳は、もとは全長三〇メートルの前方後円墳ともいわれましたが、その後の調査によりますと、直径一七、八メートルの円墳の可能性もあるようですが、内部に築かれた横穴式石室に立派な装飾壁画が見られることは、あまりにもよく知られています。これらの古墳は、群集墳の時代にあって、とび離れた内容を持った古墳ですので、私は、ともに国造級の首長墳ではないかと考えています。

ところで、『日本書紀』の欽明天皇一五（五五四）年の条を見ますと、興味深い物語が記載されています。すなわち、筑紫の国造である鞍橋君《くらじ》をめぐって、古代朝鮮の百済が新羅と戦っているとき、百済を支援していた国造は弓の名手として、敵の鞍を射抜いて、甲の首まで達し、包囲軍を退却させました。そこで、鞍橋君という尊称で呼ばれるようになったと伝えているのです。ここで想像をたくましくしますと、まさに鞍橋君こそ、旧・鞍手郡地域の国造であり、その墳墓が竹原古墳ではないかとさえ思えてなりません。

ちなみに今、鞍橋君に関して、百済との関わりがうかがえましたが、竹原古墳の壁画の題材の一部に、四神をなす朱雀や玄武の図柄（第14図）が見られ、したがって、高句麗古墳壁画との関連が出て来ます。その他にも、六世紀前半ではありますが、飯塚市・櫨山《はぜやま》古墳出土の帯金具や、六世紀後半の桂川町東田横穴出土の銅釧などに、新羅との関連性もうかがえます。このように、六世紀以後、遠賀川の中・上流域におきましては、古代朝鮮との何らかの関係が生じていたことも事実でしょう。

もう一つの問題は、遠賀川の中流域に当たる中間市・鞍手郡鞍手町・直方市を中心に、横穴墓が盛行していることです。横穴墓は、自然の丘陵地に横穴を穿って造った埋葬施設です。この墓制は自然地形との関わりが深いものです。つまり、遠賀川中流域におきましては、たぶん横穴式石室の石材入手が難しかったり、それに代わる砂岩と花崗岩敗乱土《ばいらんど》の地盤に恵まれていたからでしょう。副葬品などは、横穴式石室の場合と、まったく変わりません。

第14図　竹原古墳の装飾壁画（森貞次郎氏原図，1972『装飾古墳』より）

たとえば、直方市の感田《がんだ》横穴群は三〇基ほどから成っていますが、市内では最大の規模です。ついで、市内大字上境字水町に二〇基ほどと、他にも一〇カ所ほど知られています。また、鞍手町内には、約二六基が群集する古月横穴群をはじめ、五〇余カ所も確かめられています。これらの横穴墓群は、さきほど紹介しました王塚古墳や竹原古墳のような国造級の首長墳とはとてもいえません。その数量の多さは、被葬者層の拡大、つまり世帯共同体もしくは古代家族まで広がったことを示しているように思われます。したがって、横穴墓群は、古代家族の共同墓地といえましょう。

それらの横穴墓群から発見される出土品では、大量の須恵器が目立ちます。それは、黄泉国つまり死後の世界における飲食物を入れたり、盛ったりするためのものでした。ところで、そうした大量の須恵器はどこで生産されたのでしょうか。幸にして、鞍手町の古月や飯塚市の井手ヶ浦では、須恵器の窯跡が見つかっていますので、当時における須恵器の需給関係を考える際の手がかりとなります。

さらに問題になりますのは、その当時の住居や集落についてです。遠賀川流域では、六〜七世紀の集落遺跡の調査はあまり進んでいませんが、おそらく以前から行われていた竪穴住居がいくつか集まって、一定規模の集落を形成していたことでしょう。

その点で、大変に参考になる例が、群馬県内で検出されています。それは、榛名山の爆発によって、当時の村が軽石や火山灰で埋没したのですが、発掘調査を通じて、イタリアのポンペイ遺跡などのように、いくつかの集落が丸ごと発見されたのです。榛名山の東方八キロの地点に当たる渋川市の中筋遺跡がその代表例の一つです。ここでは、竪穴住居跡四軒と平地建物跡三軒が見つかりましたが、中には土屋根を残したものまでありました。そして、それらは溝や垣根で囲まれていました。近くには畠や祭祀の跡、さらに道まで検出されました。こうした集落の姿を念頭におきつつ、遠賀川流域におきましても、群集墳の時代はもとより、古墳時代全般の住居や集落の遺跡が調査されることを願ってやみません。

今まで述べて来ました群集墳の時代は、ほぼ同時的に飛鳥期にも相当します。群集墳が盛んに営造されていた頃、畿内の大和・飛鳥の地では、古代の宮都や寺院の造営が始まっていたのです。ときの中央政権では、群集墳の盛行の背景をなす古代家族を、その支配下に再編・強化するために、やがて地方制度も国郡里（郷）制が施行されるようになりました。それまでの国造に対しましても、郡司という新しい地方官を任命するようになりました。そうして白鳳期を経て、奈良時代へと時代は移っていきました。

奈良時代

遠賀川流域における奈良時代の考古学的調査・研究で注目されるのは、冒頭でも紹介しました上野精志君による火葬墓の研究です。同君によりますと、旧鞍手郡の宮若市内で、奈良時代八世紀の火葬墓が、一一カ所で二一基ほど発見されています。それらは一例の土師器を除いて、他はすべて須恵器を用いた蔵骨器です。副葬品はほとんどなく、たった一例だけに、鉄刀子を納めていたにすぎません。とはいいましても、そこには仏教文化の波及を見ることが出来ます。

しかしながら、当時、仏教を信仰し、仏式にのっとって火葬墓を営んだのは、ごく一部の高級の官吏や僧侶であったようです。いま、官吏といいましたが、彼らは郡衙や郷家に勤務しましたし、また、僧侶といいますと、官寺・私寺の二種類に分かれるにせよ、寺院に起居していました。

筑前には、当時一五の郡（評）がありましたが、評衙は阿恵《あえ》遺跡の糟屋評衙を除いてまだよく分かっていません。筑後では小郡市の小郡遺跡や大刀洗町の下高橋遺跡が御原郡衙に比定されている程度です。ここでは、小郡遺跡の東方一キロ余りのところにある、井上廃寺が、郡寺である可能性を持っています。遠賀川流域にある四つの郡衙の解明は今後の大きな課題です。その意味で、宮若市の竜徳字塔の峯で石帯が出土している点を注意しておきたいと思います。といいますのは、そこから出土した石帯は、ふつう平安時代のものが多いのですが、官吏が官服の一部に使用するものだからです。

寺院跡は、遠賀郡において、芦屋町の浜口廃寺跡と、八幡西区の永犬丸《えいのまる》・北浦廃寺跡が知られています。また、旧・穂波郡（現・飯塚市）で、大分廃寺跡が知られ、新羅系瓦を出土しています。いずれも、伽藍配置など詳しいことはほとんど分かっていません。ともあれ、鞍手郡や旧・嘉麻郡にも、寺院跡はかならずあるはずですから、やはり今後の大きな研究課題の一つとして残っています。

奈良時代の考古学では、今少し述べました郡衙や寺院も重要ですが、そればかりではなく、当時の一般住民の集落や条里遺構なども問題です。その点で、嘉麻市の原田遺跡第四地点の調査結果は、数少ない調査例として注目したいと思います。この遺跡のことは、昭和六三（一九八八）年に、飯塚市歴史資料館で行われていました「嘉穂・田川地区埋蔵文化財出土品展」で公開、展示されていましたので、はじめて知りました。この遺跡は、遠賀川の源に近い、馬見山の北側に延びる馬見台地上に立地して、弥生時代中期頃の集落跡とともに検出された、奈良時代後半頃の集落跡です。具体的にいいますと、二×四間と二×五間の掘立柱建物二棟と土壙二基の遺構です。前者は住居建築です。後者の機能はよく分かりませんが、一つの土壙からは土馬や焼塩土器が出土しています。

条里制は、国家財政の基盤となる租税を徴収するために、当時の人々に耕地を与えねばなりませんが、そのために整備された土地区画です。その条里遺構が、宮若市の福丸付近によく残っているようですが、発掘調査によって確認される必要がありましょう。

ここで取り上げました奈良時代には、『続日本紀』や木簡などの文字史料が比較的豊富にあるところから、歴史時代ともいわれます。そして、その時代を扱う考古学は、文献史料のない時代を扱う先史考古学に対して、歴史考古学といいます。そのような傾向は、時代が経つにつれ文献史料は増えて来ますので、奈良時代以降に関しましては、歴史考古学の分野となります。遠賀川流域におきましては、奈良・平安時代の歴史考古学の調査と研究は、まだまだ今後に残された大きな課題ですが、鎌倉時代以後、すなわち、中・近世につきましては若干の成果が上がっています。

中・近世

中・近世の考古学で、まず取り上げたいのは山城の調査でしょう。この問題につきましては、当時の、福岡県教育委員会の副島邦弘技師が、北九州教育事務所に在勤中に、それ以前から行われていた調査成果も盛り込んで、基礎資料を集成されています。その後、飯塚市の米ノ山城跡や直方市の鷹取城跡などが発掘調査されて、新知見がいくつか得られています。

ちなみに、最近、福岡県教育委員会は県内の中近世城館跡の悉皆《しっかい》的調査を実施し、報告書を刊行しています。

その他では生活遺跡に興味深いものがあります。たとえば、遠賀川の河口に位置する芦屋港は、広島県福山市の草戸千軒などとともに、河口港として繁栄したようです。かつて遠賀郡芦屋町の芦屋で、石塁遺構が発見されましたが、それは、山鹿城城主であった麻生氏の菩提寺である金台寺か、それとも麻生氏一族の居館と関係がありそうです。そこからは中国の陶磁器とともに、ごく少量ですが、朝鮮の青磁や粉青沙器《ふんせいしゃき》いわゆる三島などが出土しています。

こうして見てきますと、芦屋港は、この地方を支配していた麻生氏の、対外貿易と国内流通の拠点の一つとして繁栄したのではないかと思われます。

さきほども言及しましたが、飯塚市歴史資料館で催された「嘉穂・田川地区埋蔵文化財出土品展」を見ていますと、嘉穂地区で中国陶磁を出土する遺跡が少しずつ増えて来ていることが分かります。先年、九州縦貫道建設工事が行われた際にも、鞍手郡鞍手町で中屋敷遺跡が発見されました。ここは近くの植木荘と関連する集落跡のようですが、朝鮮（高麗）の象嵌青磁の梅瓶《めいぴん》や香炉が出土しています。これらの遺跡と、前述の芦屋の遺跡を統一的に考えるとき、遠賀川河口の芦屋港は、中国・朝鮮の陶磁器の陸揚げ地として、遠賀川流域におけるそれらの流通に一定の役割を果たしたのではなかったかと思えて来るのです。

ところで、古代から中世の日本では、生活用の日常容器としては、土師器や須恵器が主体を占めていました。そうした時代を通じて、陶磁器は輸入品に頼っていました。それこそ鴻臚館のあった九世紀いらい、一五、六世紀にかけて、中国と朝鮮の陶磁器は、貿易品の中でも主要品目でした。

近世に入りますと、朝鮮の李朝陶磁器は、高麗物と称して、茶人らに愛用されるようになりました。そうした永い輸入陶磁器への憧れが背景となって、一七世紀に入りようやく、陶磁器の国産化が開始されたのです。その代表例の一つが高取焼であることは、ご承知のとおりです。いわゆる文禄・慶長の役（壬辰・丁酉倭乱）に際し、福岡藩主の黒田長政は、朝鮮から八山という陶工を連れ帰り、高取八蔵という名前を名乗らせて、陶器を製作させたのです。黒田長政は、慶長五（一六〇〇）年に筑前に移封され、その一二年頃、直方市の永満寺宅間で開窯したのが始まりといわれます。その後、慶長一九（一六一四）年に、窯は同じく直方市内の内ヶ磯（第15図）に移りましたが、ともに発掘調査が行われて、いわゆる古高取の内容がかなり解明されました。さらに、飯塚市の白旗《しらはた》山窯跡が発掘されて、いわゆる新高取もしくは遠州高取の解明が進みつつあります。

このようにしまして、遠賀川の中・上流域は、近世の陶器生産の一つの中心地として注目されるとともに、調査が進展するにつれ、李朝直輸入から日本化されていく陶器の変遷がたどられようとしています。

第15図　内ヶ磯窯跡全景航空写真（直方市教育委員会, 1982『内ヶ磯窯跡』『直方市文化財調査報告書』第４集より）

おわりに

以上のとおり、遠賀川流域に花開いた何万年という永い歴史を、垣間見てきました。それも主として考古学の立場からです。その結果、遠賀川流域には、何万年も前の旧石器時代から、数百年前の近世まで、営々として築き上げられてきた永い歴史を見ることが出来たかと思います。その過程で、この地域の独自の歴史に加えて、中央政権や、さらには中国・朝鮮との直接・間接の関わりも見てとれたと思います。

そのような遠賀川流域の歴史は、考古学つまり遺跡や遺物といった物質資料からも解明されつつあるわけですが、それらの資料は、まだまだたくさん埋蔵文化財として地下に眠っています。そして、未解決の問題も山積しています。そのためにも、埋蔵文化財を大切に保存し、また、慎重に調査する必要があります。それにつけても、直方市にも専門職員が配置され、また、出土品を公開、展示する博物館が建設されることが望まれます。

ところで、先史時代の遠賀川といいますと、たとえば、国東半島沖の姫島産の黒曜石は遠賀川までとか、あるいは、弥生時代の大形甕棺は遠賀川以東には分布しないとかいいまして、これまでしばしば遠賀川が、東西の境界概念としてとらえられて来ました。

しかし、縄文時代には、古遠賀潟が沿岸の人々の営みに恵みを与えましたし、弥生時代には、稲作文化が河口から遡上したように思われます。さらに、後の中・近世にも、中国や朝鮮の陶磁器が同じような経路で浸透したようです。

弥生時代以後、遠賀川の沖積化が進みますと、こんどは周辺の人々に豊かな農耕地を提供しました。そして、古墳時代に入りますと、そこは中央政権による地域支配の対象地域となり、やがて在地の首長層が古墳文化を形成しました。

このように、遠賀川は、その流域が日本全体の歴史と歩みをともにしながら、一つの地域文化の母胎となり、新しい文化を受け入れ、さらに内陸部へそれを広げる窓口と通路の役割を果たしたように思われます。そして、遠賀川は、その流域に豊かな人の営みを育くんで来たといえましょう。

〔参考文献〕

福岡県歴史教育者協議会遠賀・中間支部（轟　次雄・斉藤勝明執筆）、一九八七『遠賀地域の古代遺跡群——歩いて探る地域の歴史——』。
飯塚市史編さん委員会、二〇一六『飯塚市史』上巻、飯塚市。
福岡県教育委員会、二〇一四『福岡県の中近世城館跡Ⅰ—筑前地域編１—』『福岡県文化財調査報告書』第249集ほか。

〔付記〕　直方市教育委員会では、平成元（一九八九）年度から、文化財担当専門職員を配置されるようになりました。関係者のご理解とご苦労に敬意と感謝を捧げます。

第3章　古代宇佐と朝鮮文化

本日は、大変に意義のあるシンポジウムにお招きいただきまして、非常に光栄に存じています。正直に申しまして、さきほどご講演なさいました賀川光夫先生のように、何十年にわたって古代宇佐を研究しておられる方々と違いまして、私の場合、当地の古代文化をいわば遠方から望遠鏡で眺めているようなところがございます。したがいまして、十分なお話が出来ないんではないかと思っていますが、敢えて、このシンポジウムに参加させていただきましたのには理由がございます。つまり、これから、私自身が宇佐の古代文化というものを、生涯の研究テーマの一つにしたいと考えたからに他なりません。今日、皆さんとこうして顔なじみにさせていただきましたことをきっかけに、今後ともよろしくご指導をいただきたくお願い申し上げます。

演題が「古代宇佐と朝鮮文化」ということですが、考えてみますと、今日の朝刊をご覧になっても分かりますように、現在でも、「日韓大陸棚条約」をどうするかとか、あるいは、北朝鮮から「代議員グループ代表団」が来られたとか、そういう形で、朝鮮半島と日本列島との関係は絶えず毎日のように問題となっています。こういういろんな問題というのは、何も今日にはじまったことではなくて、何千年、あるいは何万年前からの長い日本列島と朝鮮半島の歴史的諸関係に根ざしているということなのです。したがいまして、私たちが現在の日本と朝鮮の関係を考える場合に、何といいましても、何千年、何万年にわたる日本列島と朝鮮半島との間に横たわる諸関係というものを振り返ってみることは非常に意義のあることではないかと思います。

ところで、日朝両国の関係といいますと、現在の朝鮮半島の政権と福田内閣の関係という政治的問題もあれば、たとえば、ことに福岡はじめ北部九州からたくさんの観光客が韓国に行きますように、私たち一般の市民の間の相互の交流があることも事実です。また、ヤマト王権が成立してから以後は、とくに王権なり政権相互間に歴史的な関係が続きますが、そのような時代においても、いわば民間もしくは地域レベルの交流があったことは事実です。ましてや、国家が成立する以前においては、まさに私たち住民といいましょうか、そういう民間レベルの交流であったわけです。そういう多様性を持った日朝間の交流の歴史を、私の研究のテーマの一つとして取り扱っています。

そのように、歴史的に長い時間にわたって両地域間の関係を考えると同時に、地域的にも、朝鮮半島と宇佐の関係はどうかとか、あるいは、朝鮮半島と福岡地方の関係はどうかとか、そういう地域間の細部にわたる研究を具体的に推し進めてゆくことが重要だと考えます。結局、日本の古代文化とりわけ九州のそれに、朝鮮の先進文明が大きな影響を与えていることは、こんにちでは常識になっていますが、その問題を時代的、地域的により具体的に解明しなければなりません。そこで、これからお話しする宇佐文化における朝鮮古代文化の要素という問題ですけれども、実は私、まったく宇佐については不勉強なことばかりで、今回のお話もつまるところ、賀川先生をはじめとする諸先学の長年にわたる研究成果の上に乗っかっているということを最初にお断りしておかねばなりません。

今日は、宇佐の古代文化の中に朝鮮の文化がどのように見られるかという話をしてみたいわけですが、どうしても、朝鮮のことを専攻していますと、何でも朝鮮に結び付けたくなりまして、そういうご批判もいただきます。今日、これからするお話でも、宇佐のものを何でも朝鮮に結び付けはしないかと、そういう危惧をいだきながらお話を進めてみたいと思います。

さきほども、日本と朝鮮の間には歴史的に長い期間にわたって密接な関係があるといいましたが、そのことを具体的に見てゆきたいと思います。

宇佐の古代文化を歴史的に見て来ますと、とくに考古学の分野では、宇佐と朝鮮との関わりは、日本の縄文時代、その当時、朝鮮では櫛目文土器文化と呼んでいますけれど、そういう時代に始まっているのではないかと考えます。その証拠となりますのは、市内の天津地区に中敷田というところがありますが、そこに西和田貝塚がありまして、先年、賀川先生らによって調査されていますが、縄文時代後期中葉の土器（津雲・福田KⅡ）に伴って特色のある遺物が出土しています。それは鞍形磨臼といいまして、板状の石の上に棒状の石を置き、それに両手で身体の力を加えてゴシゴシ前後に動かして使用する道具なのです。世界的に見ますと、結論からいいまして、鞍形磨臼は、雑穀類の調理具ということになっています。これだけでは、なかなかそういうことを証拠立てるのは難しいのですが、鞍形磨臼にはしばしば石の鋤とか鍬、あるいは鎌などもいっしょに出て来ます。そして、それらの石器とともに雑穀類の遺体が実際に見つかることもありまして、現在では、鞍形磨臼について原始的な農耕、具体的には収穫された雑穀類の調理具ということになっています。

そのような石器が、早くも縄文時代の後期に宇佐では出土しています。現在のところ、日本では、私の知る限りまだ四カ所しか見つかっていません。有名なのでは大分県大野郡の大石遺跡の出土品があります。それから、島原半島では、長崎県南高来郡の小原下遺跡とか、あるいは最近の例では鹿児島県出水市の沖田岩戸遺跡でも発見されていますが、主として九州の西海岸と東海岸地域でまだ四カ所しか見つかっていないのです。

そういう珍しい石器が宇佐でも出土しているのですが、実は、縄文時代と同時代に当たる朝鮮半島の櫛目文土器文化の中では、非常に特色のある遺物として知られています。西北部朝鮮にある黄海北道の智塔里遺跡では、竪穴住居跡の中から鞍形磨臼以外に石の鋤とか鍬、さらに石鎌などといっしょに、アワと思われる炭化穀物も発見されています。朝鮮半島では、その他の遺跡でも鞍形磨臼とともに、たとえばヒエ・アワ・キビ・コーリャン、それからアズキといった雑穀類が発見されているのです。

日本において農業がどのようにして発達して来るかという問題は、その起源にさかのぼって考えねばなりませんが、この分野では、賀川先生の原始農業の研究が学界でも早くから注目されています。日本において原始的な農業が、どのようにして始まるかという問題を考える場合、この西和田貝塚から出ている鞍形磨臼は非常に問題を投げかけます。しかもそれが、近隣の朝鮮では同時代に一般的に行われていた農業関係の石器であるとなりますと、日本の原始的な農業の起源を、朝鮮半島との関わりにおいて考える必要があるのではないか、しかも、そういう遺物が宇佐から出ているではないかということです。

こんにちでは、朝鮮半島の櫛目文土器文化と日本の縄文文化との間ですでに文化交流が始まっているということは、他の遺物からもいわれていますけれども、鞍形磨臼を例として、すでに宇佐地方においても、朝鮮との交流の始まりがうかがえるのではないかと考えるのです。

縄文時代に続きまして弥生時代になりますと、これはもうこんにちの農業文化の基本的なものが形成された時期でして、弥生時代は日本の歴史の中でも非常に重要な時代です。弥生時代といいますと、ご承知のように、縄文土器に代わって弥生土器が出現します。この弥生土器につきましても、縄文土器の伝統の上に、やはり朝鮮半島の無文土器の製作技術の影響があって、成立したと考えています。そういう弥生土器に伴って、縄文時代にはなかったいわば南部朝鮮式の各種の磨製石器、たとえば石庖丁・石斧とか、あるいは石剣・石鏃といったものが出現します。さらにいえば、墳墓の場合にも、支石墓や石棺墓とか、ともかくそれまで見られなかった新しい文化要素が弥生時代に入りまして出現して来ます。それらの先進文化がまず日本の九州、とくに九州でも最初に定着しますのは、もちろん佐賀県の唐津から福岡県の糸島にかけての北部九州の沿岸地帯です。そのように弥生文化が、まず北部九州に定着し、やがては、日本列島規模に展開してゆくことになります。

朝鮮から入って来た新しい農業文化というものが北部九州に定着し、それが列島各地に展開してゆくという、まさにその時代の遺跡が、宇佐におきましても、四日市台地の台ノ原や宇佐台地の東上田の二カ所の遺跡で認められるのです。東上田遺跡におきまして、環濠集落であることが分かっていますが、環濠集落につきましても、おそらく、その概念は朝鮮半島からもたらされたのではないかと私は考えています。現在では、朝鮮では環濠集落は次々と見つかって来ていますが、文化全体の諸関係からいいましても、そのように考えられるでしょう。弥生時代のそういう新しい文化、すなわち水稲耕作を主体とした新しい農業文化が、まず九州で定着してゆく過程にある遺跡が、宇佐市域内においても、各所で見られるということなのです。

とりわけ弥生時代でいちばん問題になりますのは、一九七七（昭和五二）年に別府《びゅう》遺跡で発見されま

第16図　小銅鐸写真（宇佐の文化財を守る会, 1977『別府遺跡緊急発掘調査概報』より）

した小銅鐸のことです。まずそれが朝鮮半島で作られたもの、つまり朝鮮製であること、そして、それが何らかの形で宇佐で埋まったということです。ところで、それが朝鮮の小銅鐸であるということですけれども、ここで『別府遺跡緊急発掘調査概報』[1]に報告されている写真をご覧いただきましょう（第16図）。この小銅鐸はひしゃげていますが、全体の形を見ますと、それが釣鐘形をしているという点では、日本の銅鐸と同じような形態をしていますが、よく見ますと、こういう形の銅鐸は日本ではこれまで一つも出土していません。

その細部について、二、三の点を取り上げますと、たとえば、銅鐸の表面に文様が全然ないこと、それから、まん中に四角に近い長方形の穴が見えますが、それが四カ所にあります。小銅鐸は、石の鋳型を二つ重ね合わせ、そこに銅を流し込んで鋳造されますが、その際に、中型《なかご》というものを入れて、鋳型と中型の間の隙間に銅を流し込むわけです。その時、型持たせを四カ所においています。こういう形の型持たせもやはり銅鐸にはないということなのです。それから、鋳造する際に、石の鋳型を二つ合わせてそこに銅を流し込むといいましたが、その合わせ目は密着させたつもりでもどうしても周りに銅が流れ出します。そうして出来た甲張りという、はみ出した部分を細かく見ますと、鋳放《いばな》しのままで周囲に残っています。それからまた第16図の写真で表面をご覧になりますと、中ほどより上の方と右側の下の方に小さい穴が二つ見えるでしょう。これはどうも鋳造した折に湯廻りが悪くて銅が完全に廻らなかったため、このようなことになってしまったのです。こういう状況も朝鮮の小銅鐸ならではのことで、日本の銅鐸なら、そこに後から、いわゆる鋳かけを行うところです。

そのように、細かいところから全体のプロポーションにいたるまで、総合的に見まして、やはりこれは日本の銅鐸ではなくて、朝鮮で作られた銅鐸であると考えます。朝鮮の銅鐸は、すべて小さいものですから、小銅鐸と呼んでいます。

それからもう一つ問題になるのは、そのように外観上から見ましても、これは朝鮮の小銅鐸、つまり朝鮮で作られたものであるといいましたけれども、まだ若干問題が残っています。たとえば、自然科学的な分析という方法も今後試みられる必要があると思います。日本の銅鐸の成分については、ずい分前に分析されたことがありますが、それによりますと、銅が多くて錫が少ないのです。錫が非常に少ないという点が日本の銅鐸の一つの特色なのです。すなわち、多いものでもだいたい一七・三％、少ないものでは五・三％という結果が出ています。たまたまその際、朝鮮で発見された小銅鐸も分析されたところ、約三〇％近くの錫を含んでいます。朝鮮の小銅鐸の場合は錫分が非常に多いということになります。

したがいまして、将来、宇佐の小銅鐸に対しても、自然科学的な分析によって錫の分量がどのくらいであるかという問題が解明されれば、いっそう朝鮮製であるという点に説得力がつくのではないかという感じがします。

そういうわけで、別府遺跡で発見されました小形の銅鐸というのは、おそらく朝鮮製であろうと私は考えています。つぎに、この小銅鐸がどういう用途であるかという問題です。こんにち、朝鮮では小銅鐸というのは、お祭りに使われた祭器ではなかったかと考えられています。

ところで、邪馬台国のことなどが記載されている『魏志』の倭人伝がありますけれども、その倭人伝のすぐ前に韓伝があります。三世紀のころ、朝鮮半島の南部に韓という国々がありましたが、韓のことを書いた部分が『魏志』の韓伝です。その次に倭人伝が出て来ます。『魏志』韓伝の中に、この小銅鐸の用途に関連することが書かれているのです。といいますのは、銅鐸の鐸と舞という字を書きまして「鐸舞」というお祭りのことが記載されています。このことは、当時、韓の国々で行われていた群集歌舞を見た、中国の魏の人の目には、中国の鐸舞のように映ったのでしょう。この小銅鐸の一番上の半環状のものは何かに釣り下げるためのものです。そのすぐ下の上面のところに穴が二つ開いていますが、これは、この中に石とか鉄の舌をぶら下げるためのものです。そこでこれを動かしますと音が出ることになります。そうして結局、こういう小銅鐸を動かして音を出し、そのリズムで拍子をとって踊ることになります。『魏志』韓伝によりますと、「毎年五月に耕作が終わると、鬼神を祭り、昼も夜も酒盛りの寄り合いをし、村人たちが群れ集まって歌舞する。舞をするときには数十人が一緒になって地を踏み調子をとる。十月にも、農作業が終わって後、またこのようなお祭りをする」と書かれています。つまり、春秋に二回のお祭りがあるわけですが、その時、使用される祭器がこのような小銅鐸ではなかったかというわけです。

問題は、そういう小銅鐸がどうして宇佐から発見されたのかということです。小銅鐸は、時代的にいいますと、日本の年代に合わせれば、およそ弥生時代の前期の終わりから中期にかけてのころに、朝鮮で使われていた道具なのです。宇佐で出土した小銅鐸は、実は、朝鮮の一番新しい年代のものより、およそ一〇〇年ほど後に当たる弥生時代後期の終末に相当します。したがって、その当時すでに、こういう小銅鐸は朝鮮では使われていないことになります。そのように、年代的にいいまして、かつて朝鮮で使われていたものが少なくとも一〇〇年後に東九州の宇佐で出土したということです。そこで、かつて朝鮮で使われていた当時、宇佐に入って来たものが、何年かたって埋められたのか、あるいは、近畿地方にいったん入って、それがさらにこちらに来たのかもしれません。そしてまた、北部九州にいったん入って、それから一〇〇年ほどしてこちらに来たのかもしれません。

そのように、朝鮮のものが宇佐の地で埋められるまでの過程については、いくつかの考え方が出来ます。宇佐で出土したという事実を、どう解釈するかという問題は、今後ともいろんな議論を呼ぶのではないでしょうか。朝鮮考古学を勉強している立場からいいますと、おそらく朝鮮から、そういうお祭りに使う道具を持って、朝鮮の人達がやって来て、何年か後にその機能が失われた時点で埋められたと考えたいのですが、それは一つの推測にしか過ぎません。

これまで述べて来ましたように弥生時代になりますと、宇佐におきましては、この小銅鐸というものが朝鮮との関わりを示す非常に重要な遺物です。これは別の面では、日本の銅鐸の出現の問題を考える

第 17 図　赤塚古墳全景　2014 年 1 月 21 日撮影

上で、はじめてそのモデルとなったものが出て来たということで、大変に注目されます。今後とも学界でも、あるいは、一般の市民の皆さんの間でも話題になることは間違いありません。

弥生時代に続きまして古墳時代に入りますと、赤塚古墳（第17図）とか、あるいは葛原《くづはら》古墳など、宇佐地方を支配した当時の豪族たちの墳墓が川部や葛原の地区に、次々と築造されます。古墳時代文化の中に、朝鮮文化の痕跡を探そうとすれば、まず挙げられるのは、葛原古墳の問題です。この問題に関連していいますと、免ヶ平古墳あるいは赤塚古墳にしましても、古墳の内部の埋葬施設は竪穴式石室あるいは石棺です。これらは一人の死者のための埋葬施設です。つまり、石室や石棺の上から死者を埋納して、上に蓋をするという形式の内部主体です。ところが、葛原古墳の中にある石室は、それらとは少し異なった形式を備えています。それらはどういうことかといえば、一見すると竪穴式石室のようですけれども、側壁の短い方の片面に、横方向の入口があるのです。こういう構造のものを横口式石室と呼んでいます。ですから、竪穴式石室と横口式石室というのは、文字どおり構造がまったく違うのです。

葛原古墳につきましては、だいたい五世紀の後半頃といわれていますが、その当時の朝鮮半島におきましては、死者を埋葬する形式として、横穴式石室が流行しはじめています。竪穴式石室の場合は一人用として、一人の死者もしくは一人の豪族のために使用されますので、埋葬後に密閉してしまったら、それで終わりになります。それに反して、横穴式石室というのは、むしろ家族の墳墓としての性格を持っています。もっとも家族といいましても、当時の人々すべてがそういう石室を作り得たわけではありません。たとえば、豪族にしても、豪族の首長一人だけでなくて、その家族の墳墓として使われます。つまり、横に入口が開いていますから、次々と複数の人々を葬ることが出来るのです。何世代にもわたって、もちろん、何世代といいましても、せいぜい二、三世代だと思いますけれども、継続して埋葬が行われるということです。

そのように竪穴式石室と横穴式石室とでは構造的に異質なのです。その背後には、当時の人々の考え方も大きく変わっていたのでしょう。そういういわば古墳時代前期に見られた竪穴式石室、あるいは石棺に対して、朝鮮で当時流行しはじめていた横穴式石室の構造が、ここに加味されていると考えられます。しかしだからといって、これは朝鮮の横穴式石室とはかなり違います。すなわち、明らかにこれは、完全な横穴式石室ではなくて、すでに早くから赤塚古墳や免ヶ平古墳で見られたような、石棺や竪穴式石室の構造に、朝鮮で流行しはじめていた横穴式石室のアイデアが、加味されているのではないかと考えます。

たとえば、遺物を見ましても、どちらかというと、中に埋められていた遺物というのは、非常に畿内の影響が強いという性格を持っていますので、やはりこれはこの土地に長く居住していた豪族が、そういう新しい要素をちょっと付け加えた結果、そのような横口式石室を生み出したのではないでしょうか。しかし、もとをたどれば朝鮮の横穴式石室に源流があるということになりましょう。こういう横口式石室は、現在のところ九州でかなり知られます。たとえば大分県におきましても、杵築《きつき》市の七双子古墳などに見られます。そういう墓制がこの時代になって出現しているということです。ここで一つ問題になるのは、これとて朝鮮考古学を勉強している立場からいいますと、どうしても朝鮮へ結び付けたいという気持ちが起こります。実は、葛原古墳のような横口式石室と同じような石室は、朝鮮でも洛東江の流域、すなわち、東南部地方で見られます。そこには、かつて加耶とか新羅という国がありましたが、そういう地域でもこれに類似した石室が見られるのです。そこで問題になりますのは、さきほども述べましたように、やはり何といいましても、伝統的な竪穴式に朝鮮の新しい横穴式石室の要素が入っていますが、ひょっとしたら、そういう洛東江流域に見られるような石室を作った人々が渡来して、朝鮮式の墓制の要素を伝えたと考えられなくはないと思っています。しかし、そのことを、なかなか理屈立てて説明することは、まだ現在の段階では出来ません。しかし、そういう問題も残されているということだけを指摘しておきたいと思います。

古墳時代の次に、やがて奈良時代へと展開してゆきます。この頃になりますと、宇佐地方が、大和地方との関係において、非常に重要な位置を占めて来ます。その具体的な資料を探しますと、宇佐におきましては、法鏡《ほうきょう》寺や、虚空蔵《こくぞう》寺といった寺々が建立されることが挙げられます。法鏡寺は七世紀の後半、虚空蔵寺は七世紀の終わりから八世紀にかけてそれぞれ創建されています。要するに、七、八世紀に、この地域に大きな寺院が建てられるのです。日本における初期の仏教寺院は、畿内を除くとだいたい一つの郡に一カ寺ぐらいの割合で知られますが、ここ宇佐の場合には、そういう寺が二カ寺以上あるのです。宇佐には、まだ他にも寺院らしいところが何カ所かありますので、二カ寺以上といったわけです。とくに、他所とは違って寺院跡が多いのです。この事実は問題にしなければならないと思います。そこで、この法鏡寺や虚空蔵寺につきましても、これをどう理解するかということです。

この問題に関しまして、これら二つの寺院は、基本的な考え方からしますと、やはりその伽藍配置が注目されます。奈良の法隆寺のように、南から中門を入りますと、右手つまり東側に金堂があり、左手（西側）に塔があって、さらにその間をぬけて北側に行くと講堂があるという、法隆寺式の伽藍配置をとっています。それからまた、法鏡寺におきましては、法隆寺で使われていますのと同じような形式の軒平瓦が使用されています。また、虚空蔵寺におきましても、伽藍配置とともに、軒平瓦の中にはやはり法隆寺の使用瓦と同じ形式の瓦が見られます。さらに、虚空蔵寺からは、奈良県高市郡の南法華寺と同じ笵型で作られた塼仏が九州ではここだけで出土しています。そういうことをいろいろ挙げてゆきますと、基本的にやはり畿内の初期仏教文化との関わりで、この地域に寺々が建てられるということは否定できません。そのように考えたいのです。

ところが、問題になりますのは、法鏡寺にしても虚空蔵寺にしましても、出土瓦の中に朝鮮に祖型を持つ朝鮮系の瓦が見られます。具体的には三国時代における百済、あるいは、三国が後に統一された当時の統一新羅の、要するに百済式あるいは新羅式の屋根瓦が使われているという事実なのです。とくに法鏡寺に使われているような百済系の瓦（第18図）の祖型が、朝鮮半島の西南部地方にあった百済の故地で発見されています。

当時、朝鮮半島では北の方に高句麗、東南部に新羅、そして、西南部に百済というふうに三つの国が互いに覇権を競っていました。その百済の地域で、最後の都が現在の扶餘《ブヨ》に置かれました。その頃、扶餘の南の方に当たる益山の王宮里というところに副都もしくは別都が置かれます。法鏡寺出土の百済系瓦は、そこから出てくる瓦と非常に類似しています。そのようにこんにちでは、法鏡寺で出土する百済系の瓦は、まさに扶餘時代の百済末期の屋根瓦に祖型が求められることが考証されています。その百済系の瓦を焼いた窯跡が、実は宇佐で認められます。法鏡寺を建てるに当たって、その屋根に葺く瓦を焼く必要がありましたけれども、野森地区では、その窯跡が発見されています。調査結果によりますと、窯跡の中から百済系の瓦といっしょに、土器も焼いているのです。つまり、そのように、瓦と土器をいっしょに焼きますから瓦陶兼業窯と呼んでいます。分かりやすくいいますと、瓦屋さんだけでなく

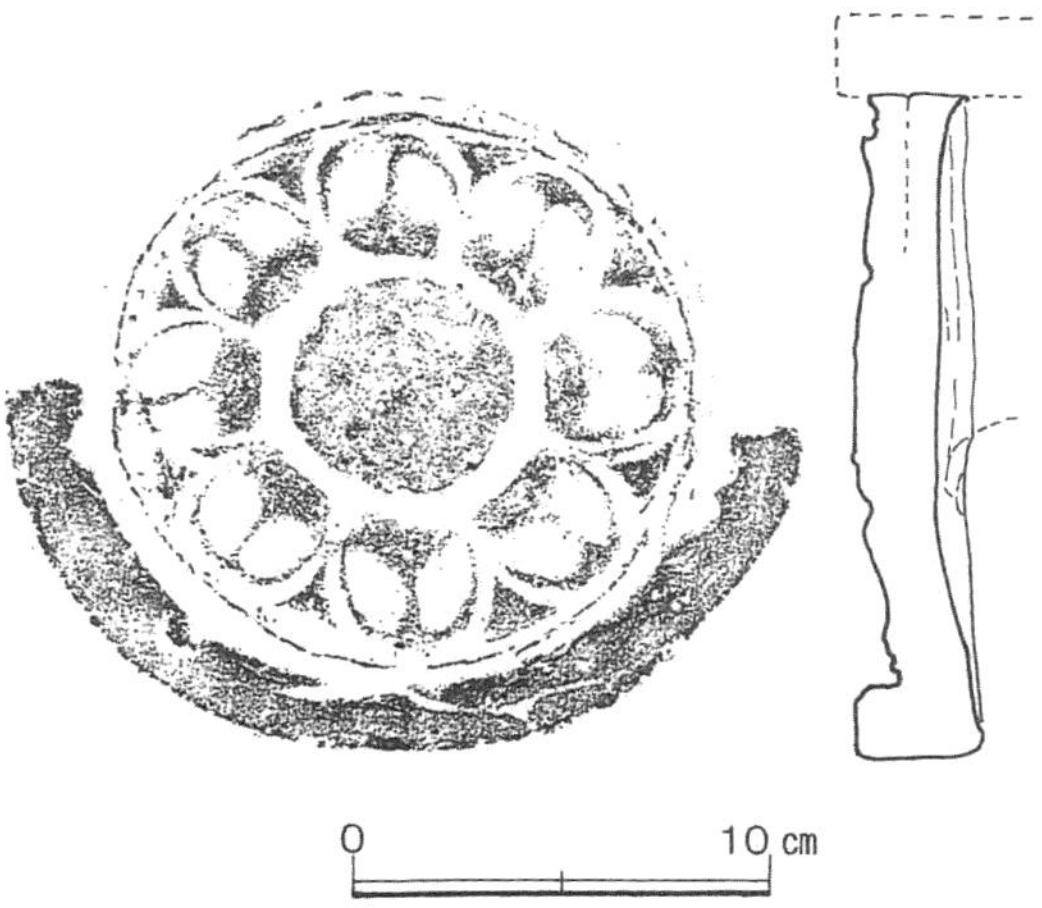

第18図　法鏡寺跡出土の百済系単弁八葉軒丸瓦（宇佐市教育委員会，2008『法鏡寺廃寺跡』『市内遺跡発掘調査事業報告書』第３集より）

て、土器を焼く焼物屋さんが分離するのではなくて、同じ一つの窯で土器も瓦も焼いているという操業形態が見られるのです。その点をずっと調べてゆきますと、北部九州におきまして、飛鳥から白鳳期にかけての、つまり、百済系の瓦を焼いた窯跡を見ますと、ほとんどが、土器と瓦をいっしょに焼いているのです。そういう窯跡を朝鮮半島で探しますと、百済の地域で、瓦と土器を焼いた窯跡が見つかっています。

このように、瓦そのものの文様ばかりでなく、瓦の焼き方についても、瓦陶兼業窯という同じような方法をとっています。こうなりますと、日本の初期の屋根瓦製作にやはり百済から新羅にかけての朝鮮半島の影響が入っていることは、重要な事実として考えられるのではないでしょうか。問題は、そういう関わりをどう理解するかということです。さきほども、宇佐の寺院造立は、基本的には畿内文化との関連があるといいましたが、その上でなお、その中に朝鮮半島との関連が見られる点を、いかに理解するかということが重要な問題になります。

一つには、宇佐と近畿地方との関係を重視する立場です。おそらくかつて百済からやって来た人々がまず近畿地方に住みついて、その後に、さらに宇佐の地域にやって来て、そこで寺を建てるという考え方です。

もう一つは、宇佐と朝鮮半島との関連を強調する考え方です。すなわち、寺を建てたのは、早くからこの土地に住みついていた土着の豪族であると考えるのです。その場合、その豪族がかつての渡来者であることも可能性としてはあります。実際に寺院の造立に当たっては、大勢の人々が動員されるわけで、木を切り、瓦を焼き、土を盛りというふうに、大変な土木事業が伴ったのです。その際、その工事に百済あるいは新羅の人々が技術的に関与していたのではないかと考えます。この点につきましても、朝鮮考古学を専攻している立場からいいますと、すでに早くからこの地に住みついていた渡来者が、新しく近畿地方からやって来た豪族、あるいは、在地の豪族の寺院建立に、自分たちの持っている先進技術を提供していったというようにも考えたいわけですが、その前に、まだまだ解決しなければならない問題がたくさん残っています。

このように、とくに白鳳時代から奈良時代にかけて、つまり、七世紀の後半から八世紀にわたって、宇佐地域にそういう寺々が数多く建てられます。そこには、朝鮮半島からの影響が見られるということですけれども、その具体的な契機は何であったのでしょうか。

一つには、北東アジア世界の朝鮮半島と日本列島の間に起こった緊張状態という背景の中で考えられます。つまり、天智天皇二（六六三）年に白村江におきまして、百済と倭の連合軍が唐と新羅の連合軍に敗れて、百済が滅びます。その際に、かなりの百済人が倭に亡命して来ました。北部九州におきましては、そのような緊迫した国際関係に備えて、大野城や椽城《きい》（基肄城）が築造されます。その大野城や椽城の築造を指導したのは、とりもなおさず、百済からやって来ていた技術者であるわけです。現に大野城や椽城へ登りますと、当時の百済と同じような山城跡が残っていますし、またそこからは百済系の瓦も実際に出て来ます。そのようにして、日本列島で最初に築造された山城は、百済からの渡来系技術者の指導によって築かれたということになるわけです。

当時、百済が滅亡してから、倭には百済からかなり多くの人々がやって来ています。『日本書紀』によりますと、近江とか東国など畿内より以東の地域に百済の人々を住まわせたと記録されています。私

第19図　天復四年在銘朝鮮鐘（弥勒寺蔵）

は、この記録は、むしろ特殊な場合だからこそ、『日本書紀』に記載されたのではないかと思います。北部九州におきましては、記録に書きとめる必要のないほど、多くの人々が渡来していたのではないでしょうか。そういう形で、百済の滅亡後、朝鮮半島から難を避けて、北部九州にやって来た人々の一部が、宇佐地域の古代寺院の造営に技術的に関与するようになったのではないかと考えています。

最後に、現在、宇佐神宮に所蔵されています朝鮮鐘[2]について触れて置きましょう（第19図）。これは非常に秀れた朝鮮鐘として、学界では日本・朝鮮を問わず有名なものです。この朝鮮鐘には、天復四年という年号が刻まれていまして、西暦でいいますと、九〇四年に当たりますから、今から一一一四年前に、朝鮮で作られた釣鐘《つりがね》になります（第20図）。日本と朝鮮、とくに日本国と新羅王朝との間には、当時頻繁な国交関係がありました。新羅は百済を滅ぼした後、数年後には、外交使節を日本に送っています。その後、とくに持統天皇の時代には、新羅から使者が頻繁にやって来ます。さらに、その後も、日

第 20 図　弥勒寺蔵新羅鐘　　（左）飛天　（右）天復四年銘

本国と新羅王朝との間には、非常に密接な交流がありました。この間の事情は、ことに慶州におきまして、雁鴨池という宮殿付属の庭園が発掘されましたところ、その中の遺物を見ますと、こんにち正倉院に保存されている遺物と同じものが少なからず見出される[3]ことからもうかがえます。記録による日本国と新羅王朝の交流を、そのように具体的に示す物的証拠としての遺物が少なからず出土したことから、認識を改めるべく注目されています。

さて、この宇佐神宮に伝わる朝鮮鐘をどう理解するかということです。これについて、いろいろ考えましたところ、天復四（九〇四）年という年は、まさに、その年に中国の唐が滅びますし、また朝鮮におきましても、新羅が滅亡する直前に当たります。どうも一時的に、日本との間には、国交が跡絶えている時期ではないかと思われます。そこで一つ思いつきましたのは、この朝鮮鐘はずっと新しく中世の頃に日本に入ったのではないかということなのです。といいますのは、ご承知のとおり、一三世紀前半にはじまり、一四世紀後半に、とくに西国の海賊が朝鮮半島を盛んに荒らしまわりますが、一般にそれは倭寇といわれています。西国の倭寇が朝鮮半島に進出して行って、非情な略奪行為を行って、朝鮮の人々に大変な迷惑をかけたわけです。倭寇の行動に頭を痛めて、当時の高麗王朝では、足利幕府にも相談して、何とかならないかと交渉します。そこで日本では、福岡にありました九州探題の今川氏とか、あるいは、山口に本拠を持ち、この宇佐も支配していました大内氏とかが、自分たちの軍勢を引きつれて行って、倭寇の鎮圧に努めました。その際、足利幕府にしても、あるいは大内氏にしても、その見返りとして朝鮮に、大蔵経や梵鐘《ぼんしょう》を要求しています。そのように、倭寇を制圧する代わりに、日本のお寺を建てる場合に援助して欲しいとか、あるいは、そこで必要な大蔵経や梵鐘を求めています。たとえば、実際に、応永二一（一四一四）年のことですが、大内多多良道雄は、当時、李朝（朝鮮王朝）に政権は交替していますけれども、そこに僧侶を遣わして、大蔵経と大鐘が欲しいと申し出ています。果たしてその当時、それらの文物が要求どおりもたらされたかどうか分かりませんが、たびたびそうして、幕府や西国の諸大名は大蔵経や梵鐘などを求めています。そういう事情を考えますと、おそらくその当時、日本に朝鮮鐘が入って来ていたのではないかということです。

ところで、日本に現在、朝鮮の梵鐘が六〇個ほど残っていますが、それらが日本に伝来した当時、日本では、それらの梵鐘にしばしば追刻を施しています。つまり銘文をまた彫り足しているわけです。そのような銘文の年号を調べますと、梵鐘は、だいたい一四世紀の後半に非常にたくさん入って来ていたということが分かります。そういうことをいろいろ考えますと、どうもこれらの梵鐘は、一四世紀後半から一五世紀にかけて、西国の諸大名あるいは足利幕府が朝鮮に出向いて行き、そして、そこでもらって来る、そのようにして入ったのではなかったかと考えます。

そこで思いますに、応永年間に宇佐神宮が造営されていますけれども、その造営を、奉行となって担当したのは大内氏でした。それから同じ応永年間に弥勒寺も造営されています。そういうことを考えますと、宇佐神宮と弥勒寺の造営の直前に大内氏が朝鮮へ行き、梵鐘などを欲しいといっている事情が分かるような気がします。さらに、ご承知のように、大内氏は宇佐神宮を篤く信仰したという歴史的な背景もあります。もちろん、梵鐘自体はずっと古い統一新羅時代のものですけれども、おそらく、この梵鐘は一四世紀の後半になって、大内氏が朝鮮から入手したもので、それをかれらが熱心に信仰する宇佐神宮に寄進したのではないか、と考えたいのです。

以上のように、縄文時代から歴史時代にわたって、数千年間の宇佐の歴史や文化を、朝鮮との関連において見て来ました。しかし、まだまだ今後、宇佐地方ではどのような朝鮮の文化が発見されたり、発掘されるか分かりません。将来の調査や研究に期待しながら、そういう宇佐と朝鮮の細部におよぶ具体的な問題を考えてゆくことは、やがては、日本と朝鮮の関係を考えてゆく大きな手がかりになると思います。

〔注〕

（1）宇佐の文化財を守る会、一九七七『別府遺跡緊急発掘調査概報—朝鮮式小銅鐸出土遺跡の調査—』。

西谷　正、一九八六「中国大陸、朝鮮半島の文化と日本の古代文化―福岡県吉武高木遺跡の出土品と九州の小銅鐸―」『歴史手帖』第一四巻第四号、名著出版。

（2）坪井良平、一九七四『朝鮮鐘』角川書店。

（3）西谷　正、一九八五「正倉院の新羅文物」『地域史と歴史教育』木村博一先生退官記念会。

第４章　生目古墳群と史跡整備

はじめに

私は、今朝、福岡空港を七時三五分発の一便でこちらに来ました。台風の影響のため、宮崎まで行って引き返すかもしれないということで、ひやひや不安を抱えながらやって来ましたけれども、無事に着陸しまして、今ここに立っています。さきほども何人かの方々から台風のことでご心配になったというお話がございましたが、私もそういう目に合って来ました。一方ではワクワクして来ました。

その一つは、去る平成八（一九九六）年から一〇年以上にわたって生目《いきめ》古墳群の史跡公園整備の委員会に関係させていただきました。昨年（平成二一）ここが開園したということで、一体どんなものに出来上がっているだろうかということ、そしてまたその翌年には、生目の杜《もり》遊古館、つまり埋蔵文化財センターと体験学習館がオープンしたということで、一体どんなものになっているのか見てみたいという好奇心もございました。

他方で、宮崎といえば、これまでにもいろんなところを見学させていただきましたが、たとえば、おそらく中世以来の海を通じた交流の拠点と思われる「油津」とか、近世の城下町「飫肥《おび》」、さらには国指定天然記念物の都井岬《といみさき》の岬馬につきましては、サラブレッドのような馬と違って、体高が一五〇センチくらいでしょうか、在来馬として知られています。ああいった馬が木曽馬などと並んで、古代の馬の研究に役立ちます。そういう馬がどんな馬なのかこの目で確かめたいということなど、いろんなことがありましてワクワクして来たところです。

今日は早く来ましたので、朝まっすぐ生目古墳群に行きまして、埋蔵文化財センター、生目の杜遊古館と一緒に見学させていただきました。史跡公園につきましては、まあまあだ…という感じでしたけれども、遊古館につきましては、大変素晴しい出来上がりで感動を覚えました。

私はずい分前のことですが、福島県白河市の「まほろん」というところに行った時に、良く出来たところだなあと感心したことがありました。今日、宮崎市の生目の杜遊古館を拝見して、また一段とすばらしいものが出来上がっていまして、大変うれしく、あるいは楽しく見学させていただきました。

生目古墳群をめぐって

この点に関しましては、まず、「活き！行き！生目古墳群」というパンフレット（第21図）をご覧いただきたいと思います。そのうちのvol.2が最新版です。これは小さなパンフレットですけれども、情報がたくさん、そしてまた現在の学問水準が的確かつコンパクトにまとめられていまして、実にすばらしい出来ばえだと思います。

お話の都合上、生目古墳群の概要を少し見ておきます。資料の第22図に生目古墳群配置図ということで図示されていますが、古墳群は東西・南北それぞれ一・二キロくらいの範囲にまたがっていまして、

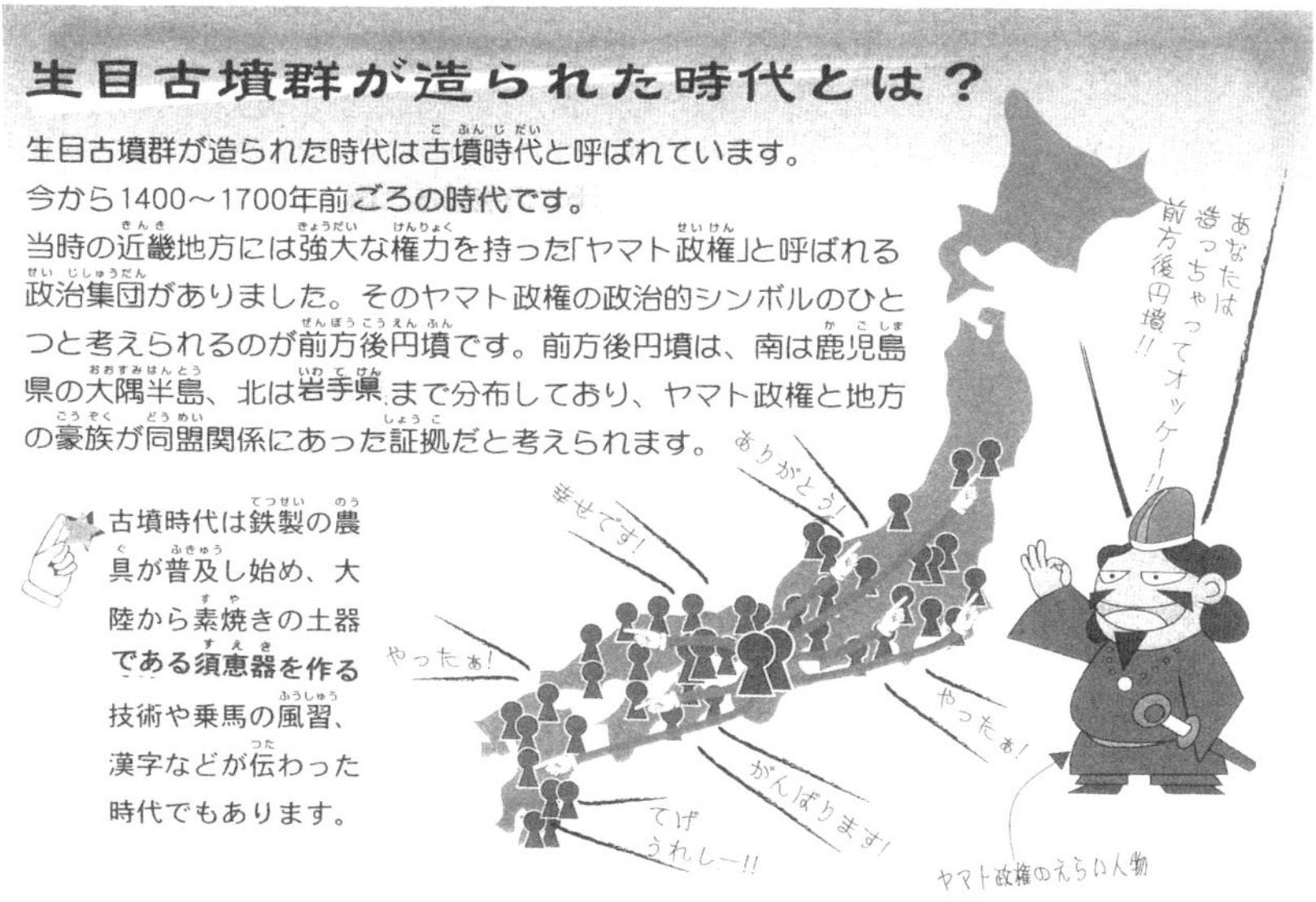

第21図　生目古墳群が造られた時代とは？（宮崎市教育委員会作成のパンフレットより）

全体としては六〇ヘクタールくらいという大規模なものです。そのうちの一部が史跡公園として整備されたということです。

　この古墳群の特徴としましては、よくいわれることではありますが、古墳時代前期の古墳群として、その中に全長が一〇〇メートルを超す大規模な前方後円墳が三基も含まれているというのはここだけです。また、この分布図の上から少し下がったところに3号墳がありまして、その長さが一四三メートルということで、四世紀頃の前期古墳としては九州最大です。そういったものを含めて、前方後円墳八基、円墳二五基、さらに南九州特有の地下式横穴墓が五〇基以上という大きな古墳群です。そのような古墳群が大切に保存されて来たのです。

　まず最初に、生目古墳群の成立と発展ということを少しお話ししてみたいと思います。この点につきましては、表1をご覧いただきたいと

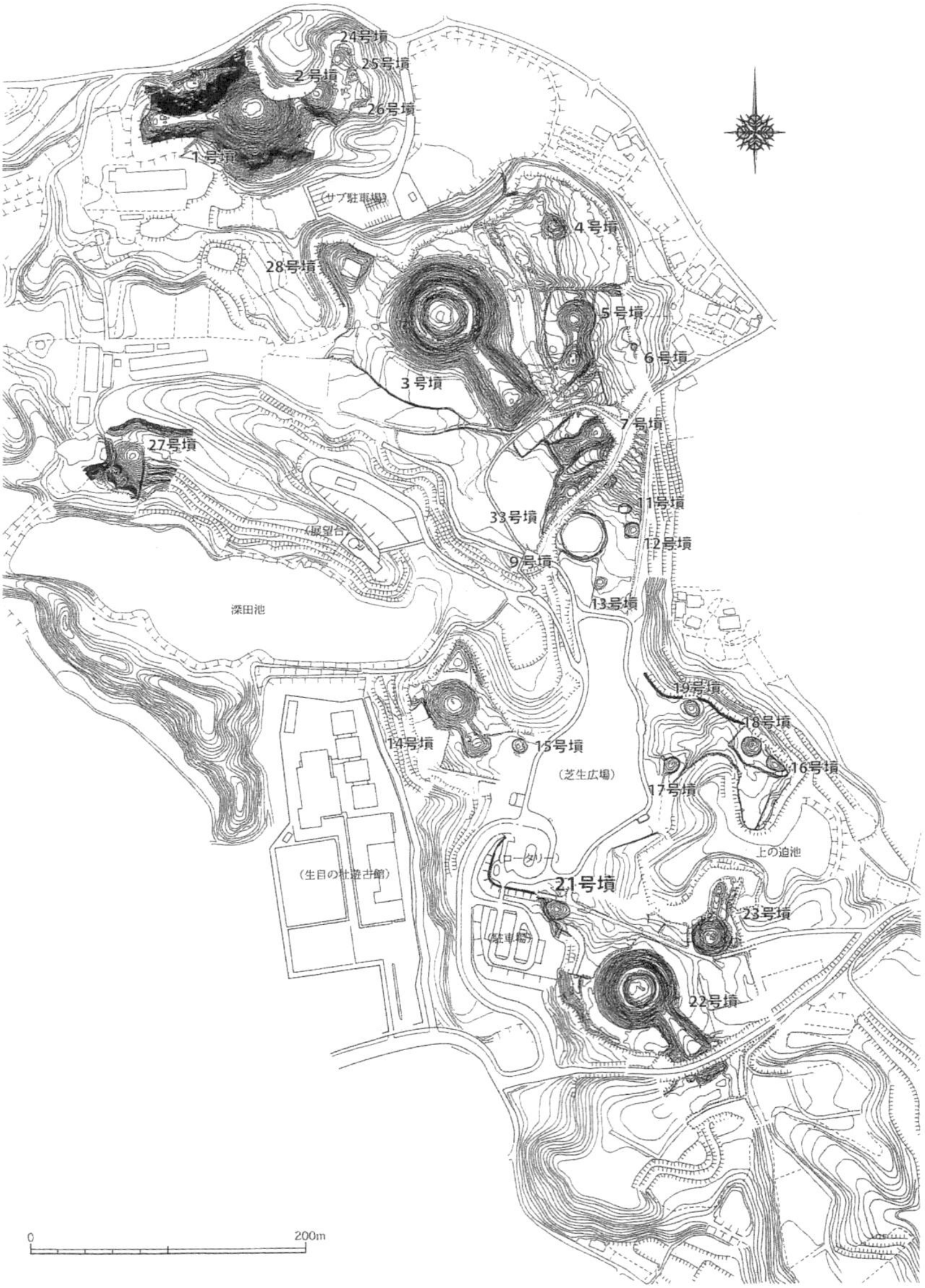

第22図　生目古墳群主要古墳位置図（宮崎市教育委員会，2018『生目古墳群Ⅶ』より）

表１　南九州主要首長墳系譜の編年（柳沢一男氏作成，1999. 10. 23 現在）
（生目古墳群シンポジウム '99 〜浮かび上がる宮崎平野の巨大古墳〜 より）

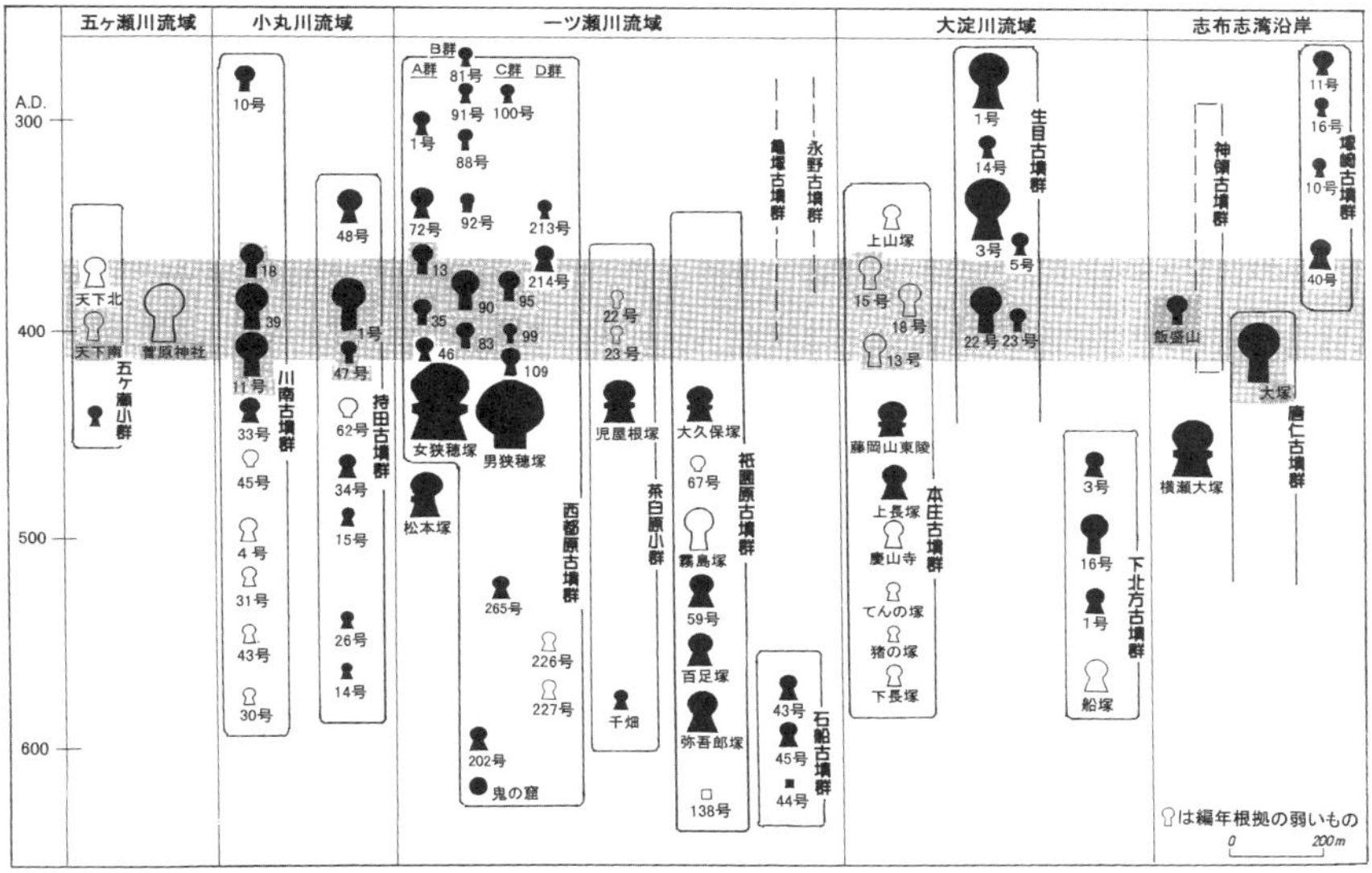

思います。ここに南九州主要首長墳系譜の編年ということで、宮崎大学の柳沢一男先生が作られた資料(1)を提示しています。平成一一（一九九九）年に作られた表ですけれども、基本的には現在も変わっていませんので、引用し、使わせていただきます。この表を見ても分かりますように一番左に、ＡＤ三〇〇年から六〇〇年までの年代が書いてあり、また、一番上の段に宮崎地方の北から、五ヶ瀬川流域、小丸川流域…等々、流域ごとに前方後円墳をはじめとして古墳群が営まれていることがお分かりいただけると思います。

いつ、こういった古墳群が成立したかということを考えますと、この年表のとおり西暦三〇〇年前後、あるいは三〇〇年をさかのぼって、三世紀の終わり頃に宮崎の各地で前方後円墳が出現したようです。この出現の背景を考える時に、私は二つの側面から見る必要があると思います。一つは、この地域の長い歴史の上に登場して来るということです。つまり、無から有は生じないわけでして、何もないところに三世紀の終わりに突然、前方後円墳が築造されるわけがありません。

実は、後でもお話ししますが、去る平成一一年に宮崎公立大学におきまして、生目古墳群に関するシンポジウムが行われました。その際、私もパネラーとして意見を述べさせていただきました。その時に述べましたことは、前方後円墳が出現する前夜、すなわち、邪馬台国の時代、あるいは、弥生時代の終わり頃にこの地域に国々が出来ていたのではないかという点でした。それが三世紀後半から四世紀にかけて、ヤマト王権が成立した時に、ヤマト王権との関わりで前方後円墳が築造されたと述べました。

ご承知のとおり、邪馬台国の候補地につきましては全国各地にあります。もちろんここ宮崎県にも邪馬台国があったとおっしゃっている方が何人かおられます。私はその意見には反対です。とにかく何という国かは分かりませんが、先ほどの北の五ヶ瀬川から一ツ瀬川等々で、流域平野を中心として村々が集まって、一つの地域集団を形成していった…それがいうならば、国に当たるということです。そういう国々が北の五ヶ瀬川流域からずっと、南の志布志湾沿岸地域にかけて、各地域に生まれていたのではないでしょうか。そのような国々がヤマト王権の支配下、もしくは影響下に入った時に前方後円墳などを築いたというわけです。

ここ生目古墳群というのは、表1でいいますと右から二つ目の大淀川流域に当たります。弥生時代の大淀川流域に国があったということを論証するだけの材料は現在のところありませんので、今後の課題ではあります。ただ、その兆しとしては、ここの埋蔵文化財センターの展示室の最初に展示されているのが、生目古墳群と同じ丘陵の南の方の跡江台地で見つかった環濠集落の一部の情報です。そして、大淀川を挟んだ東方、対岸に当たる下北方の方に下郷という遺跡がかつて調査されていまして、ここも環濠集落ですね。そのような環濠集落を有力な中心集落として、中小の村々が集まって一つの地域集団を作っていった…いうならば、福岡・北九州でいえば、奴国をはじめとした国々に相当するものではないかと思います。

そういうわけで私は、北の五ヶ瀬川流域、ここは後の臼杵郡ですけれど、それから小丸川から一ツ瀬川流域にかけましては児湯郡、さらに大淀川流域につきましては、諸県郡《もろがた》から宮崎郡ということですが、そういった形で当時の国という地域集団は、大体後の、つまり律令制以後現在まで、○○郡として一二○○年間以上続いて来たのです。

そのように現在も名残りのある律令時代の郡が一つか二つくらいが当時の国の規模ということを常々述べています。そういう意味では、今述べましたような流域ごとに、後に児湯郡とか臼杵郡とか郡として編成されていく、それぞれの地域に国々が出来ていたのではないかと考えています。そういったことが、この地域の内部的な背景の一つではないかと思います。

それだけでは前方後円墳は生まれなかったわけですが、前方後円墳誕生の地はいうまでもなく近畿地方、大和盆地の東南部、現在の奈良県桜井市の周辺ということになりましょう。

その点で興味深いのが、第23図に生目古墳群の一番北にある大型の前方後円墳である生目１号墳の実測図が出ていますが、その右には、前方後円墳誕生の場所である大和盆地東南部の現在の桜井市付近の箸墓《はしはか》古墳が出ています。この古墳は、ご承知のとおり宮内庁の陵墓参考地で倭迹迹日百襲姫命《やまとととひももそひめのみこと》の墓となっています。ここで、両者を比べていただきますと、平面形がまったく同じといっても過言ではあり

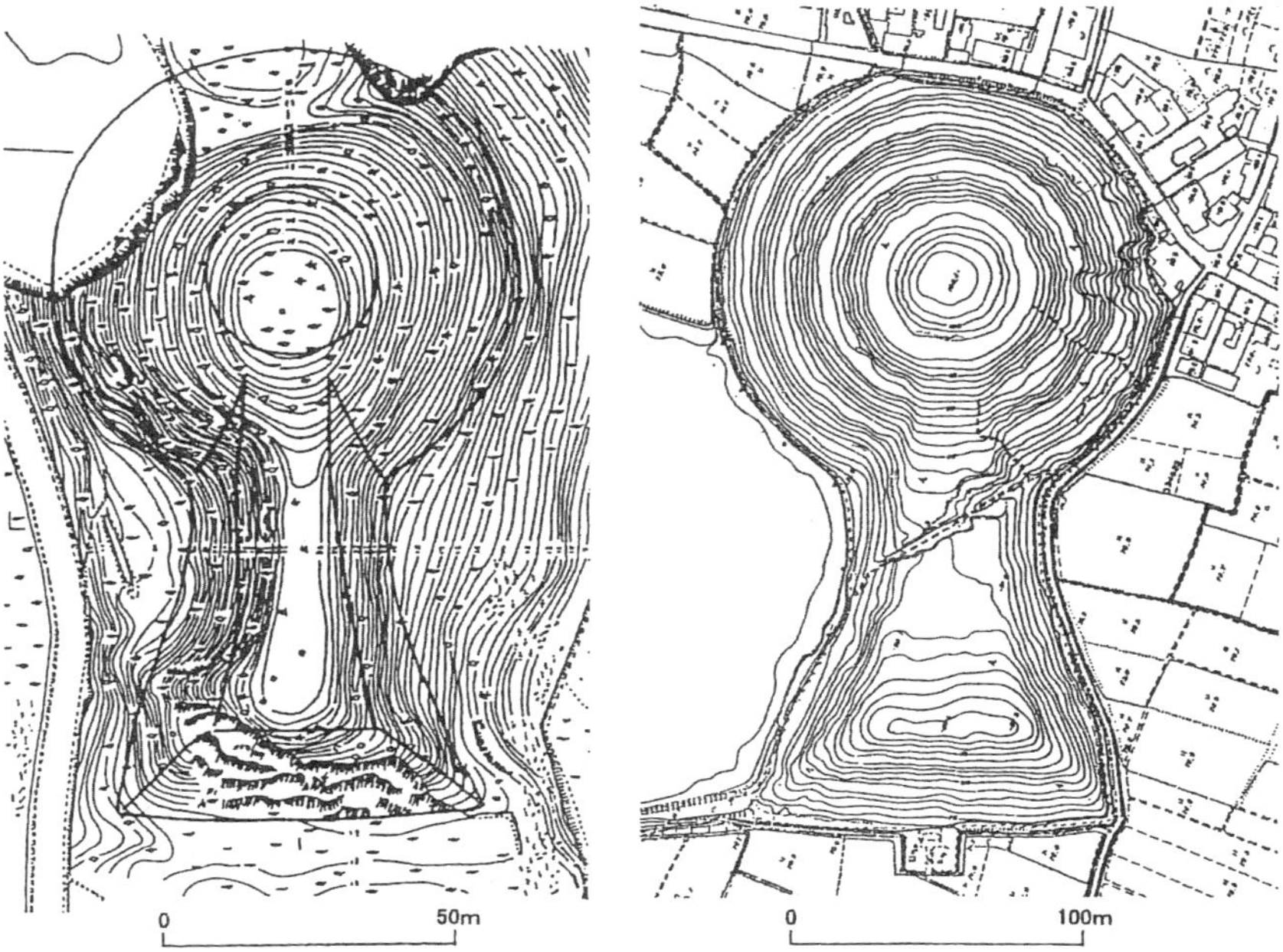

生目１号墳　　　　箸墓古墳

第 23 図　生目１号墳と箸墓古墳（柳沢一男氏原図）（生目古墳群シンポジウム '99 〜浮かび上がる宮崎平野の巨大古墳〜より）

ません。ここの生目1号墳につきましては、すでに早く土取りで後円部の一部や前方部の前面も壊れていますが、昭和一〇（一九三五）年に作成された地形図がありまして、それから考えると、第23図の左の図のような墳丘形態が復元でき、しかもそれが箸墓古墳と酷似しているということです。ただ違うのは、生目1号墳は全長が一三六メートル、箸墓古墳は二八〇メートル近いということですから、平面の一辺で約二分の一ということになります。

　ですから、ヤマト王権のお膝元、箸墓古墳の平面二分の一スケールの同じ設計図で作られたと思われる前方後円墳が、生目古墳群の中の最初の前方後円墳であるというわけです。実はこのことは、先ほど述べました宮崎大学の柳沢一男先生のご指摘でありまして、私もまったく同感です。そういうわけで、表1の編年表で右から二つ目の大淀川流域に生目1号墳が突如として出現する背景には、それ以前のここの地域社会が基盤となって、その地域社会がヤマト王権との関わりを持つことによって、ヤマト王権流の前方後円墳…思い切っていえば、おそらく設計図をもらって、あるいは実際に古墳造りに参加する技術者なりが一緒に来ていた可能性があるのです。そのようなことが、生目古墳群の成立事情ではないかと考えています。ただ、生目1号墳の年代に関しては、その後の発掘調査の結果、墳形も修正され前期末の四世紀後葉に考えられるようになりました。[2]

その時、この古墳に埋葬されたこの地域の首長つまりリーダーに関しては、国の場合は邪馬台国の女王・卑弥呼とか、王と呼んでいました。奴国王・末盧国王の場合も同様でした。そして、ヤマト王権の時代になってからは、おそらく縣《あがた》と呼ばれたのではないかと思います。ですから邪馬台国の時代の国が、ヤマト王権の時代に縣になり王から縣のリーダー、つまり縣主となるわけです。

私は、おそらくこの生目1号墳の被葬者はこの地域を治めていた首長、つまり縣主の墳墓ではないかと、思い切った推測をしているところです。この時代に縣という地域社会があったということを推測させるのは、『日本書紀』景行天皇紀一七年のところを見ますと、その景行天皇が子湯縣《こゆのあがた》に行幸《ぎょうこう》したと書いてあるのです。景行天皇の一七年というのが、西暦何年かということは分かりませんけれども、古墳時代であることは間違いないと思われます。子湯縣、それが現在の児湯《こゆ》郡になっているわけですね。この時代の縣が、律令時代に郡になり、それが現在まで続いているということになります。同じように景行天皇紀の翌一八年のところを見ると、諸縣君泉媛《もろつあがたのきみいずひめ》と出て来ます。諸縣《もろつあがた》、それが諸県《もろがた》郡という形で現在まで名残りが残っているのです。ですから『日本書紀』景行紀の二カ所で、この地域の地名として○○の縣と出て来ます。これが、現在の○○郡と大体対応することを考えますと、ヤマト王権の影響下、あるいは連合体制の仲間入りをした時に縣と呼ばれ、その首長が縣主として任命というか、認証されたということではなかったでしょうか。

この生目古墳群がそのようにして成立し、発展していくわけですが、さきほどの表1の編年表を見ましても、三世紀から始まって四世紀いっぱいは前方後円墳が築造されますが、五世紀に入ると、ぽつんと、あとが続きません。これは一体、どういうことかが、大きな問題ですね。ここで生目古墳群をずっと営んできた歴代の首長が断絶したと考えるのかどうかですね。

ところが、この表の大淀川流域には対岸に下北方古墳群がありますし、少し上流には本庄古墳群があります。そこで、大淀川流域の三カ所で首長を出していた母体が移動したのではないかと思います。現在でも宮崎市長は、Aという集落から出られることもあれば、次の市長さんはCという集落から出られるということがあるといった感じで、同じ一つの地域社会なんですけれども、生目古墳群については、その近くに集落をかまえた豪族が周辺地域を治めていたと思われます。しかし、理由は説明できませんが、五世紀に入って、たとえば、本庄古墳群を残した集団がある一方では、同時に下北方の古墳群を営んだ地域でも新しい勢力が勃興していて、両者が並存していたといったような地域社会の動きを見ることができるのではないかというわけです。

今述べました生目古墳群の築造が終わりますと、五世紀に入って、古墳時代の中期ということになります。この時期で注目されることが、同じ表1の一ツ瀬川流域の左半分の真ん中辺りにある、ひときわ大きい前方後円墳、あるいは、前方部が小さいので帆立貝式とも呼びますけれども、そういう女狭穂《めさほ》塚・男狭穂《おさほ》塚の出現です。これらの古墳は現在の西都市に残っている、いわゆる西都原《さいとばる》古墳群を構成する古墳の一つですね。宮崎の古墳といえば西都原、ということは全国的にどなたも、すぐ思い浮かべられることだと思います。

しかし、この度こうして生目古墳群のことがいろいろと分かって来ますと、西都原古墳群とともに生目古墳群を一緒に考えることが、宮崎地方の古墳文化を考える上で大いに役立つということです。そこで、生目古墳群と西都原古墳群を取り上げました。つまり、両者がどういう関係にあるかという問題です。

一つはこの年表のとおり、生目古墳群において前方後円墳の築造が終わると、その次の世代から西都原古墳群が巨大化していくという現象が見られます。この点に関して私が考えていることは、四世紀（前期）の頃は流域ごとに地域集団がそれぞれ独立して並存し、その並存した勢力がもちろん五世紀あるいは六世紀まで続いていくのです。さらに七世紀、それから地域集団としては現代へと続いています。五世紀の中頃に女狭穂塚・男狭穂塚という、九州最大の巨大な前方後円墳が築かれたということは徒事《ただごと》ではありません。

私は、結論からいいますと、各地域に独立・分散的に並存していた勢力が五世紀の段階になって、一ツ瀬川流域の西都原古墳群を残した豪族が全体を統合したのではないかと考えます。分かりやすくいいますと、この時点で日向国が成立したのではないかということです。それまでは、○○縣、○○縣と並存していたわけですね。それらは、もちろんずっと並存していくわけですが、その全体を日向国という

第24図　履中陵と女狭穂塚墳丘比較図（網干善教，1984「畿内における前方後円墳の築造についての二・三の問題」『宮崎の古墳文化』宮崎市教育委員会より）

形で、統合化が進んだ…その結果、日向国全体を基盤とする豪族として、これだけ巨大な古墳を造りえたのではないかと考えたいのです。

　そして、女狭穂塚・男狭穂塚につきましては、大変興味深いことがあります。それは今から三四年前の話です。宮崎市は、今回こうして生目古墳群のことを一生懸命やっておられますが、実はずい分と昔から古墳文化に対して熱心に取り組んで来られました。三五年前から三年間にわたって全国の著名な学者を招いて「宮崎の古墳文化」というシンポジウムを開かれました。二年目に当たる昭和五九（一九八四）年に、私はまだ若輩者でしたけれども、著名な先生方の末席に連なって出席したことがあります[3]。その時にご一緒したお一人の中に、一一年前に亡くなりましたが、奈良県の皆さんよくご承知の網干《あぼし》善教先生がおられました。その時、先生が発表された[4]お話を、大変興味深く思った次第です。

さきほど生目1号墳と箸墓古墳の平面形態が共通しているといいましたけれど、女狭穂塚古墳の平面形態を見ましても、近畿地方は河内の応神天皇陵に比定されている誉田山《こんだやま》古墳、あるいは履中天皇陵古墳、そういった天皇陵に比定されている巨大古墳の平面形態の二分の一の相似形をなしているということを指摘されました（第24図）。同様にその後の調査でも、度々ご紹介しました柳沢一男先生のお話でも、この女狭穂塚については、応神天皇の皇后に当たる仲津媛の御陵《みさぎ》が仲津山古墳ということで、陵墓参考地になっていますが、その古墳の五分の三だとおっしゃるのです。ですから、近畿地方の河内地方ですが、そこにある応神天皇陵、履中天皇陵、さらに応神天皇の皇后の仲津媛陵、そういった、後の天皇と呼ばれる大王の陵墓に比定されている古墳の平面形態の二分の一なり、五分の三であることがあって、当時の近畿地方の河内王権と非常に密接な関係にあったのではないかというご指摘です。私もまったく同感ですし、現在も柳沢先生によってさらに発展されている研究成果です。そういう事実がありまして、この西都原古墳群の背景にはヤマト王権、そのヤマト王権が河内に移動したりはしますが、いってみれば中央政権と深い関わりがあるということなのです。

つぎに、日向の古墳文化とヤマト王権の関係について考えてみましょう。ヤマトなり河内の四、五世紀の古墳の形態の二分の一や五分の三の相似形の古墳が生目古墳群、あるいは西都原古墳群、つまり日向の古墳群に認められるということで、中央政権との密接な関係があるということは疑いえないと思います。そこでまた、網干先生が指摘されたことですけれども、私達はいままで考古学の資料を使ってお話をしましたが、かたや文献史料によりますと興味深い記事があるんですね。それは『日本書紀』です。『日本書紀』によりますと、景行天皇四年の条に、日向髪長大田根《ひゅうがのかみながのおおたね》を妃として迎えたと、そして産まれたのが日向襲津彦《ひむかのそつひこ》であると書かれています。つまり、景行天皇が日向の豪族の娘と思われる日向髪長大田根という女性を娶っているということがうかがえるのです。景行天皇はその七年後の一一年に、熊襲の反乱があって征伐に来たとも書かれています。また、襲の国に来ると、非常に見目麗《みめ》しい女性がいて、その名は、御刀媛《みはかしひめ》というのですが、その媛を娶ったとも出ています。当時の大王には后は一人ですが、妃は少なからずいます。なんと日向から一人と、襲つまり贈於《そお》から一人と、二人の妃が出ているということです。そして、御刀媛との間に産まれた子供が豊国別皇子《とよくにわけのみこ》ですね。その皇子が日向国造《ひむかのくにのみやつこ》の始祖であるとも、景行天皇紀には出ています。

そういうわけで、『日本書紀』の景行紀によりますと、日向から二人の媛が妃として嫁いでいるのです。とくに襲の国の御刀媛というのは、大変興味深いと思います。それまでは、日向髪長大田根で、日向という地名がついていましたけれど、襲と書いてあるのですね。襲というと現在の鹿児島県の東部に当たるところですが、実はもともと日向という一国だったのです。それが、奈良時代の和銅六（七一三）年に日向の国が広いものですから、一部を分割して大隅の国を建てるのですね。その大隅国の中に贈於という地域が見られるのです。

そういうことからいいますと、現在の宮崎県や、鹿児島県の志布志湾辺りの両方から豪族の娘を娶って妃にしているのです。そればかりか、応神天皇も実は日向泉長媛《ひゅうがのいずみながひめ》という女性を娶っているのです。さらに仁徳天皇も日向髪長媛《ひゅうがのかみながひめ》という娘を娶ったと書かれているのですね。あくまでも『日本書紀』によればという話ですけれども、日向、あるいは後に分割される大隅、そういうところから全部で四人もの妃が、景行、応神、そして仁徳と三代の大王に嫁いでいるのです。このことはその背後に中央政権と日向・大隅との密接な関係、おそらく政治的な関係があったと思うのです。

そのように二つ、あるいはそれ以上の勢力が結ばれるときは、いろいろ話し合って同盟関係を結ぶこともあれば、婚姻関係を結ぶことによって同盟するとか、それでもうまくいかない場合は武力で滅ぼすとか、いろんなやり方があります。この場合は中央政権と日向・大隅との間で、どうも婚姻関係を結ぶことによって、同盟関係を結んだのではないかと思われます。そのように、日向の古墳文化を考える時に、ヤマト王権つまり中央政権との密接な関係を抜きにしては考えられないということです。

もう一つの問題は、私は朝鮮半島のことが専門ですから、ことあるごとに朝鮮半島のことを引き合いに出して話をします。実は、日向の古墳文化を考える時に、当時の朝鮮半島の文化との関係が考えられます。具体的には当時、北に高句麗、南の西に百済、東に新羅、その間に加耶という国がありました。加耶はいち早く五六二年に新羅によって滅ぼされますけれども、その加耶との関係を示すような文物がここ日向の古墳の中には少なからず認められるのです。たとえば、生目の杜遊古館の展示室を見ていましたら、生目古墳群の７号墳のことが目にとまりました。この古墳はまだ整備が完成しておらず、引き続き整備が進められることになっています。ここで発掘調査の折に須恵器という硬い焼き物が出ています。その中に、どうも当時の加耶の土器ではないかと思われる、専門用語では陶質土器という呼称で国産の須恵器と区別されるものが見つかっています。

その他、表１の編年表でいいますと、さきほどの大淀川流域で生目古墳群の対岸に下北方古墳群がありますね。ここには前方後円墳が四つ並んでいます。実はこの表には出ていませんが、下北方古墳群は前方後円墳だけではなくて、さきほどの生目古墳群にもあるといいました、この地方特有の地下式横穴があるのです。その5号地下式横穴墓がかつて発掘調査されまして、そこから出てきた出土品たるや、巨大な前方後円墳から出て来るものと、まったく遜色のないものでした。すなわち、その出土品の中に立派な甲冑、それから金の耳飾り、おそらくこれは、加耶製ではないかと思われます。それに対して、甲冑についてはヤマト王権から下賜された可能性があると思います。その他、馬具類など優れた出土品が見つかっています。その中に渡来系の技術で作られたもの、あるいは舶来品と思われる文物が含まれているということですね。ヤマト王権との密接な関係と合わせて、そのような渡来系文化というものを考える必要があると思った次第です。

ここで少し余談になりますが、「活き！行き！生目古墳群vol. 2」のパンフレット（67ページ第21図）をご覧いただきますと、開いて左側の上半分に「生目古墳群が造られた時代とは？」と書いてあります。そこにずい分えらそうな人物が「あなたは造っちゃってオッケー!!」と前方後円墳の築造を許可していますね。ここに出ている日本列島の前方後円墳の様子のところで、九州各地にも前方後円墳があります。ここ日向のところを見ますと、「てげ、うれしー!!」と書かれています。これは、標準語ではなくて、この地方の方言です。

過日の土曜日に、福岡にある韓国の総領事館の総領事さんたち何人かと話をしていまして、「こんど、宮崎に行って話をするんです」といいましたら、「宮崎には、韓国語が残っている」といわれるんです。私がメモを取ろうとすると、総領事が、「テゲーテゲーヒムドロッタ」とハングルで書かれたのですね。これがどういう意味かというと、大変疲れたという意味なんです。同じことをここ宮崎地方では、「てげひんだれた」というそうですね。これは、確かに「テゲーヒムドロッタ」という現代韓国語に通じる言葉です。何か、現代方言として残っている言葉の中に、いつ頃からの言葉か分かりませんが、ひょっとしたらこれだけの巨大古墳の造営に動員された渡来人が、大変疲れたと、「テゲーヒムドロッタ」といい、それが「てげひんだれた」と、現代に残っているのではないかと、ふと思いました。

そういうことで、ここの古墳文化を考える時に、この土地の長い歴史の上に、弥生時代の終わりの頃、すなわち邪馬台国の時代に地域集団が形成され、それが中国の魏志倭人伝なんかに出て来る国に相当します。そういう基盤があって、はじめて前方後円墳が築造されるのです。そのきっかけは、ヤマト王権との関係が出来たことです。そうして各地の首長が前方後円墳などを造るようになりますが、とくに五世紀になると、巨大な古墳の築造に見られるように、各地で分散していた勢力が一つの大勢力になります。つまりそれが、日向国の成立ではないかといいましたけれども、そういう歴史の中で、お隣の韓国の渡来系の技術や文化も見落としてはならないと思った次第です。

そうはいいましても、この生目古墳群は、宮崎一地方の古墳文化、あるいは地域の歴史を語る証しにとどまりません。当時のヤマトの中央政権との関係、そういった関係は、他の地域でもヤマトと出雲とか、ヤマトと若狭などと日本列島各地で見られました。日本列島全体の古墳文化の変遷過程を知る中で、日本の古代国家が生まれていく過程を理解するきっかけになるのではないかと思うところです。

そのように生目古墳群は重要な遺跡ということで、やはり国指定の史跡として保存し、そして、子々孫々まで大切に伝え、さらに、現代に生きる私達としては、これを大いに現代の生活に活用していこうということで、整備という問題が起こって来ます。

そこで、生目古墳群の史跡整備が、今日の私のもう一つのテーマとして浮かび上がって来ます。

まず、調査と整備の歩みを振り返ってみましょう。この問題につきましては、年表風に整理していますけれども、まず大雑把に見ておきたいと思います（89～91ページ表２）。

日向、宮崎では、西都原古墳群だけが古墳ではないのだと、生目古墳群にも昭和一〇年代から目が向けられ、関心を向けた人がいました。つまり、地元の研究者が略図を作ったり、分布状況を把握したりということがありました。西都原古墳群の詳細な測量図を作成した原田仁という方は、私達の業界の大先輩で、著名な方ですが、生目古墳群についても、1号・3号・22号墳について、詳細な墳丘測量図を作成しておられます。そういう基礎資料があって、昭和一八年に早くも国の史跡に指定されることになるわけです。

その後、しばらくは森に覆われていたようです。ところが、昭和三六年頃から日本列島全体が経済成長に向かって歩み始めます。そのため土地改良事業や、清掃工場であるとか、そういった土地造成などがあって古墳が壊されたりしたこともありました。その間にも、もちろん国の史跡に指定されているわけですから、国庫補助を受けて、史跡境界石や説明板を設置するといったことが行われています。そのような開発の波に対応するべく、昭和五〇年に生目古墳群保存管理計画策定書を作成しまして、生目古墳群を将来どうしていくのかということが議論されたようです。そういうことを受けて、地元では、整備促進期成同盟会が結成されるなど、地元の熱意も盛り上がっていったということでしょう。

そのような歴史がありまして、平成五年に宮崎市制七〇周年記念事業の一環として、総合スポーツ公園とともに生目古墳群の史跡公園化という話が持ち上がって、今日に至る出発点に立つことになります。そういったことから、まず実態を把握することが必要であったのでしょうか、平成五年から七年にかけまして、国庫補助を受けて、古墳群周辺遺跡の発掘調査が行われました。このときに、さきほど述べました、丘陵南端の跡江というところで、弥生時代の環濠集落が見つかったり、あるいは地下式横穴が新たに見つかるなど、といった成果が相次いだわけです。そういう準備段階を経て、平成八年に生目古墳群史跡公園整備委員会が発足しました。そのときに私は委員長として、はじめて関わることになったのです。同時に地元の宮崎大学では、柳沢一男先生が中心となって、この古墳群の精密な測量調査を行われ、その結果に基づいて、ヤマトの古墳との比較研究などが可能になったわけです。

その後、整備委員会で、基本構想なり基本計画が練られていきまして、平成一〇年に基本構想と基本計画が出来上がりました。

そのように、学識経験者や関係者でいろいろ議論して、基本構想や基本計画が出来上がったとしても、やはり市民の皆さんのご理解を得る必要があり、また、ご協力も得なければなりません。そこで、市民の皆さんへ十分に情報を発信する必要があるということになりまして、平成一一年にさきほどいいましたように生目古墳群シンポジウムが企画され、それまでの調査の成果、ならびに今後どうしたらいいかということで、「浮かび上がる宮崎平野の巨大古墳」というテーマでシンポジウムが開催されました。その時に、津村重光市長は、じっくり最後までお聞きいただいたことを、印象的によく記憶しています。

そうして、いよいよ基本計画に基づいて事業を推進する必要があるということで、平成一四年に整備推進委員会が立ち上がりました。実際に専門家で部会を作って、細かいことをいろいろ検討していこうということで、専門部会が発足し、検討を重ねまして、平成一七年に国史跡生目古墳群整備実施計画報告書を作成しています。これに基づいて、それまでの調査結果も踏まえて実施に至り、平成二〇（二〇〇八）年の四月の開園ということになるわけです。

それと相前後して、平成一七年に仮称ですけれども、生目古墳群学習施設整備事業基本構想が策定されています。これには、私は直接関与していませんが、その構想に基づいて、その後実施され、平成二一年四月の生目の杜遊古館の開館に至るわけです。

当初、整備計画では史跡公園の駐車場の近くにインフォメーションセンターを作る計画がありました。ご承知のとおり、宮崎市には早くに対岸の下北方よりもっと北の方になりますが、蓮ヶ池というところに歴史館がすでに開設されていまして、その横に古墳時代後期の横穴があるんですね。そういう施設をすでに持っていますから、それがあるからいいのではないかということで終わっていたのです。しかし、それとは別個にやはり本格的なものが必要であるということで、生目の杜遊古館の建設に至ったようです。私は、さきほどもいいましたように直接関与していないものですから、その辺のいきさつについては、詳しいことは存じません。

その計画によりますと、平成一八年に宮崎市が合併しました時に、新しい市の建設に当たって、六つの目標の柱が立てられました。その中の一つに未来を担う子供たちを育成するために、人間性豊かな人作りのために、こういった文化遺産、もしくは歴史遺産を大事にしなければならないという理念のもとに実施された事業の一つがこの生目の杜遊古館なのですね。これは、玉井日出夫・文化庁長官が指摘されましたように、私たちの祖先の歴史・文化遺産を、人材育成の素材として大いに活用していこうということが非常に大事だと思います。まさにここ生目の杜遊古館については、そういう理念に基づいた事業であり、それがめでたく開館したということです。

　そういうわけで、ごく簡単に触れて来ましたけれども、生目古墳群の整備は、まだこれからですが、整備、開園、そしてそれらと一体の埋蔵文化財センターや体験学習館が出来たということです。それには平成五年の問題提起以来、今日まで十数年にわたる長い歩みがありました。その間、一時的に空白の時期もあったようですが、関係者の長年にわたるご苦労の結晶であると思います。

第 25 図　生目 5 号墳　2008 年 2 月 14 日撮影

　つぎに、史跡整備の特色につきましては、一つは行って見られると分かりますが、広大な面積ですから、それをいくつかのゾーンに分けています。そこで、古墳群があるところはもちろん歴史探索ゾーンです。古墳と直接、接することによって、古墳を通じて古代の歴史を学ぼうというゾーンですね。この整備に当たっては、昔ながらの森のままのところもあれば、少し伐採して、古墳の形が見通せるようにしたりとか、そして生目５号墳の場合は、完全に当時の姿に再現していますね。ここへは、私は工事中に何回か来たことがあるのですが、九万個という葺石を一つ一つ丁寧に葺き上げて実に念の入ったというか、苦労されて築造当時の姿に見事によみがえっています（第25図）。そういう整備方法にも、昔ながらにそのまま残す場合もあれば、少し手を入れて、見やすくて分かりやすくするところもあれば、完全に学術調査の成果に基づいて、当時の姿に限りなく近づけるという、そういういくつかの手法を使って、歴史探索ゾーンを作っているわけです。それから、多目的にいろいろと利用できる休養、散策ゾーンとか、もう一つ大事なことは緑のゾーンというところが設定されています。

これはさきほどもいいましたけれども、一九六〇年代から、段々と開発の手が宮崎市の中心部から郊外へ広がっていく中で、この近くまで開発の波が押し寄せて来ています。そういう都市化から古墳群を守ろうということで、その間に緑のゾーンを作り、そして、その景観を守ろうという考え方ですね。同時に、緑の景観、自然あるいは人文的な景観が保全されますと、都市化された住民にとっては、その周辺に緑豊かな環境が出来るわけですから、この点は両者にとって大変すばらしいことです。そのように自然とか景観を保全することで、いくつかのゾーンを結んだ園路を歩きながら、四季折々の移り変わりを感じ、森林浴に浸り、あるいはここに立ちますと、天気のよい日は神話の舞台である高千穂の峰とか、韓国岳《からくにだけ》が遠くに見える、そういうすばらしい歴史景観を満喫できますね。そのように、自然ならびに人文的な景観保全という視点から、緑のゾーンをしっかりと確保しています。さきほどの生目の杜遊古館にしても丘の上ではなくて、下の谷あいの目立たないところに、平屋建ての建物を建てるなど、とにかくそういう景観・環境保全にずい分と神経が使われているのです。

この点は平成一六年に、文化財保護法の一部改正が行われて、文化的景観が新しく設けられたり、同じ年に景観法が施行されて、景観を大事にしていこうという風潮が、ずい分といきわたりつつあります。

今日も空港からこちらに来る車の中で、市の職員の方から聞いたのですが、津村市長は、そういう点に非常に力を入れておられて、いち早く景観行政団体入りして、景観条例も制定されているそうです。今後何十年、何百年先のことを考えると、大変重要なことではないかと思います。

平成二一年一〇月一日に広島県福山市の鞆の浦が歴史的・文化的景観保全のために、港の一部を埋めたり、あるいは埋め立てて、橋をかけるという計画が裁判によって認められないという判決が出ました。それは単なる一例ですが、そういうことからも分かりますように、これからは遺跡、史跡だけではなくて、いかに環境ごと、周辺景観ごと保全していくかということが大事になって来ると思います。この点が全国の史跡整備の上で、今後もっとも重視されてしかるべき留意点ではないかと考えます。

それから、ここの特色はなんといっても、さきほどから話題になっていますけれども、生目の杜遊古館には、埋蔵文化財センターと体験学習館が併設され、また、史跡公園と一体の形で整備・活用されているということです。これは大変すばらしいことだと思いますね。しかも、そこには宿泊施設があるというのです。私は、行く先々で宮崎市では今度、宿泊施設を伴う体験学習館を作っているといって来ました。子供たちが泊まりがけで、夜空の星やあるいは虫の鳴き声を体感するなど、そういう自然との触れ合いはやはり泊まりこんでということになるのでしょうか。そういうことで、大変すばらしい一体的な活用を目指した社会教育学習施設が作られているということです。

最後に、終わりにということで、二、三述べておきたいことがあります。一つは、私も九州が中心ですけれども、ずい分とあちこちの史跡整備委員会に関わっているのですが、宮崎市で感心することは市が一丸となって取り組んで来られたということです。さきほどの、平成八年に整備委員会が出来たときに、副委員長は助役の長谷川彰一さんだったんですね。そして委員の方々を見ると、私たち学識経験者の他に、教育長さんは当然のこととして、総務部長、企画調整部長、都市整備部長、建設部長と部長さんたちがずらっと並んでおられるのです。もちろん市長が最初にあいさつされて、そういう市の幹部の方々が私たちと一緒に、一丸となって取り組んで来られたということに感銘を覚えました。あちこちの委員会に行きますと、教育長さんも最初あいさつはされてすぐいなくなられて、担当者だけで取り仕切っているということがしばしばなのです。たまたま長谷川助役はかつてお若い頃に、奈良県の文化財保護課長をされた方ですけれども、非常な熱のこもった会の運びに、みんなが燃えてこの計画の作成に当たった次第です。そしてまた、計画を推進するために、何人かの担当者を新たに配置されたりとか、それからもう一つは、さきほど話が出ましたけれども、柳沢一男先生を中心とした地元の宮崎大学との連携ですね。各種の連携は今あちこちで行われていますが、ここでは早くから一緒になってやって来られたのです。そういうことも今日に結実する大きな原動力になっているのではないかと感じました。

それから、基本構想の中でも述べていますが、この生目の杜史跡公園は時間をかけて、末永く発展、成長させていくことを目指すということですね。これで終わりではないということです。7号墳は調査が終わって、引き続き整備されますけれども、この生目古墳群のある台地の南の方には縄文時代早期の貝塚がありますね。それから、さきほど指摘しましたように、邪馬台国時代の一つの国の中心かもしれない、そういう環濠集落の遺跡もあります。そして、中世には跡江城という城郭があるんですね。これらは、今回の史跡公園の対象地域には入っていませんが、すぐ南に隣接するところですので、あの森まで含めて、この生目古墳群を中心とした、その前の歴史、あるいは後の歴史、そこまで含めて将来、何十年かかってでも末永く、より完成度の高いすばらしい整備に向かって進んでもらいたいと、そのように願うところです。

最後に一言お礼を申し上げて終わりにしたいと思います。さきほども申しましたように、平成五年に生目古墳群のことが市制七〇周年記念事業の一環として持ち上がりました。その翌年の平成六年には、現在の津村重光市長が初当選されまして、それから四期お務めになっているのです。その間、津村市長におかれましては、宮崎市のまちづくりのために、住宅、道路、工場などなど、いろんなことをやって来られました。文化財なんてごく一部だと思うんですけれども、私たち文化財の立場からいいますと、宮崎市長は、生目古墳群とともにはじまり、四期をともに歩んで来られたといっても過言ではありません。それほど先頭に立って力を入れて来られました。この間のご苦労に対して、心からの感謝と敬意を申し述べて、私のお話を終わらせていただきます。ご清聴ありがとうございました。

表2　生目古墳群　―調査と史跡整備の歩み―

戦前（昭和一〇年代）	地元の徳地一が、古墳案内略図（絵地図）を作成―跡江台地上に、前方後円墳八基・円墳二七基と、台地下に円墳三基を図示
昭和一六（一九四一）年	原田仁が、1・3・22号墳の墳丘測量図を作成
昭和一八（一九四三）年	四三基の古墳（前方後円墳七基・円墳三六基）に対し、国が史跡に指定
昭和三六（一九六一）～ 昭和三八（一九六三）年	上ノ迫土地改良事業に際し、台地上の古墳の一部が消滅

昭和三七（一九六二）年	国庫補助により、古墳標石・境界石・説明板を設置
昭和三八（一九六三）年	生目村、宮崎市に合併
昭和四八（一九七三）年	清掃工場建設に伴う宮崎市と跡江地区の覚書の中に、「生目古墳群の公園化」の一項 土地造成に伴って、新たに四基の横穴墓を確認
昭和四九（一九七四）年	消滅した横穴墓を追跡調査
昭和五〇（一九七五）〜 昭和五一（一九七六）年	国庫補助で、航空測量による地形図と、『生目古墳群保存管理計画策定書』を作成
昭和五六（一九八一）年	生目古墳群整備促進期成同盟会の結成
昭和五七（一九八二）年	生目古墳群約一四ヘクタールを対象とした境界点測量を実施
平成五（一九九三）年	宮崎市制七〇周年記念事業の一環として、（仮称）宮崎市総合スポーツ公園ならびに生目史跡公園建設事業が持ち上がる。生目古墳群公園化促進協議会の結成
平成五（一九九三）〜 平成七（一九九五）年	国庫補助で、生目古墳群周辺遺跡の発掘調査を実施
平成八（一九九六）年	生目古墳群史跡公園整備委員会（委員長・西谷正・九州大学教授、副委員長・長谷川彰一・宮崎市助役）を発足 宮崎大学考古学研究室（柳沢一男教授）が前方後円墳六基と周辺円墳の墳丘測量を実施
平成九（一九九七）年	『生目古墳群史跡公園整備基本構想報告書』を作成
平成九（一九九七）〜 平成一〇（一九九八）年	国庫補助で、生目古墳群の南側に位置する石ノ迫第二遺跡の発掘調査を実施
平成一〇（一九九八）年	『生目古墳群史跡公園整備基本構想・基本計画報告書（概要版）』を作成 国庫補助で、生目古墳群３〜６・旧14号墳の発掘調査を実施

平成一一（一九九九）年	一一月二一日、宮崎公立大学において、生目古墳群シンポジウム'99「浮かび上がる宮崎平野の巨大古墳」を開催
平成一四（二〇〇二）年	生目古墳群史跡公園整備推進委員会（委員長・小宮大一郎・宮崎市助役）ならびに同　専門部会（委員長・西谷正・九州大学名誉教授）を発足 基本計画における平成一五年開園（予定）を平成二〇年に変更する整備スケジュールを提示
平成一六（二〇〇四）年	三月一九日、平成一五年度専門部会を開催 生目古墳群史跡整備計画（案）を審議
平成一七（二〇〇五）年	二月八日、平成一六年度専門部会を開催 生目古墳群整備実施計画および生目5号墳復元整備実施設計を審議 『国史跡　生目古墳群整備実施計画報告書』を作成 （仮称）生目古墳群学習施設整備事業基本構想を策定し、基本・実施設計を作成
平成一八（二〇〇六）年	『（仮称）埋蔵文化財・体験学習施設基本構想報告書』を作成
平成一九（二〇〇七）年	一〇月、（仮称）埋蔵文化財・体験学習施設整備事業を起工 一二月一九日、平成一九年度第一回生目古墳群史跡公園整備専門部会を開催 公園整備概要と史跡整備経過の報告ならびに協議
平成二〇（二〇〇八）年	四月、生目古墳群史跡公園を開園 九月、（仮称）埋蔵文化財・体験学習施設を竣工
平成二一（二〇〇九）年	四月、宮崎市生目の杜遊古館（埋蔵文化財センター）を開館

〔注〕

（1）柳沢一男、一九九九「古墳時代日向の王と生目古墳群」『浮かび上がる宮崎平野の巨大古墳』宮崎市・宮崎市教育委員会。

（2）宮崎市教育委員会、二〇一八『生目古墳群Ⅶ—生目1・2・24・25・26号墳発掘調査報告書―』『宮崎市文化財調査報告書』第一二三集。

（3）西谷　正、一九八四「日向の古墳文化における大陸系要素」『宮崎の古墳文化』宮崎市教育委員会。

（4）網干善教、一九八四「畿内における前方後円墳の築造についての二・三の問題」『宮崎の古墳文化』宮崎市教育委員会。

第５章　鞠智城と菊池川文化

さきほどは「国営鞠智《きくち》城歴史公園設置促進期成会」が発足されまして、大変おめでとうございます。と同時に、その記念すべき講演会にお招きいただき、大変光栄に存じています。今日は、「鞠智城と菊池川文化」というテーマを掲げました。地元の皆様のことですから、鞠智城につきましてはよくご存知のことと思いますし、さきほども古閑《こが》三博先生からさわりのお話がありました。したがって、鞠智城そのものについての詳しい分析とか、研究というよりも、この辺りでこれまでの調査・研究の成果を一応整理をして、大雑把な話をさせていただき、その後、もう一つの菊池川流域の文化、私はそれを「菊池川文化」と呼びたいのですけれども、その辺りまで含めてお話ししたいと思っています。

私も、皆様方が国営鞠智城歴史公園を熱心に要望しておられるということをお聞きして、これは大変すばらしい企画だと思って賛同しました。鞠智城につきましては、よくご存知のように、『続日本紀』の文武天皇二年の条、西暦六九八年に初めて文献記録上に登場します。このことは、「六国史」という、いってみれば国家が編纂した歴史書の中に記録されているのです。国家が国家的な事業として歴史書を編纂しますけれども、『古事記』『日本書紀』その他「六国史」を編纂いたしまして、そこに鞠智城が登場すること自体が大変なことです。

しかし、鞠智城がいつ築かれたかということは必ずしも良く分かっていません。『続日本紀』の文武天皇二年の条に大野・基肄《きい》城そして鞠智城を修理したということが書かれていますので、大野・基肄と鞠智という三つの城は、いわば、三点セットといったら語弊がありますけれども、非常に密接な関係にあったと考えるべきではないかと思うのです。ところが、鞠智城と密接な関係にあった大野・椽城のことは、『日本書紀』の天智天皇四（六六五）年の条に大野・基肄城の二城を築くと書かれていますが、この時に鞠智城も同時に築かれたと考えるべきではないでしょうか。

防衛網の整備（略年表）

天智天皇三年（六六四）	大堤（水城）を築く
四年（六六五）	達率答炑春初を遣わして長門城を築き、達率憶礼福留・達率四比福夫を遣わして大野および椽（基肄）の二城を築く
六年（六六七）	高安城・屋嶋城・金田城を築く
文武天皇二年（六九八）	大野・基肄・鞠智三城を繕治す
三年（六九九）	三野・稲積の二城を修す
養　老三年（七一九）	茨城・常城を停む
天平勝寳八年（七五六）	怡土城を築き始め、吉備真備をして築城に専当せしむ
神護景雲二年（七六八）	怡土城なる
寳　亀五年（七七四）	大野城に四天王塑像四軀を造る
天　安二年（八五八）	菊池城の不動倉十一宇焼亡す

また、これらの山城を、「朝鮮式山城[1]」と呼んでいます。これは朝鮮半島との関わり、あるいは当時の百済の技術者が指導して築造したということもあって、朝鮮式山城と呼んでいるのです。それと併せてもう一つ、「神籠石《こうごいし》」という山城があります。この名称についても、いろいろといわれていますけれども、かつては神が宿る神域を石で取り囲んでいたという神域説がありました。しかし、戦後の調査でそれが山城だということが分かりました。そこで、神籠石という名の山城ということで、「神籠石式もしくは神籠石系山城」といういい方もされます。つまり古代山城[1]には、そういう二つの形式があるわけです。

これについては、斉明天皇から天智天皇の頃にかけて、百

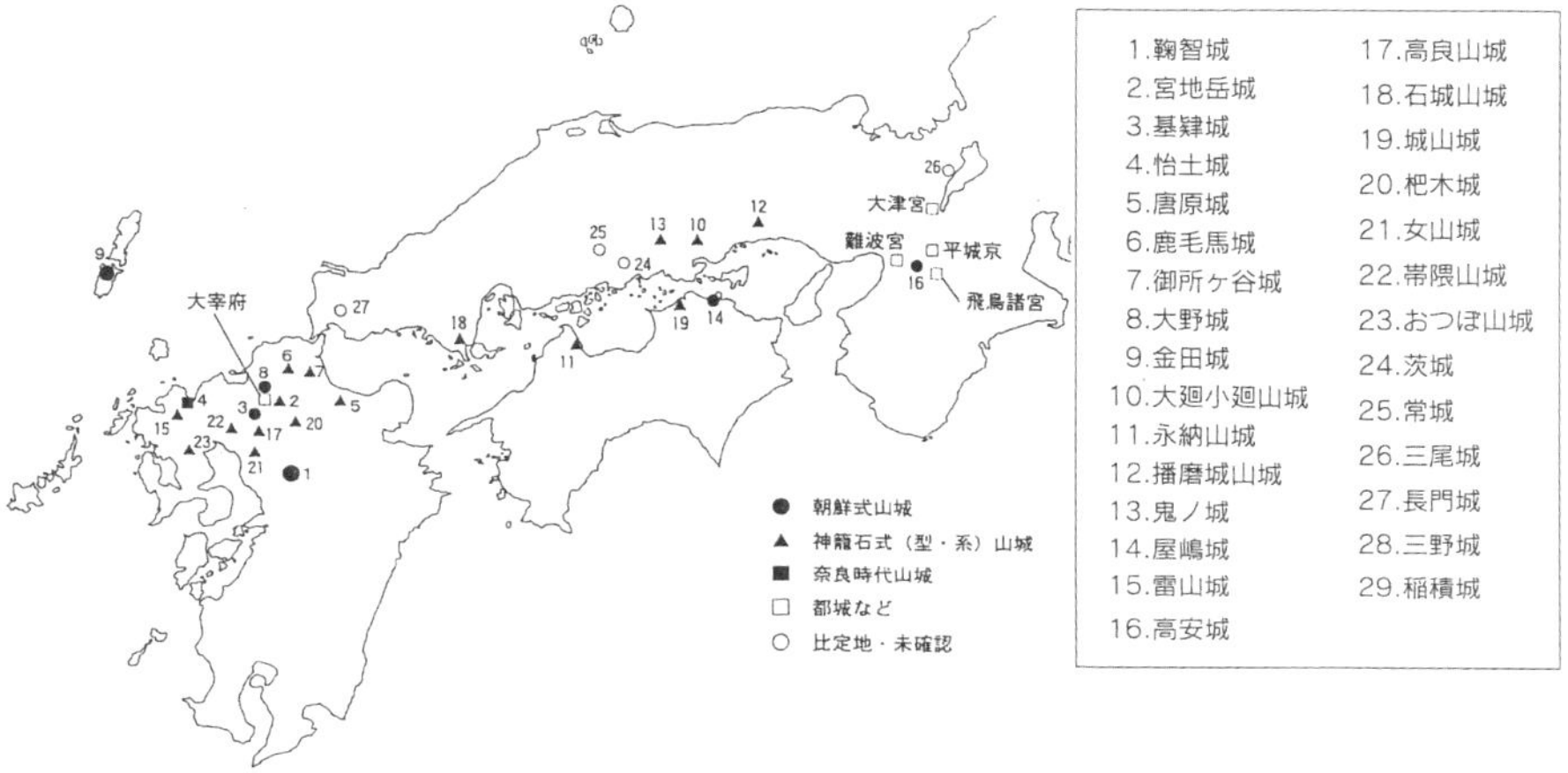

第26図　古代山城分布図（西谷正，2007「鞠智城と菊池川文化」『菊池川流域古代文化研究会だより』第19号、菊池川流域古代文化研究会より）

済が存亡の危機に瀕していきますが、それに際してヤマト王権が支援します。私は、その過程で築かれたのが神籠石であり、また、いわゆる朝鮮式山城であると考えます。神籠石はどちらかというと古くて斉明天皇の頃で、天智天皇の頃になるといわゆる朝鮮式山城というように時代が若干変遷していると考えています。いずれにしましても、七世紀中頃前後の百済をめぐる北東アジアの国際緊張を背景として、九州から畿内・瀬戸内海沿岸にかけて次々と山城が築かれていった、それが神籠石であり朝鮮式山城であったと考えられるのです（第26図）。

これらの山城の構造を調べますと、百済の山城と大変共通しています。とくに、大野・椽《きい》（基肄）の二城につきましては、『日本書紀』に百済の技術者が指導して築いたとはっきり書かれています。そのとおり、城の構造も百済式です。したがって、私は「百済式山城」と呼ぶべきではないかと主張しています。技術や指導者もそうだし、百済存亡の危機を契機に築かれていますので百済式山城だと思っています。それが、斉明天皇から天智天皇の頃にかけて神籠石から朝鮮式へと形式的に変化する、そのように考えたらいいのではないでしょうか。

そういうわけで百済の危機に際して、その朝鮮半島に近い対馬の金田城、筑紫すなわち北部九州の大野・基肄城、そして長門城、瀬戸内海沿岸部の常城・茨城あるいは讃岐の城山《きやま》・屋嶋城、さらには河内の高安城といった形で、いってみれば百済からヤマト王権の所在地に至るルート上に次々と山城が築かれ、そのことが記録に残っていくわけです。

しかし、他に記録には出て来ない城もあったはずです。城が築かれたからといって、必ずしもすべて記録されるわけではないんです。ですから私は、たまたま百済から対馬、筑紫、瀬戸内海、大和という、そういうルート上に次々と築かれていった山城のうちのいくつかが、『日本書紀』や『続日本紀』に記録されたと考えています。最初に築かれた時には大野・基肄の二城しか記録されず、たまたま鞠智城が記録されなかっただけであって、鞠智城はやはり大野・基肄城と同時に築かれたのではないかと考えています。

鞠智城跡では、昭和五四（一九七九）年の町道拡幅工事の折に、はじめて単弁文様の軒丸瓦が発見されました。平面が八角形の鼓楼の屋根瓦の文様は、まさに発掘された瓦の資料に基づいて復元されています。その瓦と同型式のものが大野城跡でも出土しています。そういうことで、やはり鞠智城が築かれるのは、天智天皇二（六六三）年の白村江の戦いにおける敗戦が契機となっています。その際、新羅と唐が連合して攻めて来るかもしれないと仮想敵国視して、急遽築いたのが大野城・基肄城であり鞠智城ではなかったかと考えます。

七世紀頃のアジアというのは、中国大陸が隋から唐にかけての頃で、朝鮮半島が北の高句麗、南の西側の百済、東側の新羅という三つの国に分かれていました。そこに日本列島のヤマト王権があったわけです。そして新羅が唐と組んで百済を倒し、さらには高句麗を倒して朝鮮半島を統一すると、その勢いに乗って日本列島にも攻め込んで来るかもしれないという、唐と新羅の連合軍を仮想敵国視して防衛体制を固めたのです。その一つの構造物が山城であり、大野・基肄城とともに鞠智城であったと考えています。

鞠智城築城の契機については、周知のとおり、当時の国際情勢の結果であるということを改めて確かめておきたいと思います。これまで熊本県教育委員会が纏められた報告書等を拝見しますと、大田幸博さんも大体そういうご意見のようですけれど、鞠智城は大野・基肄城が守っていた大宰府に兵士とか食料とかそういったものを支援する、後方の兵站基地のような役割を持っていたのではないかといわれます。皆さんも、そのようにお考えのようです。大宰府、あるいはその背後の大野城・基肄城の後方支援の兵站基地、あるいは、いってみれば付属の城のような考え方が一般的です。

私は、ちょっと視点を変えてこういうことは考えられないだろうかといいたいんです。当時の都は飛鳥京ですから大和にあったので

文献に見える鞠智城関連の記事

「甲申、大宰府をして大野・基肄・鞠智の三城を繕い治めしむ」
『続日本紀』文武天皇二年五月二五日条（六九八年）
「丙辰、肥後国言す、菊池城院の兵庫の鼓自ら鳴る」「丁巳、又鳴る」
『文徳実録』天安二年二月二四・二五日条（八五八年）
「肥後国菊池城院の兵庫の鼓自ら鳴る」「菊池城の不動倉十一宇火く」
『文徳実録』天安二年六月二〇日条（八五八年）
「カラスの群れが菊池郡倉舎の葺草をかみ抜く」
『三代実録』貞観一七年六月（八七五年）
「肥後国菊池城院の兵庫の戸自ら鳴る」
『三代実録』元慶三年三月一六日条（八七九年）

すが、やがて天智朝になって一時、近江の大津京に移ります。いずれにしましても、それらの都から難波津に出て真っ直ぐ瀬戸内海を西に行きますと、現在の北部九州、当時の筑紫の地域に至ります。つまり大もとは都で、その都に至るルート上の瀬戸内海の北側と南側に山城を次々に築きます。さらに、その最前線基地は、後に「遠《とお》の朝廷《みかど》」と『万葉集』に詠われた大宰府であり、さらに対馬の金田城築造というような形で都に通じるルート上に山城が築かれているのです。

そういう意味では、ヤマト王権にとって最前線の大宰府における北の守りが大野城・基肄城であれば、南の守りが鞠智城ではなかったかと考えます。ですから最前線の防衛基地としては北の大宰府、大野城・基肄城と、南の鞠智城とは対等の関係にあったのではないでしょうか。つまり、朝鮮半島から対馬・壱岐を経て筑紫の地に至りますが、そこに大宰府がありますから、大野城・基肄城を築いてしっかりと防衛します。これはいうまでもなく防衛の基本ラインですから、ここは何といっても最大限、堅固にします。しかし、併せて南の菊池川上流域に鞠智城を築いて、下流域を経て有明海へと通じ、さらに大陸に通じるルートを意識して、大宰府と対等の関係で築いたのが鞠智城ではないかと考えています。

これは古い話ですが、『日本書紀』敏達紀一二（五八三）年の条によりますと、火葦北国造刑部《ひのあしきたのくにのみやつこおさかべ》靫部《のゆげい》阿利斯登《ありしと》の子である日羅《にちら》という人物が、百済国家の中枢部に採り入れられて達率《たっそつ》というずい分高い身分についています。彼を倭人、つまり日本列島系の百済官僚（倭系官僚）と呼んでいます。そのように、百済国家の中には日本列島出身の高級官僚がいたわけです。その一人が葦北国造の息子の日羅です。この葦北から百済に行くのには、おそらく八代海、有明海から西海岸を経て向かう西のルートがあったと思うのです。後でお話ししますけれども、昔から江田船山古墳の冠帽、それから沓、須恵器も百済系であることが指摘されています。それでは江田船山古墳を残した豪族が、どのようにして百済に行ったかというと、いったん陸路で大宰府まで北上して、当時の港は「那の津」という現在の博多港に当たりますが、そこから出て行ったと考えるよりも、菊池川の河口域から有明海に出て西のルートで出掛けて行ったと考えるのが自然ではないでしょうか。それこそ縄文時代以来、メインの交流ルートは〝朝鮮半島―対馬―壱岐―北九州〟ですけれど、同時にこの有明海ルートも考える必要があります。そういう意味では、古墳時代以後の有明海ルートの中に、この鞠智城が位置していますから、ここはけっして大宰府の付属でも下部組織でもなく、ヤマト王権にとっては最前線の北の守りの基肄城・大野城と、南の守りの鞠智城という性格の違いがあったのではないでしょうか。そういう視点から、鞠智城を検討する必要があると考えます。

第27図　復元整備された鞠智城歴史公園　2010年3月25日撮影

鞠智城の特質としては、あちこちの古代山城の中でも史跡公園としての整備がもっとも進んでいます（第27図）。しかし、整備が進んでいるというのは、その前に一〇年以上の歳月をかけて、昭和四二（一九六七）年から発掘調査を継続し、その調査結果に基づいて整備が行われているのです。整備がもっとも進んでいるということは、いい換えれば発掘調査がもっとも進んでいるということでもあります。そのような調査の成果として、四つほど取り上げておきたいと思います。

その一つは、長年にわたる地道な調査の結果、山城の内部の構造が一番良く分かっているのではないかということです。大野城でも七〇棟以上の建物跡が見つかっていますが、ほとんどが倉庫です。もちろん米を中心として塩、あるいは武器・武具とか、必要な物資を保管する必要があるからです。鞠智城の場合には米倉・武器庫という倉庫もありますけれども、兵舎があったり、それから鼓楼という日本の古代山城で初めて見つかった平面が八角形の建物があります。さらに、もっと重要なことは、何棟かの建物を見るとどうもコの字形に配列されていて、これは政庁、つまり政治を行う官庁のように役所的な施設ではないかとも指摘されています。そのように山城内部の構造がこれほど分かっているのは、全国でもここだけということが、まず一点です。

今、構造が分かっている中で、平面コの字形に整然と建物が建っていることから、たとえば国府とか郡衙《ぐんが》のような役所に類似する施設がここにはあったともいわれているのです。その点では、鞠智城が立地する高さも問題になりますが、大体標高一〇〇メートルから一五〇～一六〇メートルです。大野城・基肄城は標高四〇〇メートルという高い山の上で、ほとんど倉庫だけがそこにあるという感じです。ところが、鞠智城では比較的低い広い丘の上に立地し、そこに単なる倉庫だけではなくて、いろいろな機能を持った建物が配置され役所的な性格も兼ねていたことが、また大きな特徴ではないかと思うんです。

大野城の場合には、ご承知のとおりすぐ南の麓に都府楼がありまして、そこが政庁です。その周りに官衙や、さらにその外周に貴族の邸宅などがあります。ですから平地に役所とその関連施設があって、その背後に山城を築いているわけです。仮に、唐や新羅が攻めて来て役所あるいは政庁が焼き討ちにあったりした時に、逃げ込むのが後ろの山城です。中世にしばしば見られますが、本来、山城の麓には「里城」があります。そのように、麓の平地城と背後の山城がセットになっているのが基本原則です。大宰府には、そのとおり都府楼（政庁）と大野城という関係が見られます。

その点からいえば、鞠智城はその両面を兼ね備えているといえましょう。そういう日常平時の堅固な役所であると同時に、いったん危機に瀕した時にはそこに籠城して最後まで戦う平地城と、いったん危急時に逃げ込む山城がセットとして同じ場所にある、つまり二つの機能を兼ね備えているということをもっと強調してもいいのではないかと思っています。それから、長年にわたる発掘調査の結果、多くの建物が発見されていろいろ分かって来ましたけれども、その過程で重要な遺物も数多く発見されていることはご存知のとおりです。その中には、「秦人忍米五斗」と書かれた木簡（第28図）が出ていますが、このような遺物が山城から出たのは初めてです。私は、そういう意味では遺物も遺構も含めて、日本の数ある山城の中で、いってみれば全国に誇れる〝鞠智城ブランド〟といえるものが四つあると見ています。

まず一つが、鼓楼として復元されている、八角形の建物です。それから二番目が、い

第28図　鞠智城出土１号木簡（熊本県教育委員会作成のパンフレットより）

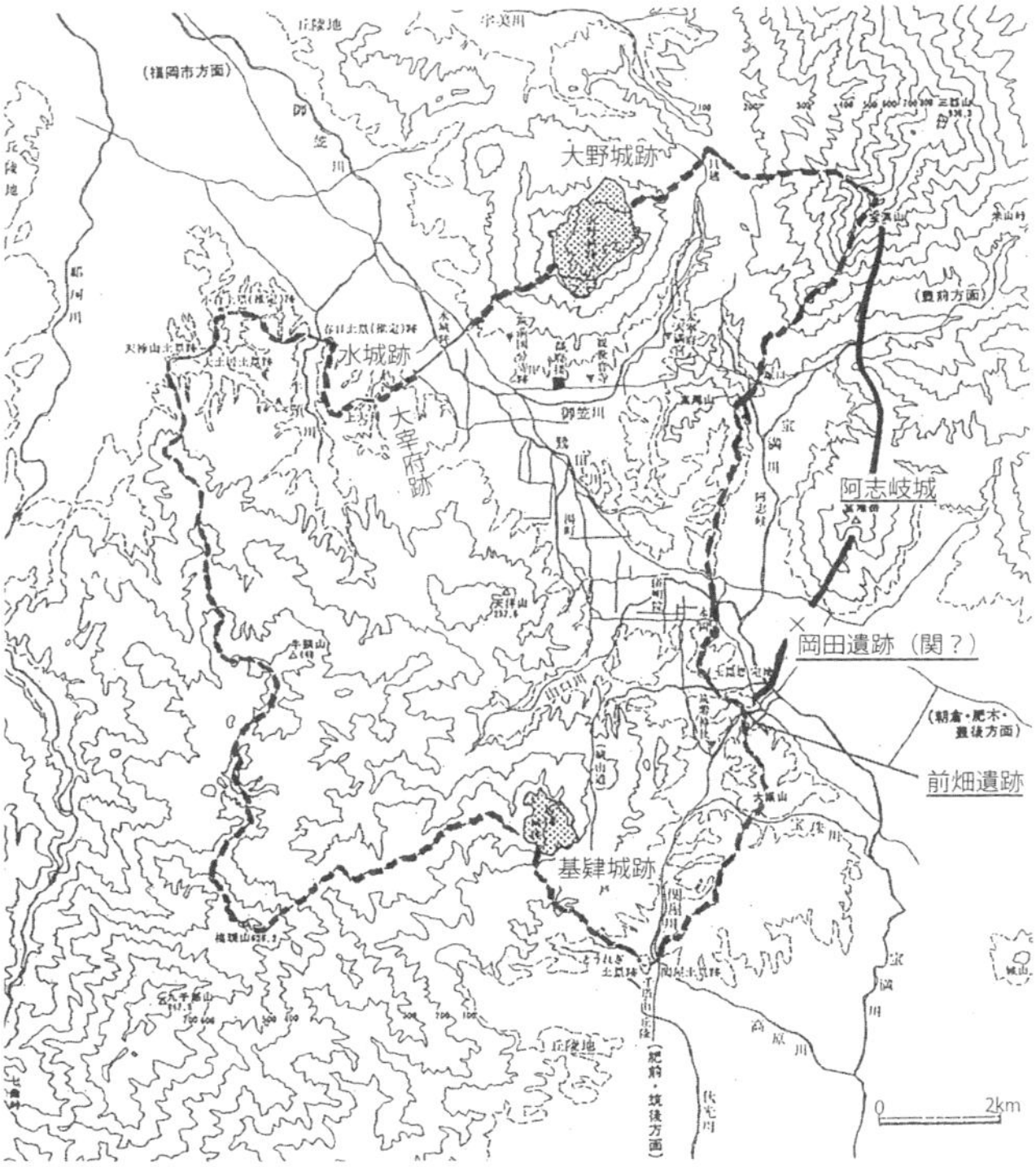

第 29 図　阿部義平氏の提示した大宰府羅城（一部改変）【破線】と著者の推定ライン【太線】（阿部義平，1991 より）

ま述べました木簡です。また、三番目は、木簡が幸い残っていたのは、ジメジメした水分が多いところですけれども、そこが貯水池であったことです。そこには木器を作るために木材を蓄えておく、貯木場がありました。城の場合に平地城でもそうですが、とくに山城では水がないと持ちこたえられません。ですから、どの山城を見ても水はしっかりと確保しているんです。穴を掘って雨水を貯えたり、あるいは、谷間に水源を確保したりとか、水がないとどうしようもありませんから水源というのは非常に大事です。そういう意味では、この鞠智城は単なる山城の水源としては規模が大きいですし、そして、そこには貯木場もあります。また、これだけの貯水池というのは朝鮮半島を探してもそう多くはありません。そういう意味で私は、八角形の建物と、貯木場（貯水池）、木簡の三つは、やはりブランド物として誇っていいのではないかと思ってい

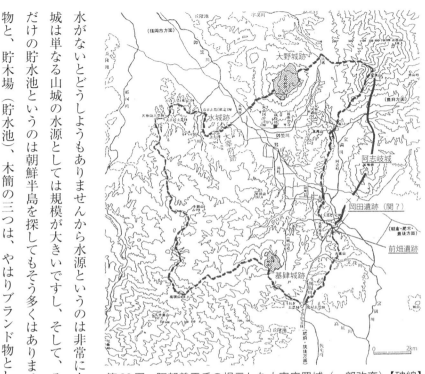

ます。

さきほど四つあるといいましたが、四つ目については問題がありまして、あえて強くいいませんが、少しだけ問題提起しておきたいと思います。実は最近になって学界で提起された意見の中に、大宰府の羅城と水城の問題があります。これは、千葉県佐倉市の国立歴史民俗博物館におられた阿部義平氏が提示された考え方ですが、大宰府に羅城があったという説です(2)（第29図）。皆様ご存知のとおり、大宰府の北と南にそれぞれ大野城と基肄城があります。そして、大野城から西南方向には「水城《みずき》」が築かれています。水城は、さらに小さな谷を堰き止めて「小水城」という形で西の方に続いています。その一方、南の方でも現在のＪＲ基山駅のプラットホームのすぐ北のところに、早くから「関屋土塁」が注意されて来ました。その後、基山町の辺りでも、平仮名で「とうれぎ」と書いて、「とうれぎ土塁」が見つかりました。こういった土塁を念頭に置いて、大宰府周辺の地形を見ますと、これらと自然の尾根線を結んだ線が城壁としての役割を果たして周囲を廻っていたのではないかと想定されます。つまり、その城壁ラインの一部が水城であり、また、「とうれぎ」とか「関屋」の土塁と考えられるというわけです。それ以外は、自然の要害といいましょうか、山の尾根線を意識して非常に急な崖を城壁として考え、周り全体を城壁のような概念で位置づけていたのではないかというわけです。

この説には賛否両論がありまして定説化はしていませんけれども、私は大変興味深いというか可能性が高いということで、阿部氏の主張に賛同しています(3)。といいますのは、韓国では百済最後の都が、かつて泗沘《しひ》とも呼ばれた現在の扶餘《ふよ》です。ここを流れる錦江の河口の白村江の戦いで、天智天皇二（六六三）年に百済と倭の連合軍が敗退するということになります。その百済の都の中心的な山城は扶蘇山城

第30図　扶餘東羅城　2017年6月15日撮影

です。そして、扶蘇山城の辺りを見ますと、扶蘇山城から錦江に沿って、西側に羅城《らじょう》と、東側にも羅城が想定されます。ここでは、扶蘇山城と、その麓に大宰府の都府楼のような日常的な平時の王宮、あるいは、官庁街があったと思われます。さらに、その都城の中には寺院が随所に配置されています。つまり、そういう都城全体を城壁で囲むという、羅城があるのです。

　実は、百済で羅城が確認されているのはここ最後の都の泗沘（扶餘）だけです（第30図）。これはおそらく当時、敵対関係にあった高句麗、あるいは、百済と外交関係が非常に密接であった中国の南朝では都城に羅城がありますので、友好関係にあった中国南朝の都城制、あるいは、敵対関係にあった高句麗の都城制、そういう両者の影響を受けて百済独自の羅城を築いていると考えます。その百済が滅亡した時に、渡来人が倭（日本）にやって来ていろいろな技術や文化を伝えます。その一つが築城技術です。

『日本書紀』によりますと、天智天皇四（六六五）年に達率答炑春初《たっそつとうほんしゅんそ》、それから達率憶礼福留《おくらいふくる》・達率四比福夫《しひふくぶ》といった人々をはじめとして、技術者集団がやってきて大野城・基肄城を指導して築いたことが書かれています。その際に個々の山城だけではなくて、羅城という都城全体を城壁で囲むという概念も同時に導入されていると考えられます。それが阿部氏のいわれるような大宰府の羅城です。そして、その羅城の一部を構成するのが水城であり、南側の関屋・とうれぎ土塁だというわけです。

去る平成一八年の二月三日でしたが、ＮＨＫがスペシャル番組「大化の改新の真相」を放映しました。途中からしか見ていませんが、飛鳥の都の北の方に甘樫の丘があって、そこは蘇我蝦夷・入鹿親子の邸宅があったところですが、専門家の意見、あるいは奈良文化財研究所の調査成果をふまえて城壁のような囲いがあったと紹介していました。と同時に南の方にもそういう城壁で囲まれたような一角があって、北と南に城壁のようなものを築いて飛鳥の都を守っていたという、新説に基づいて番組が作られていました。それを見ていて都が王宮、あるいは王宮を中心とした中枢部、そして、そこに入る北のルート・南のルートがあり、いってみればそこに羅城《らじょう》の概念が反映しているんではないかと思いました。都にそういう羅城の概念があって、そのもっとも最前線の大宰府にも、やはり羅城があったと考えても良さそうです。そうなると、さきほど述べましたように、北の大野城・基肄城と南の鞠智城という対等の関係からいえば、鞠智城にもひょっとしたら羅城があったのではないかと類推したくなります。

去る平成二年に熊本県教育委員会が報告した『鞠智城跡発掘調査概報』の中に掲載された地図には、鞠智城の中心である内郭線と、その周りに広大な外郭線というものが想定されているのです（第31図）。しかし、最大直径が三・六キロと余りにも広すぎるから、自然の要害として意識はあったかもしれないけれども、これは関係がないんではないかというように述べられています。しかし、さきほどの扶餘の

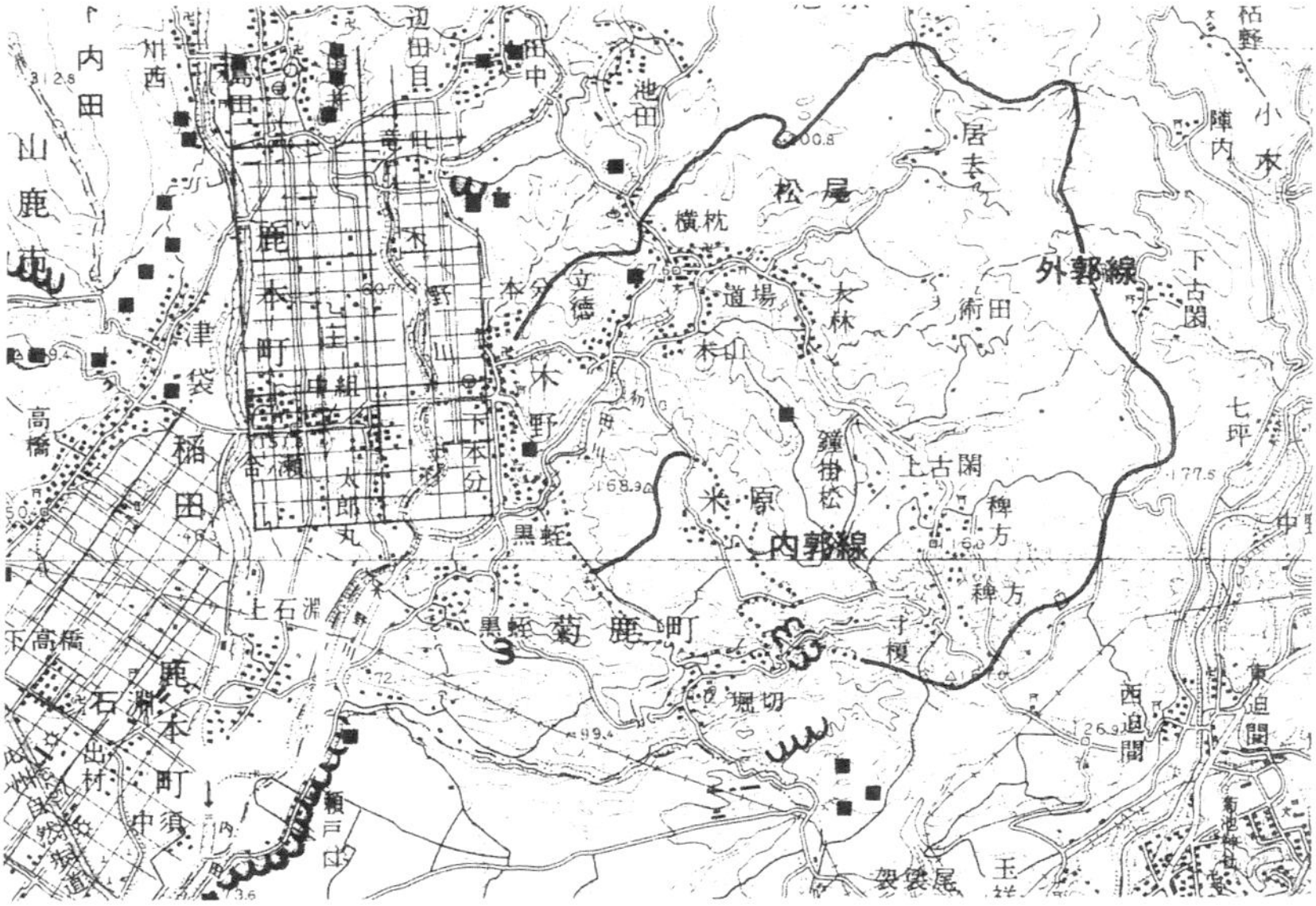

第31図　鞠智城周辺地形図
（西谷正，2007より）

■は古墳、∩∩は横穴、卄は条理を示す。
外・内郭線の実線は稜線、破線は崖線を示す。

羅城の場合は東西が八キロありますし、最大直径三・六キロといってもけっして広くはありません。そのように中心となる内郭の鞠智城と、それを取り巻くような形での外郭線があり、いってみれば都と同じように大宰府や鞠智城にも羅城の概念がどこかに反映しているんではないかと思います。そういう目でもう一度、再検討する必要があるのではないでしょうか。もし、そういうことになれば、この外郭線の範囲と、その内部が重要になって来ます。現在、日本もそうですし世界の流れとしても、遺跡・史跡をただ単体としてだけではなくて、周りの自然環境あるいは文化的景観ごと保全していこうという考え方が広がっていますが、今後、益々定着してゆくことを期待しています。国土交通省では最近、「景観法」を策定し、さらに地方自治体に景観条例を作りなさいと盛んに指導しています。

ともかく、自分たちの住む町、あるいは、そこに残っている史跡・遺跡を点としてだけではなくて、遺跡が立地している周辺を含めた自然環境ごと、歴史的・文化的景観として保全するということが叫ばれているのです。

そういう意味では、仮に鞠智城に外郭線が想定されるなら、少なくとも外郭線の範囲は開発をできるだけ抑えて、鞠智城が立地した自然環境あるいは環境全体を保全していくということもまた、必要になって来ようかと思います。ここには、平地城と山城を兼ね備えた性格、八角形鼓楼や貯水池の存在、あるいは羅城の問題とか、さらには内部構造が非常によく分かって来ているといった他の山城には見られない、いくつかの特徴が認められますので、こういう点を大いにアピールしていくことが大事ではないかと思っています。

つぎに、菊池川流域の文化という視点です。今日のこの会の出発点になったのが「菊池川流域古代文化研究会」ということですし、ここで鞠智城だけではなくて、「菊池川文化」というか、「川の文化」というものを強調しておきたいと思っています。もちろん国営公園としては鞠智城を前面に出して、鞠智城と菊池川流域の歴史、文化遺産をトータルに捉えていく視野が必要ではないでしょうか。その中で国営鞠智城歴史公園を象徴というか看板として、それに連なる菊池川流域全体の文化遺産をトータルに見ていく必要があると考えています。

といいますのが、和歌山県から一部奈良県にまたがっていますけれども、〝紀伊山地の霊場と参詣道〟が平成一六年の七月に世界文化遺産に登録されました。その際に当時、京都にあります国際日本文化研究センターの教授（現、静岡県知事）で川勝平太という著名な文明史論家で、教育再生会議のメンバーも務められたことがある方ですが、平成一六年だったと思いますが、『毎日新聞』に一文を寄せておられて、非常に感銘を受けました。といいましょうか共感を覚えました。先生の主張は、日本の文化というのは、道の文化はもちろんあるのだけれども、道の文化にもまして、川の文化が大事だとおっしゃっているのです。そこでは、川の上流の山の幸と、下流の海の幸が相互に交換されました。船で運ばれるため河口に港ができ、その港も相互に連なっていくのです。たとえば天草の牛深ハイヤ節は、そういう港々を伝って、北海道の〝江差追分〟まで繋がるわけです。そういう川の文化の重要さ、これこそ日本が世界に誇れる道にも勝る文化であると書かれていました。

たとえば日本でいいますと山形県の最上川です。その上流には出羽三山があります。平成一七年に、全国で二四カ所の世界文化遺産登録申請がありましたが、その中に山形県は「出羽三山と最上川が織り成す文化的景観」というテーマで申請しています。このように二四カ所あった中で、川の文化を申請したのは山形県の最上川文化だけなんです。それはともかくとして、川勝先生は川の文化が重要だといわれています。そういうことを思い出しながら菊池川流域について考えますと、ここには優れた文化が豊富に見られます。そこで、国営公園鞠智城とともに菊池川流域も併せて考えていくための根拠になる事項を、原始・古代・中世・近世・近代と時代ごとに取り上げてみます。

原始の菊池川流域には、邪馬台国の時代というと弥生時代後期ですけれども、地域の中心になるような拠点集落が、たとえば上流の菊池市の台《うてな》台地、それから中流域に当たる山鹿市の方保《かとう》田《だ》東原《ひがしばる》、さらに下流域に入りますと、和水《なごみ》町の諏訪原遺跡といったように分布しています。そのように上流・中流・下流域のそれぞれに点々と見られます。これらの遺跡からは、中国の鏡の破片や、もちろん国産の銅鏡

第 32 図（1）　江田船山古墳全景　2000 年 4 月 15 日撮影

第 32 図（2）　江田船山古墳家形石棺　2010 年 2 月 18 日撮影

が出たり、鉄器その他の遺物が出土しています。

そして、邪馬台国九州説を取った場合に、狗奴《くな》国のもっとも有力な候補地がこの菊池川流域です。台地のそばには「狗奴国城」という温泉センターがすでに出来上がっています。それはともかく九州説を取った場合には、菊池川流域が非常に注目を集めます。私は、畿内説ですからそうは思いませんけれども…。そういうことは別としても、ともかくその当時の中心になるような国邑、つまり首都のような拠点集落があったということは、国がいくつかあったんだと思います。たとえば、鹿本郡に一つ、玉名郡に一つ、そして、菊池郡に一つとかいったように、当時の国というのは何々郡のくらいの規模ですから、おそらくこの菊池川流域にいくつか国があって、その一つとして狗奴国の可能性もあるわけです。そういう問題を議論する上で、菊池川流域の弥生時代の遺跡は大変重要です。

つぎに、古代で代表的な遺跡としては、江田船山古墳が上げられます（第32図）。私の専門は朝鮮半島の考古学なものですから、韓国からのお客様とお会いする機会が多いのです。その際、福岡でお目にかかって、「これから何処に行きますか」と伺いますと、「江田船山古墳に行きます」といわれる方が多いのです。それほど韓国では、江田船山古墳は非常によく知られています。この古墳からは皆さまよくご存知のとおり、冠から沓まで、さらには須恵器まで百済と関係の深いものが出土しているということから、日本の中の百済文化を考える場合、江田船山古墳はその代表的なものといえます。そして何よりもこの付近は日本の古墳文化、あるいは古代の九州が誇れるものの一つに装飾古墳があります。日本で装飾古墳の数が一番多いのは、熊本県です。そういった装飾古墳が菊池川流域に点在しているということは良くご承知のとおりですし、永安寺西古墳がドーム型の覆屋《おおいや》で覆われて保存施設が作られ、その保存手法が全国的な話題を呼んだところです。

そして、鞠智城からそう遠くないところに、中世の居館跡「隈部館《くまべやかた》」跡があります。そこが発掘調査された後、立派に公園として整備されています。現地に立って見ますと、すぐ南におそらく家臣団の城下町に相当するような屋敷群があったことを思わせるような歴史的な雰囲気が漂っています。もちろん麓に下りると菊池神社の場所にあった菊池氏の本城、その西南に広がる隈府の城下町があります。そういった史跡群がこの辺りにはあります。さらに菊池川支流には、田中城もまた和仁氏一族の居城として、国の史跡に指定されています。その菊池氏は『朝鮮王朝実録』、あるいは『李朝実録』を見ますと高徳二（一四五〇）年、一五世紀中頃から三〇回以上にわたって朝鮮に出掛け、そして交易を行っているのです。おそらく向こうに大蔵経とか、梵鐘とかを求めたんだと思います。当時、国産の陶磁器がない時期ですので、陶磁器なども求めたかもしれません。そのように、菊池氏が一五世紀の後半に三〇回以上も朝鮮と通交しているということは大変なことです。その際の港が、菊池川河口の高瀬港です。現に永安寺付近のＪＲの鉄橋付近の川底から、朝鮮の焼き物が見つかっています。その近くにはご承知のように、玉名市立博物館があります。そういう港町の遺跡と関連施設もありますので、中世におきましても菊池川流域は重要な位置を占めています。

そして、近世といえば山鹿市の古い街並み、そこには「八千代座」があり山鹿灯籠踊りがあって、これらはまた全国的に知られた史跡、伝承文化です。その他、最後に近代に関してさきほど、菊池川を下って有明海に出るといいました。この有明海には、明治時代に干拓事業がずい分行われました。その一つが「明治の石塘」ということで、平成一七年に県の史跡に指定になったそうですね。そして、一九年度には国指定史跡に昇格されています。要するに、菊池川下流域の有明海を干拓していった時の潮受け堤防が非常によく残っているのです。そういうわけで、近代におきましても貴重な歴史遺産があるといえます。先般もある新聞を見ていましたら、玉名にかつて蝋の原料として植えられていた櫨の林が大変美しいと書かれていました。また、去る平成一八年二月二四日に私は、高速バスで来ましたけれども、植木インターチェンジで降りますと、「田原坂」とか、西南戦争の遺跡ののぼりが立っていました。去る平成一八年二月一五日が西南戦争開戦一三〇年ということだそうですね。

今や日本だけでなく世界的に、戦争の遺跡が大変注目されています。そういう戦争の史跡を保存し、またそれを学ぶことによって二度と戦争を起こさないように、平和教育の素材として戦争遺跡を大事にしていこうというのが世界的な流れです。原爆ドームもその一つですが、沖縄ではそういう戦争の遺跡、戦跡がずい分調査されています。戦跡考古学という本まで出ています。西南戦争の史跡もいってみれば戦跡になるわけです。そういう歴史遺産が菊池川の河口域には知られます。

そのように菊池川流域におきましては古代だけではなくて、それ以前の原始からその後の中近世・近代まで、日本の歴史の根幹に触れるばかりか、アジアに通じる歴史文化遺産が点々と見られるのです。そういうことでは、国営鞠智城歴史公園と菊池川文化を、何らかの形で統一的に捉えるという視点を打ち出すことが必要ではないかと思っています。それから川の文化が大事だということで、平成一八年に、『遠賀川　もっと知りたい遠賀川』(4)という書物を作らせていただきました。今、遠賀川はずい分と汚れていますが、石炭産業が盛んな頃はもっと真っ黒な川だったそうです。それが今ではずい分と綺麗な川になったとはいえ、それでもやっぱり九州でワースト何番かに入るくらい汚れているんです。そこで遠賀川を何とか綺麗にしたい、あるいは、川の文化を大事にしたいということで冊子を作りました。これには九州地方整備局の遠賀川事務所がずい分と援助をしてくださって、巻頭には序文をいただきました。ですから、遠賀川流域の文化に対する意義付けといいましょうか、何万年前の旧石器時代からずっと遠賀川流域に花開いて来た文化をまとめ、そのことを知ることによって遠賀川をもっと大事にしていこうと、あるいは、郷土の誇りとして子どもの頃から遠賀川のことをしっかり学んで欲しいと考えています。

川の文化といえば、二〇〇一年に『大同江《テドンガン》文化』(5)という書物が北朝鮮のピョンヤンで出版されました。世界のそれぞれの河川流域に発達した四大文明があり、五番目の文明が北朝鮮の大同江流域にあったということで『大同江文化』という本を作っているんです。すでに日本語版まで出ています。長江（揚子江）やナイル川に比べるとあまりにも規模は小さいですけれども、北朝鮮では真面目に世界の第五番目の文明が大同江文化であると主張しています。そのように、この菊池川流域につきましても、「菊池川文化」というキーワードをもとに鞠智城を中心に体系化といいましょうか、あるいは、総合化していく視野もまた必要ではないかと考えています。それから熊本県では国営歴史公園を目指していますが、やっぱり地域・地元の盛り上がりが非常に大事です。そして、もう一つは知名度アップの問題がありま す。地元の盛り上がりという意味では、当時、熊本県立装飾古墳館の大田幸博館長が毎月館長講座を開いて、地道に活動されて地域の方々に情報発信しておられます。そういう取り組みをずっと継続していかれることも大事だと思います。

また、山口県光市に石城山《いわきさん》神籠石という山城があります。ここで平成一八年の一一月一六、一七日に神籠石がある自治体の首長をはじめ、関係者が集まって第1回神籠石サミットが開かれました。この間、大野城市で講演した時に大野城市の市長さんが、向こうと張りあってやろうというわけではないでしょうが、「古代山城サミット」として発展して来ました。そういうイベントを行うことも一つの手立てかもしれません。それから、やはり東京で大きな声をしっかり上げるということだと思うんです。

ところで、「魏志倭人伝」に登場する一支国の王都の遺跡は長崎県の原の辻遺跡です。かつて、ここを国の特別史跡にしようという運動がありました。また、吉野ヶ里遺跡を国営公園にして欲しいという運動もありました。さらに、九州国立博物館を創って欲しいという運動もありました。この三つについては、東京のど真ん中の皇居のお堀端でかなり大きなシンポジウムを開いて、そこの雰囲気なり願いが国会なり各省庁に届くくらいのエネルギーで行われたことがありました。結果的には、いずれも実現しました。ですから、霞ヶ関の近くでやはり情報発信するようなシンポジウムをやることも、また、一案かと思います。いろいろと簡単には参りませんので、あの手この手でやられていくことを期待しています。以上、いろいろ余計なことまでお話ししたかもしれませんけれども、要するに、鞠智城を筆頭に山の鞠智城と川の菊池川、そして海の有明海、この三つを総合的に鞠智城の背景として念頭に置きながら、運動を続けていただけたらいかがかな、と思います。

〔注〕

（1）西谷　正、一九九四「朝鮮式山城」岩波講座『日本歴史』第三巻　古代2、岩波書店。
西谷　正、二〇一〇「大野城の築造とその背景」『大野城物語「タスケ岩の伝説」』梓書院。

（2）阿部義平、一九九一「日本列島における都城形成―大宰府羅城の復元を中心に―」『国立歴史民俗博物館研究報告』第三六集。

（3）西谷　正、二〇一八「大宰府の防衛体制をめぐって―羅城と関、防と烽―」大宰府史跡発掘50周年記念論文集刊行会編『大宰府の研究』高志書院。

（4）ＮＰＯ法人遠賀川流域住民の会、二〇〇六『遠賀川　もっと知りたい遠賀川』。

（5）李淳鎮ほか、二〇〇一『大同江文化』外国文出版社、ピョンヤン。

第Ⅱ部　出雲・伯耆と吉備

第1章　楽浪文化と古代出雲

このところ私には、楽浪がとても面白いのです。といいますのは、玄界灘に浮かぶ壱岐の島に原の辻という遺跡がありまして、調査が進むにつれて、そこから楽浪の文物が次々と出て来ています。今から五〇年以上も前のことですけれども、昭和三六（一九六一）年の夏休みに、私が大学四年生の時に、小林行雄先生のお勧めで原の辻遺跡の発掘調査に参加する機会がありまして、一ヵ月余り調査に従事しました。その当時の調査主任は、京都大学人文科学研究所の水野清一先生でした。一ヵ月余り発掘に参加しまして、ここは大変な遺跡だと思いました。壱岐には、長崎県立壱岐高等学校がありましたので、私は大学を卒業したら、そこの先生になって、一生かかってこの遺跡を掘ってやろうと思ったほどでしたが、残念ながらその夢はかないませんでした。しかし、長崎県教育委員会では、平成一五（二〇〇三）年度から離島留学という制度を実施していまして、五島と対馬・壱岐、それぞれに全国から高校生を募集して、その地域に特色のある学習を行って、将来の大学進学に結び付けようというわけです。壱岐高等学校では、原の辻歴史文化コースが開設されました。興味のある方はインターネットでも見られます。それで何と私、平成一五年度は壱岐高等学校の非常勤講師となって高校生諸君に教えたことがあります。生涯をかけた発掘の夢は実りませんでしたが、壱岐でも、教える機会があるということで、その年が待ち遠しかったことをなつかしく思い出します。

第33図　貨泉（●）五銖銭（▲）半両銭（×）出土分布図（佐伯有清ほか，1976『邪馬台国のすべて』より一部加筆）

壱岐といいますと、朝鮮半島と日本列島、九州の間に対馬と壱岐があります。第33図では壱岐が小さく表示されていますが、この壱岐は、楽浪郡が置かれた漢の次の時代の「魏志倭人伝」に登場する一支国に相当します。そして、その国都（王都）つまり首都に当たる遺跡として、原の辻遺跡が特定出来るのです。

このことは非常に重要であるということから、国の特別史跡に指定されています。日本列島にたくさんの国々が誕生していたということは中国の記録に出て来ますけれども、どこにどういう国々があったかということはなかなか特定できません。そのような国が特定できる数少ない国の一つが一支国です。しかもその国

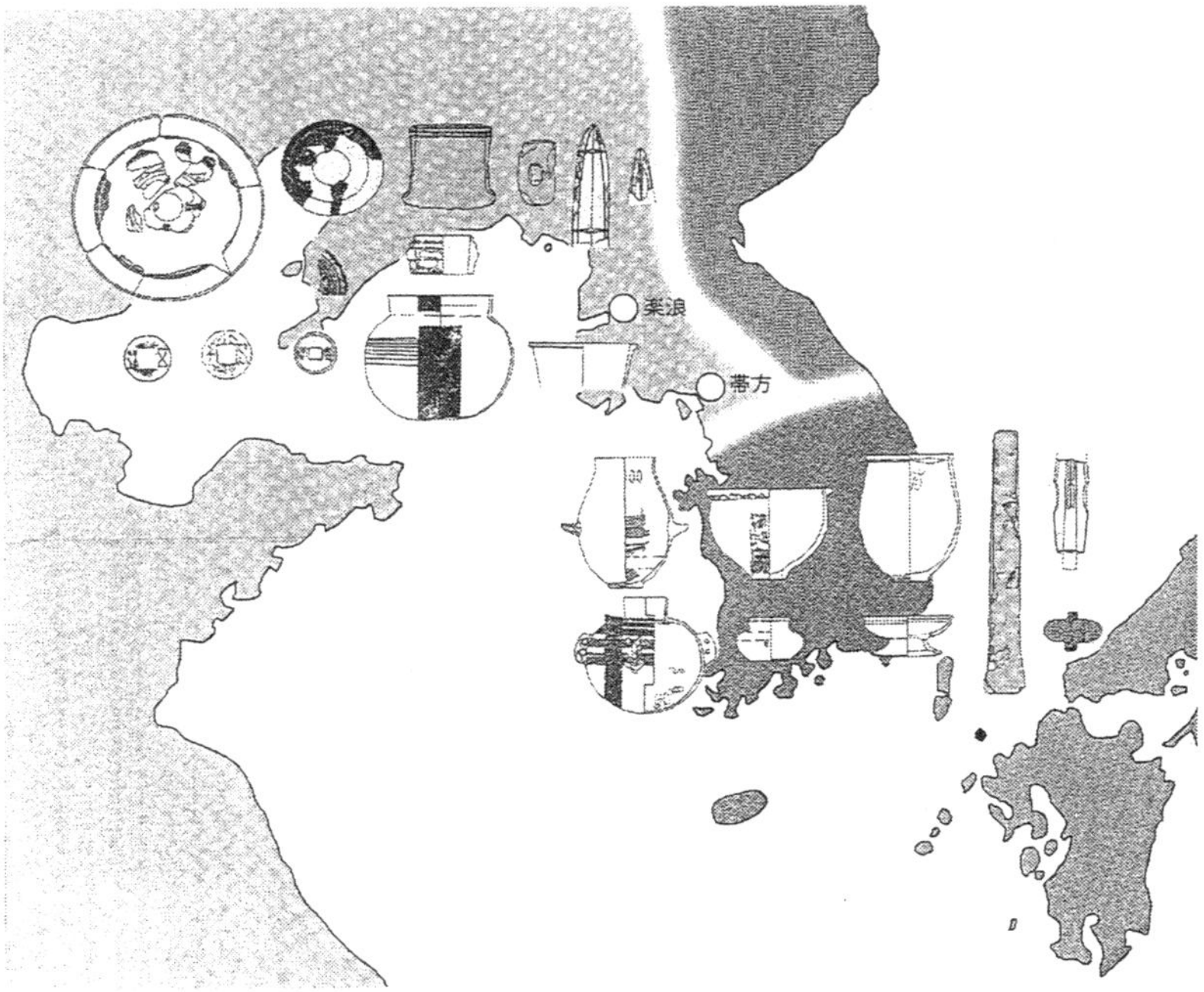

第34図　壱岐・原の辻遺跡にもたらされた大陸・半島の文物（原の辻遺跡調査事務所，2002『壱岐・原の辻遺跡』より）

都の遺跡が、原の辻遺跡だというわけです。調査が進むにつれて、第34図にありますように、楽浪の文物が次々と出て来ているのです。第34図の左の上の方に銅鏡、その下に銅銭があります。その他、鋳造の鉄斧、さらに土器はもちろん、弥生時代としては極めて稀な例ですけれども、鉄の金槌なども見つかっています。その後、竪櫛が出土していますが、これも弥生時代としては日本で最初の発見例です。

このように調査の進展に伴って、次々と楽浪の文物が見つかっているのです。そればかりか、この図にありますように、朝鮮半島南部、当時、韓と呼ばれた国々のうち、「魏志倭人伝」でいえば狗邪韓国、あるいは「魏志韓伝」の弁辰狗邪国に相当する、現在の

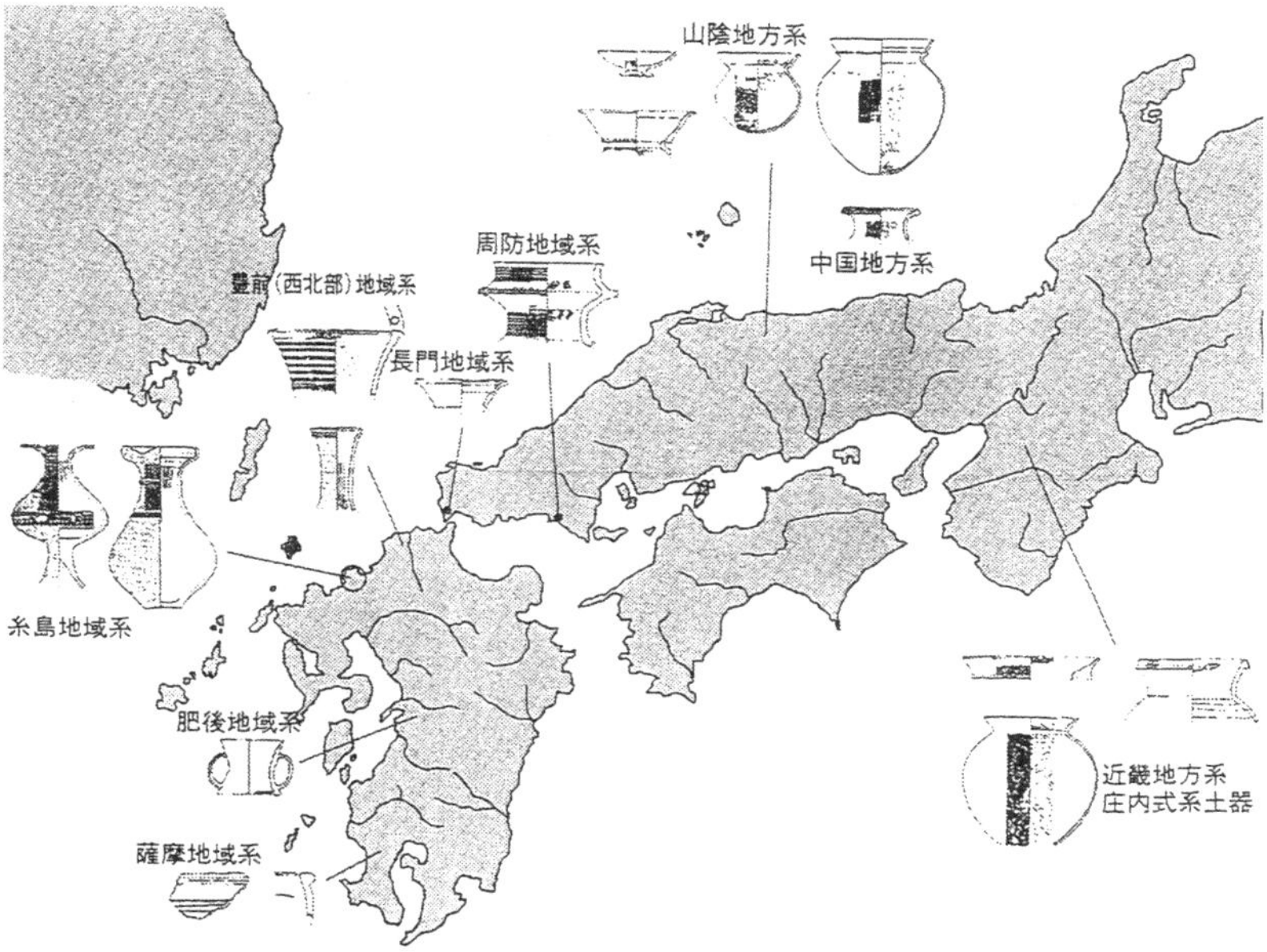

第 35 図　日本列島各地から壱岐・原の辻遺跡へ運ばれた土器（原の辻遺跡調査事務所, 2002『壱岐・原の辻遺跡』より）

金海の辺り、あの周辺で作られたと思われるもの—主として土器ですけれども—が出土します。第34図の右側にありますのは鉄器ですが、長さ三〇センチほどありまして、先端が少し開いて斧のような格好をしています。これは鉄のインゴットだと思いますが、こういったものも出土しています。それをいくつかに裁断して、さきほどの金槌で鍛冶を行って鉄器を造ったと思われます。

このように壱岐からは、楽浪、あるいは、当時の朝鮮半島東南部辺りの文物が数多く出土します。その他、第35図をご覧いただきますと、原の辻遺跡から日本列島、とくに西日本各地の土器が発見されます。こういう極めて日常的な土器が、分量は少ないにしても各地のものが流入しているということは、おそらくこういう土器を携えた人々がやって来ていたという証拠になるのではないでしょうか。

ちなみに「魏志倭人伝」によりますと、対馬国と同様に、一支国でも南北に交易を行ったことが記載されています。その中に出雲の土器も含まれています。しかも、弥生時代の終わりから古墳時代にかけまして、出雲の土器がさらに対馬を経て、朝鮮半島東南部からも出て来ます。この辺の話は、釜山大学校の申敬澈《シンギョンチョル》先生もすでに指摘されたとおりです。申先生は、加耶の国家形成に出雲人《びと》が関与していたのではないかという大変刺激的で衝撃的な発言もされています。それはともかくとしても、出雲の土器が朝鮮半島まで及んでいるということは事実です。もちろん、壱岐・対馬の手前に、北部九州の本土がありますす。原始の当時どう呼んだか分かりませんが、古代には筑紫と呼ばれた地域から出雲の土器がもちろん出土しますし、一方、韓あるいは加耶のものや、楽浪のものも流入しています。このように見て来ますと、楽浪や韓の地域、そして筑紫、さらに出雲という一つのラインが結べるのではないでしょうか。それがすなわち当時の交流の一つの道筋ではなかったかと思うのです。

このように見て来ますと、楽浪と出雲は、その間に韓、あるいは筑紫といった地域が介在してはいますけれども、両者が結び付いて来るということになります。ここで、たびたび話題になっていますす楽浪というのは一体どういうところかということを、少し振り返っておきたいと思います。

楽浪とは

ここで、第36・37図の年表ならびに地図をご覧下さい。ごく簡単におさらいしておきますと、中国で

覇権形成		南と北の異民族の動き
前221	始皇帝が天下を統一、秦帝国の誕生	匈奴は単于のもとに部族連合を形成
		匈奴が侵入する
	周王朝の1.5倍に領土を拡大 漢民族の版図確定	秦帝国は長城を修復し匈奴の侵入にそなえる
前202	漢高祖　漢帝国をひらく 内政重視 消極的外交 地方分権的状態	匈奴は冒頓単于のもとに諸部族が結集 漢帝国、匈奴との戦いに破れ和親を結ぶ 漢帝国の内戦に乗じ匈奴の侵入が続く
前141	武帝即位 国家体制の強化を押し進める	

武帝の対外政策	
前129〜119	匈奴と戦闘
前121	武威・酒泉の二郡設置
前111	南越を滅ぼし南海郡等を設置
前108	衛氏を滅ぼし楽浪郡等を設置

第36図　漢帝国の対外政策（大阪府立弥生文化博物館，1993『弥生人の見た楽浪文化』より）

西暦前二二一年に秦の始皇帝によって、戦国時代の七国が統一され、初めて強大な国家形成が出来上がります。秦はやがて劉邦《りゅうほう》によって倒されて、西暦前二〇二年に高祖が漢帝国を開きます。高祖のあと、武帝が対外政策に強力に乗り出します。もちろん漢の高祖以来、国内の制度や諸改革を行い、あの広い中国を治めてゆくことになりますが、その中でも対外政策が非常に重要であるということで、武帝は強力な対外政策を打ち出します。

そのきっかけになりますのは、北方遊牧民族の外圧です。秦の始皇帝から漢の時代にかけて異民族の動きというのが第36図の年表の右側にあります。そこには秦の時代にも北から匈奴が侵入して来るとか、あるいは、匈奴が諸

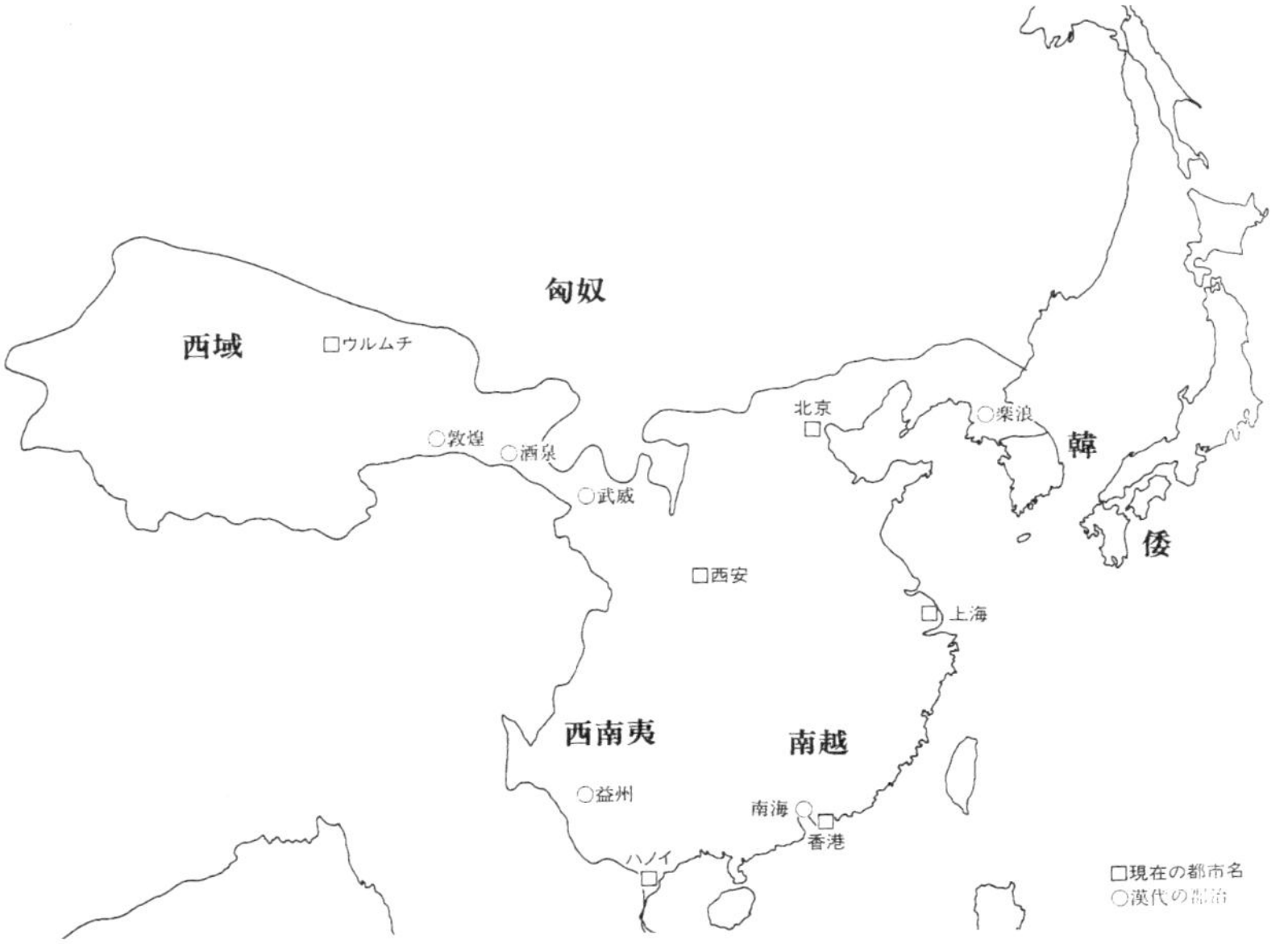

第37図　漢帝国の版図と郡治の所在地（大阪府立弥生文化博物館，1993『弥生人の見た楽浪文化』より）

部族を結集したとか、さらに、漢帝国は匈奴との戦に敗れて和親を結ぶとか、匈奴の侵入がさらに続くといったように、秦から漢にかけては、たびたび北方の異民族である匈奴が攻め込んで来ています。

つまり、そのような外圧を契機として、漢の武帝は、異民族対策に乗り出すわけです。第37図をご覧いただきますと、当時の漢帝国の領域を示しています。首都は現在の西安、当時の長安です。まず対外政策で漢の武帝は、紀元前一二一年に河西四郡という、こんにちでいうシルクロードのオアシス地帯に次々と郡を置いて直轄経営を行っています。

最初は武威・酒泉・敦煌を、その後、宣帝の時代に張掖《ちょうえき》とで四つの郡になるわけです。まず西方の経営に乗り出すということで河西四郡を設置します。つぎに南の方に目を転じます。東南の方に南越とありますが、そこを紀元前一一一年に滅ぼして南海郡を置くと記録されています。ついで、その西側の西南夷ということで、紀元前一〇九年にその地域にあった滇国を滅ぼして、そこに益州郡を置いたという記録が『漢書』に見られます。

そのようにして一二一年から一一一年、一〇九年になると西域から東南部にかけて、ずっと郡を設置して、直轄経営に乗り出しますが、その最後の仕上げが、紀元前一〇八年の朝鮮半島北西部における楽浪郡の設置ということになるわけです。したがいまして、漢の武帝の対外政策の総仕上げが、楽浪郡をはじめとする朝鮮四郡の設置であったと考えられます。

漢帝国はそういう対外政策を、武帝以後も次々と継続していきます。たとえばその一つに、西域、現在の新疆ウイグル自治区のトルファン辺りに高昌郡という郡を置いたり、あるいは、もう少し西南部の楼蘭で有名な地域には楼蘭国とか、鄯善国といった国とかを置いて、中央政府が対外的に外交関係を密接にするということがありました。そればかりか、この地図には出ていませんが、西域の西北の方に、烏孫《うそん》という民族がいました。やはりこれも遊牧民族ですが、ここに漢の武帝は、自分の娘を降嫁《こうか》させて、そして、烏孫国の国と王を認証し、金印紫綬を与えたと、『漢書』の「西域伝」に出て来ます。さらに、やはり第37図には出ていませんが、西域の西の方に大月氏がいました。ここは現在のアフガニスタンの北部で、アルカイダがかつて勢力基盤を置いていた地域です。カブールから西北四〇〇キロほど行ったところで、ティリア・テペという遺跡が、道路工事に関係して発掘されたところ、何とそこから、大量の金製品や中国の前漢鏡が出たりしているのです。やはり『漢書』によると武帝の時代に張騫《ちょうけん》を派遣して、大月氏と外交関係を結ぼうとしたという記録があります。そういう『漢書』の記録を裏付けるかのように、アフガニスタンでは大月氏の根拠地から漢の文物が出土したのです。

ここに示しました朝鮮四郡を初めとした郡以外にも、現在の新疆ウイグル自治区、さらにはずっと西北の地域まで、外交関係を結んでいたというわけです。戦前の日本人の発掘で楽浪郡の古墳から見事なバックルが出土しています。金の透かし彫りで、中にトルコ石の玉をはめ込んだ精巧なものです。現在、大韓民国の国立中央博物館に所蔵、展示されていますが、それとまったく瓜二つのものが新疆ウイグル自治区で発見されています。かつて楽浪から出土した、あのバックルとまったく同一で、同じアトリエで作ったといってもおかしくないほどのものが、西域で発見されているのです。

このようにして漢帝国は、周辺の異民族に使節を派遣したり、朝貢を受けたりして外交関係を結んだということです。そのきっかけは、さきほど述べましたように、北方の匈奴の問題です。匈奴は秦の時代から漢の時代にかけて、中原地区にたびたび侵略して来ます。そこで、秦の始皇帝はいわゆる万里の長城を築いたり、修理したりもしています。そして、いってみれば匈奴の南進に備えて、それを牽制するために周辺の異民族を味方に付けることが、外交政策の一つの戦略であったのです。

匈奴に対しては、中華思想によれば、北狄《ほくてき》ということになります。西の方には西戎《せいじゅう》がいます。南の方は南蛮《なんばん》、そして東は東夷《とうい》というわけです。そのように漢帝国は、中華民族の周辺には未開、野蛮な異民族がいるとみなしました。とくに北方には馬に乗って攻め込んで来る匈奴という北狄がいるという、そういう国際環境の中で、朝鮮半島の北西部に楽浪郡が設置されるわけです。「匈奴の左手を断つべく楽浪郡を設置した」とおっしゃった先学がおられますが、見事な表現だと思います。そのようにして、匈奴対策から楽浪郡をはじめとする四郡が設置されるという、当時の国際情勢がその背後にはあったということです。

この楽浪につきましては、中華人民共和国、大韓民国、そして、日本国の三国の研究者の間では一致して、楽浪は楽浪郡のことであり、その楽浪郡は現在の朝鮮半島北西部のピョンヤンの郊外に設置されたと考えています。現在、ピョンヤンは都市的発展を遂げ大きくなって市内に入っていますが、大同江の南岸に楽浪土城跡というかたちで遺跡が残っています。そこがどうなっているかということが私達非常に気になっていましたが、今ではそこに統一街という立派な高層アパート群がずらりと建っています。その建設工事に際し、ずい分と発掘が行われました。一九七〇年代から八〇年代にかけて、そして、現在もまだ都市が周辺に拡大膨張していますので、そのつど発掘が行われているようです。平成一四（二〇〇二）年の四月にピョンヤンへ行きました時に、歴史研究所の青喜勝《チョヒスン》先生のお話では、毎年緊急調査で二〜三〇は掘っているとおっしゃるのです。

それはそれとしまして、楽浪の遺跡は現在、大同江の南岸に立地していまして、かつて周囲が三キロ前後の土城がありました。場所については、「楽浪郡推定地」ということで、第38図に示していますが、大同江の川辺のところに土塁を廻らせた土城がありまして、その南の地域一帯に古墳群が分布しています。戦前の日本人の調査によると、およそ千五百位あるといわれていたのですが、最近では三千とも四千ともいわれ、もう正確な数字はつかめないほど、実にたくさんの古墳が築かれていたということが明らかになっています。

そのような楽浪郡ですが、ご承知のとおり、『日本書紀』に相当するような朝鮮側の記録である『三国史記』という、正史の「高句麗本紀」によりますと、美川王一四（西暦三一三）年に高句麗によって

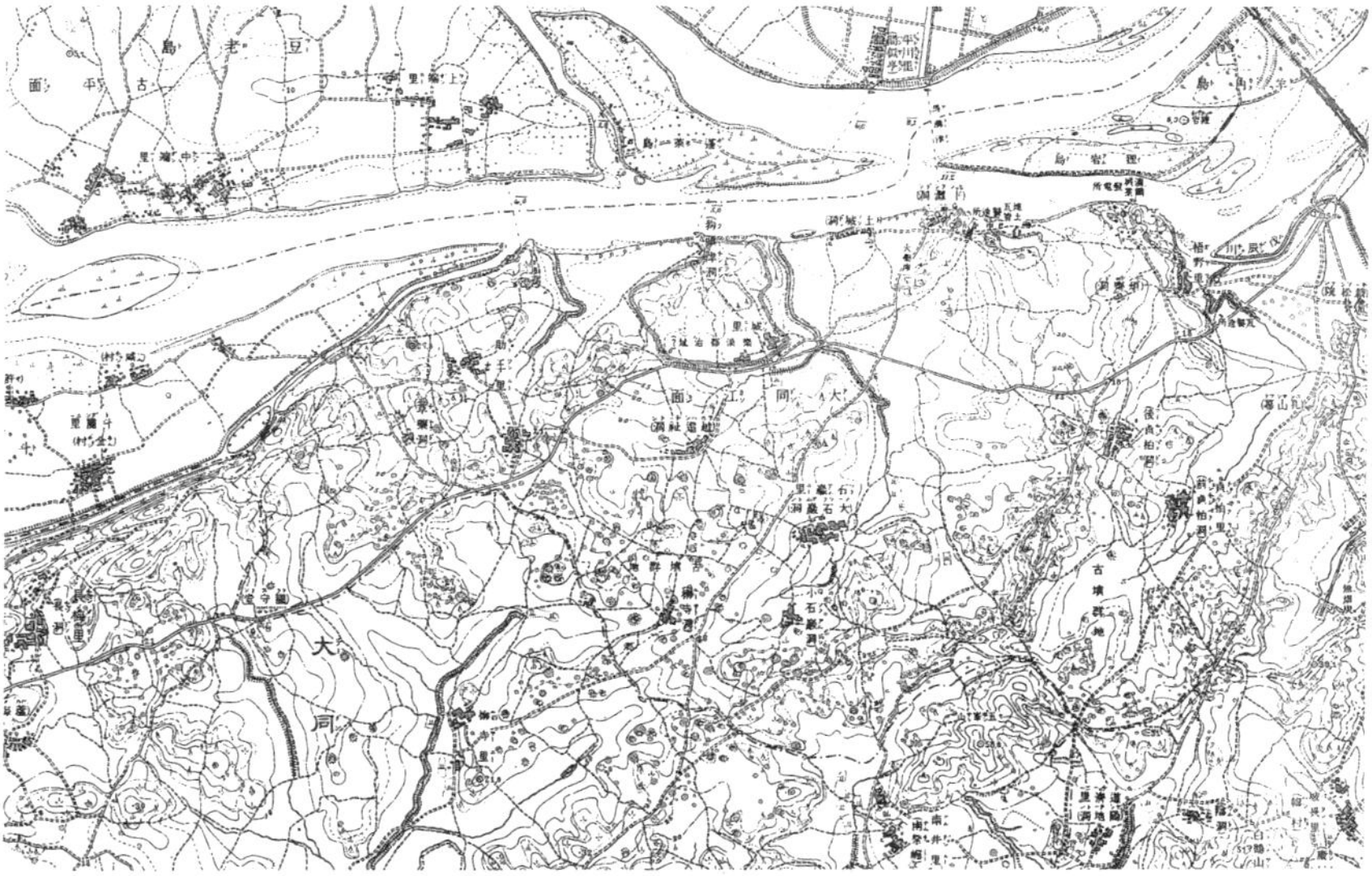

第 38 図　大同江南岸の楽浪郡土城跡と墳墓群（大阪府立弥生文化博物館，1993『弥生人の見た楽浪文化』より）

滅ぼされたと書かれています。その間、西暦二〇四年の頃に楽浪郡の南の一部が分割されて、帯方郡という新しい郡が設置されます。そこに邪馬台国の卑弥呼の使いは行っています。三一三年に楽浪郡、さらに三一四年に、帯方郡が高句麗によって滅ぼされ、中華帝国の出先の郡は消滅するということになるわけです。したがって、四二〇年間ほどにわたって楽浪郡ならびに帯方郡があったということです。その時代の中心もしくは拠点になったのが楽浪郡j土城跡という遺跡として残っていて、その南側一帯に実に多数の当時の楽浪郡の官僚達の古墳が築かれています。私が平成一四年四月に行った時に、楽浪土城の一部が今も良く残っていることが分かりました。そしてまた、古墳も一部は立派に移築、整備され、中に入って内部の構造が分かるような、いってみれば古墳公園のようなかたちで部分的に整備されていますが、引き続き調

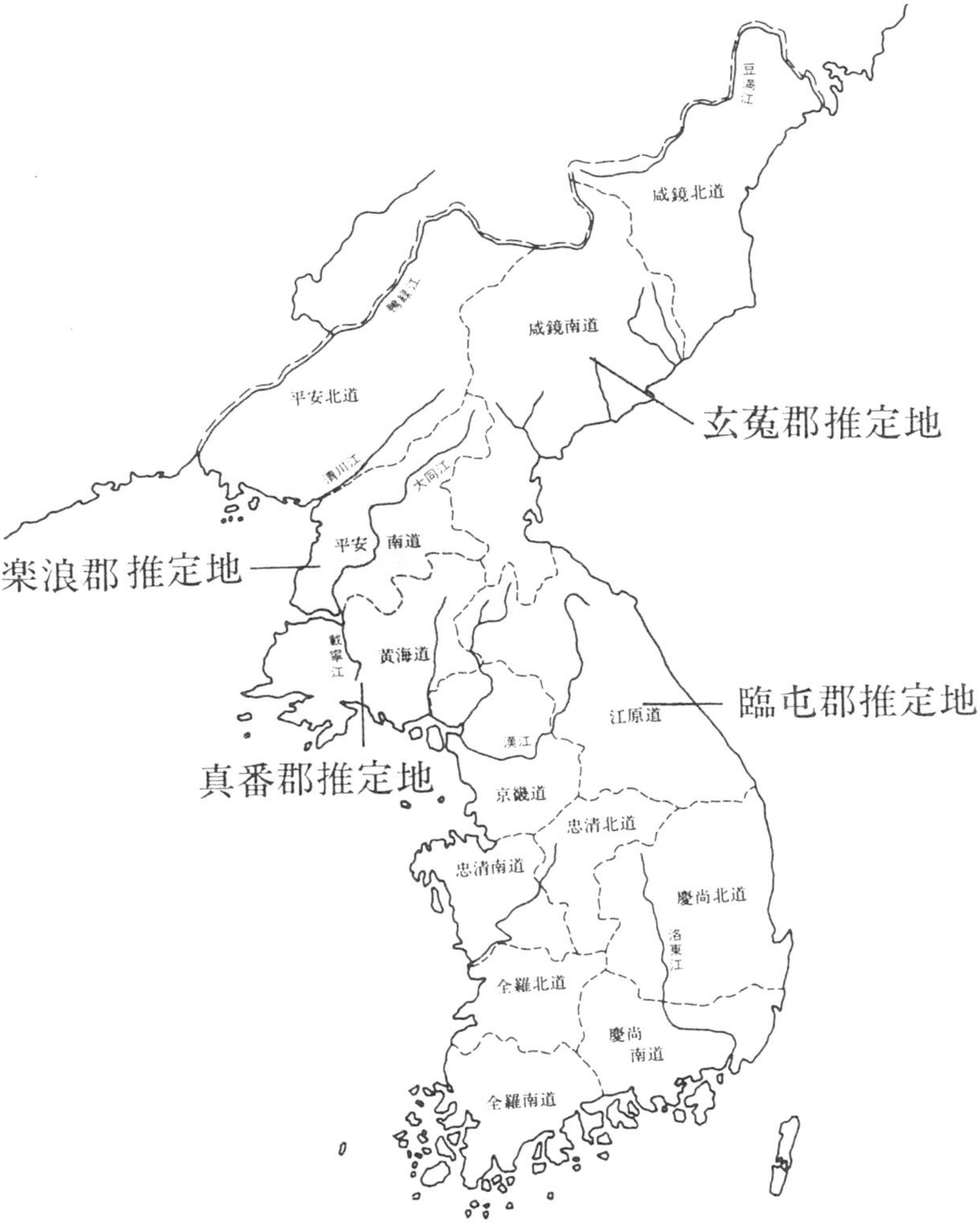

第 39 図　楽浪郡設置当初の四郡推定地（B.C.108 年ごろ）（大阪府立弥生文化博物館，1993『弥生人の見た楽浪文化』より）

査も行われている、という現状です。

楽浪郡につきましては、私達は朝鮮半島北西部、現在のピョンヤン辺り、大同江中流左岸域一帯にあったと考えています。この点につきましては、朝鮮民主主義人民共和国の先生方は、ここは「楽浪国」という地域国家の一つであり、楽浪郡はもう少し北西で現在の中国・遼寧省辺りにあったのではないか、というお考えです。その辺りについては私達と見解を異にしますけれども、私達の立場からいえば、楽浪郡はこの辺りにあったということです（第39図）。

楽浪郡と楽浪文化の意義

この楽浪郡、あるいは、その文化というものが、当時の中国から「倭人」と呼ばれた私達日本列島人にとってどういう意義を持っていたか、ということを次に考えてみたいと思います。楽浪郡のことは、中国の漢の正史である『漢書』の「地理志」に楽浪郡との関連で初めて倭人が登場します。これはあまりにも有名なことで中学校の教科書にも出て来ますので、日本人総《すべ》てが知っている歴史の一齣です。その『漢書』地理志を見ますと、「楽浪の海中に倭人あり、分かれて百余国を為す、歳時を以て来たりて献見すという」と書かれています。正史は都の長安で書かれますから、おそらく楽浪郡には倭の使いが毎年のように来ていたけれども、都の長安までは行っていなかったらしい、ということになります。

ここで注目したいと思いますのは、『漢書』地理志の「楽浪海中に」と楽浪としか書いていませんが、この楽浪というのはもちろん楽浪郡ということなのです。そして、倭人の住んでいる日本列島には百余りの国々があったという、その国に注目したいと思います。つまり楽浪の郡と、倭人の国というように、郡と国という、地域単位がそれぞれ出て来ます。

これは実は、漢帝国の地方統治制度である郡国制度を意味しているということです。郡国制の郡というのは郡県制ともいいますが、州・郡・県という行政組織があって、そこに中央から役人を派遣して統治するという、いってみれば官僚制です。それに対して国制というのは封建制という意味です。ですから各地の地域社会にはその地域を治めている豪族がおり、その豪族の地位なり地域社会を承認しますけれども、後《あと》はその国なり国の長なりに委《ゆだ》ねる、という日本の幕藩体制の藩に似たところがありますが、そういう制度です。これは周の時代からの中国の古い制度です。古くからある封建制では、地方の統治はその地域のリーダーに任《まか》せるという制度です。それに対して、郡県制というのは、中央政府から役人を派遣して細《こま》かいことまで支配します。そういう二つの制度を併用した郡国制が漢になって編み出されました。この制度によってあの広い中国を直接あるいは間接的に統治してゆこうというわけですが、そのような制度下に倭が入った、ということを意味します。このことが「楽浪海中に倭人あり」云々の百余国という表現になって表れたと考えます。

そのことと関連して、『後漢書』の「倭伝」によりますと、建武中元二年、つまり西暦五七年に倭の奴国が奉貢朝賀しました。それに対して時の皇帝である光武帝は印綬を与えたと記録されています。そのことと符合するかのように、今から二三四年前の天明四（一七八四）年に、博多湾に浮かぶ志賀島で金印が見つかりました。それに「漢委奴国王」と五文字が刻まれ、国宝になっている金印です。そのように、『後漢書』の記録をまさに裏付けるかのように金印が出て来たというわけです。当時、現在の福岡平野にあった「奴」という地域社会が、後漢帝国と外交関係、すなわち朝貢して行ったことに対して冊封を受けます。いってみれば当時の中国の間接的な支配の傘の中に入ったのでした。そういうことで中国の正史にも記録され、金印も貰って来たという関係にあったのです。そのように楽浪郡というのは朝鮮四郡の一つとして、倭・倭人との関わりで、重要な位置を占めるのです。

楽浪郡が設置され、そこに倭人が出かけて外交関係を結ぶということは、中国側からすれば、匈奴対策から周辺諸国と友好関係を結び、外交的に対抗しようとしたという理由があったのです。しかし、日本列島側としては、百余りの国々の間でしだいにまとまる方向に動いてゆくわけです。そういう中で、話し合いで共存したり、婚姻関係を結んで国と国が一緒になったりとかもあったでしょうが、もう一つの手段として、漢帝国という巨大な帝国を後ろ楯にすることによって他の国に対するにらみを利かせようとしたようです。そのようにして、倭の諸国は漢帝国と外交関係を結んだのではないかと思われます。

ですから、日本列島側と中国大陸側、漢と倭のそれぞれに理由があって外交関係が成立したということになるわけです。その場合に、倭にとって楽浪郡あるいは楽浪郡の文化（第40図）が、どういう意味を持つかという問題です。この点に関して私は、楽浪郡というのはいうならば中国・漢帝国の植民都市です。官僚がやって来る、中国本土から色々な物資が運ばれて来る、そして、不足分は現地調達ということで新しい技術や資源の開発も行われます。鉄の開発などもその一つです。

そういえば、当時のローマと並ぶ世界の一大強国であり、先進大国であった漢帝国の出先機関ですから、楽浪郡には植民都市、コロニーのような性格があったと考えるわけです。そう考えますと、楽浪郡では漢文化そのものが展開しているわけで、馬車が走っていたり、文書行政を行なっているとか、およ

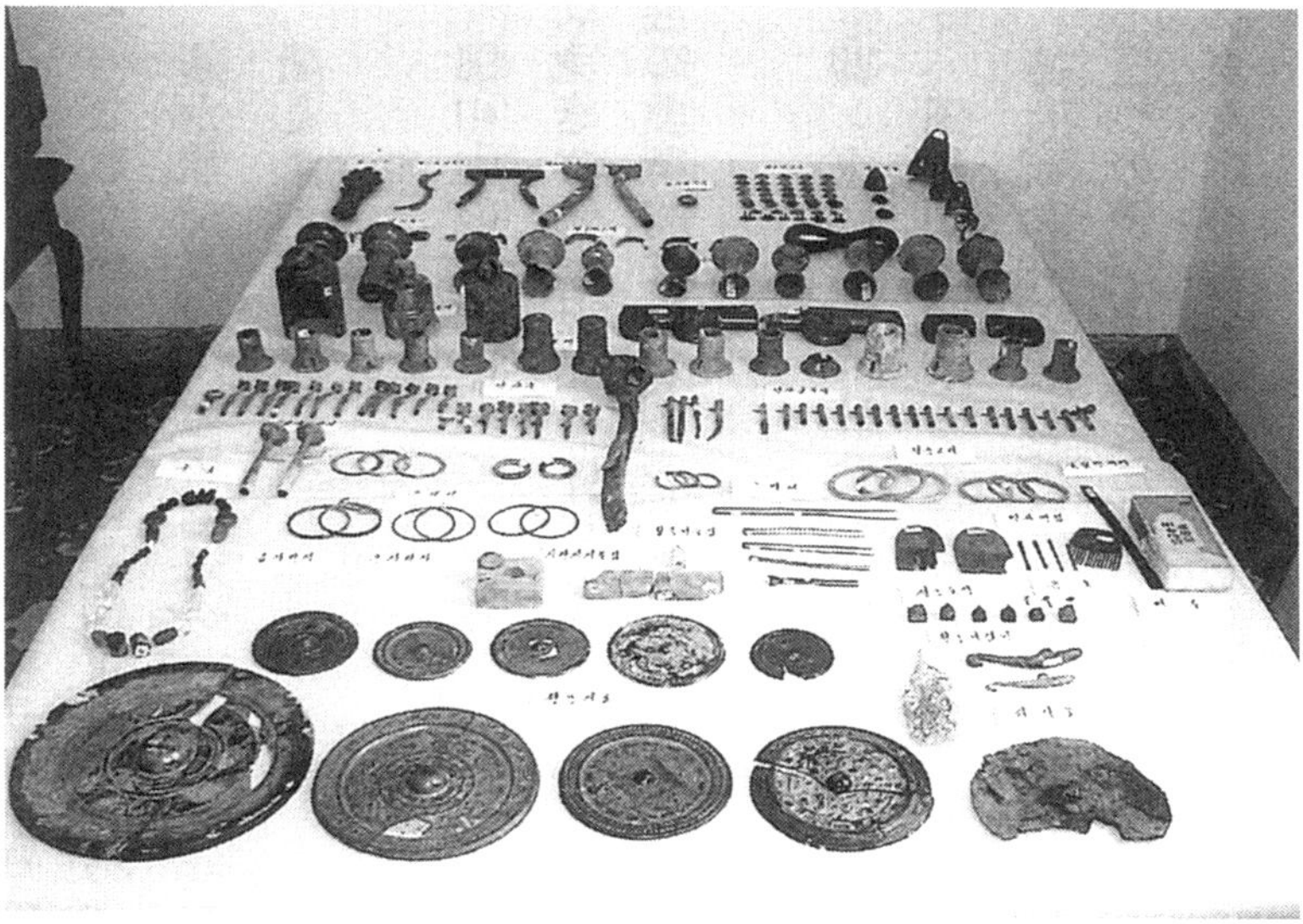

第40図　ピョンヤン付近の墳墓の出土品（山陰放送撮影）

そ当時の日本列島では想像もつかないような文明社会がありました。そしてそこでは、国際関係が非常に大きく展開していました。そういうことで、倭人・倭は楽浪郡に出かけて国際社会の仲間入りをし、また、そこから当時における最先端の技術や文化を学んだのです。いってみれば日本列島、つまり倭人・倭の国際化、文明化の一つの契機になったのではないかと考えるのです。

ところ代わって紀元前四世紀後半の頃、マケドニアのアレキサンドロス大王の東征がありましたが、その時にやはり植民都市を次々と建設してゆきます。なぜか植民都市というのは河岸とか海辺に多いのですが、その一つに、たとえばアフガニスタンのずっと東北の方で、オクサス河とコクチャ河の合流地点の河岸に城壁で囲まれた植民都市があります。そこはアイ・ハヌムという有名な遺跡でして、かつてフランス隊が発掘調査を行っています。そこだけを見ると、もうギリシヤ本土と変わらないような植民都市が発掘によって明らかにされています。

そういったことが、ここ北東アジアにおきましても朝鮮半島の一角で起こっていたのではないでしょうか。私はそれが倭人、あるいは倭にとって国際化、文明化の一つのきっかけであったと、意義付けています。

古代出雲の中の楽浪文化

そういう楽浪郡であり、そこに展開した先進文化であったわけですが、そのような楽浪文化が古代の出雲でどのように反映しているかということを、次に見てみようと思います。

まず、地元のみなさんは良くご承知のことと思いますが、平成一二（二〇〇〇）年前後の頃の調査を通じても楽浪の文物が次々と出て来ています。そこで楽浪というキーワードで古代出雲を見てゆきますと、まだまだあるということです。これまで知られているところでは、出雲市の姫原西遺跡における弩《ど》の台や田和山遺跡の硯の研石があります。後者は厳密にいいますと、長方形の石板があって、その上に小さな硯石を置いて摺るというものです。ですから、研石というのが正しいようです。それから鹿島町の沖合で、楽浪の土器が引き揚げられています（第41図）。第41図に二つの土器の図がありまして、2の方がピョンヤンから出て来た土器であり、1の方が鹿島沖で発見された土器です。いずれも平底に短い頸が付いた全体の形とか、仕上げの方法、そして、表面を黒く仕上げている点などが共通しています。

土器の本体は灰色がかった土器で、瓦質土器と呼ばれているものです。瓦質というと新しい時代の瓦を連想しますので、私は瓦質よりもむしろ中国の戦国から漢にかけて、灰陶《かいとう》という焼き物がありましたが、その灰陶質といった方が良いのではないかと思っています。いずれにしましても、そのような楽浪郡で作られたものと思われるものが、ここでも見つかっているのです。

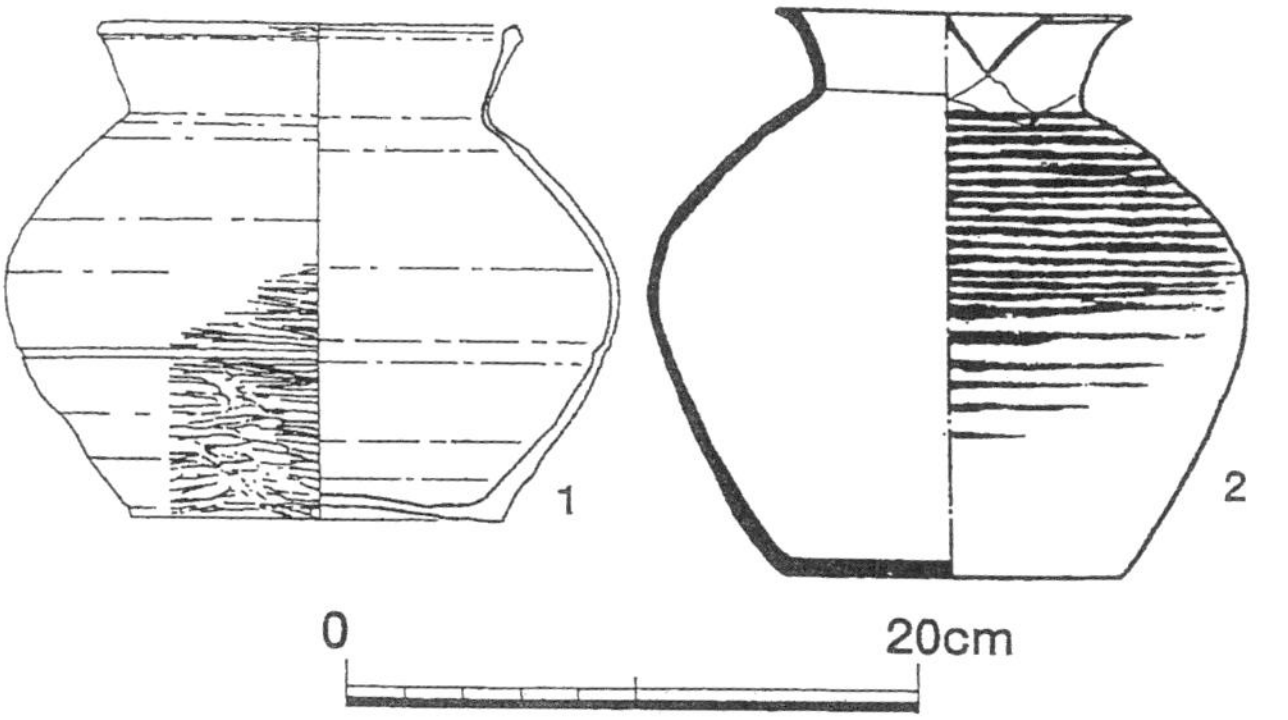

第41図　楽浪土器
1. 鹿島町沖海揚がり　2. ピョンヤン石巌里205号墓出土
（亀田修一，2001「出雲・石見・隠岐の朝鮮系土器」『斐伊川放水路建設予定地内埋蔵文化財発掘調査報告書』XIIより）

土器に関して一つだけ付け加えておきますと、楽浪郡でこういった土器が作られ使われていましたが、それが南の韓さらには海を渡った倭の地域に運び込まれているのです。そればかりか、そういう新しい土器の登場ということから、それぞれの地域で楽浪土器の模造品というか、それをモデルとして造られる新しい土器が出現するのです。そういった土器が朝鮮半島南部、つまり当時、韓といわれた地域、とくに現在の釜山とか金海といった地域の土器の中に楽浪の土器、あるいは、その製作技術で造られた土器が登場します。その一つが、先年出雲でも発見された古志本郷遺跡の灰陶質土器（瓦質土器）です。そういったかたちで楽浪の土器の製作技術が伝えられます。日本列島、倭ではどうかというと、今のところはっきりとした証拠はありません。ただ、楽浪土器ではしばしば叩いて仕上げている

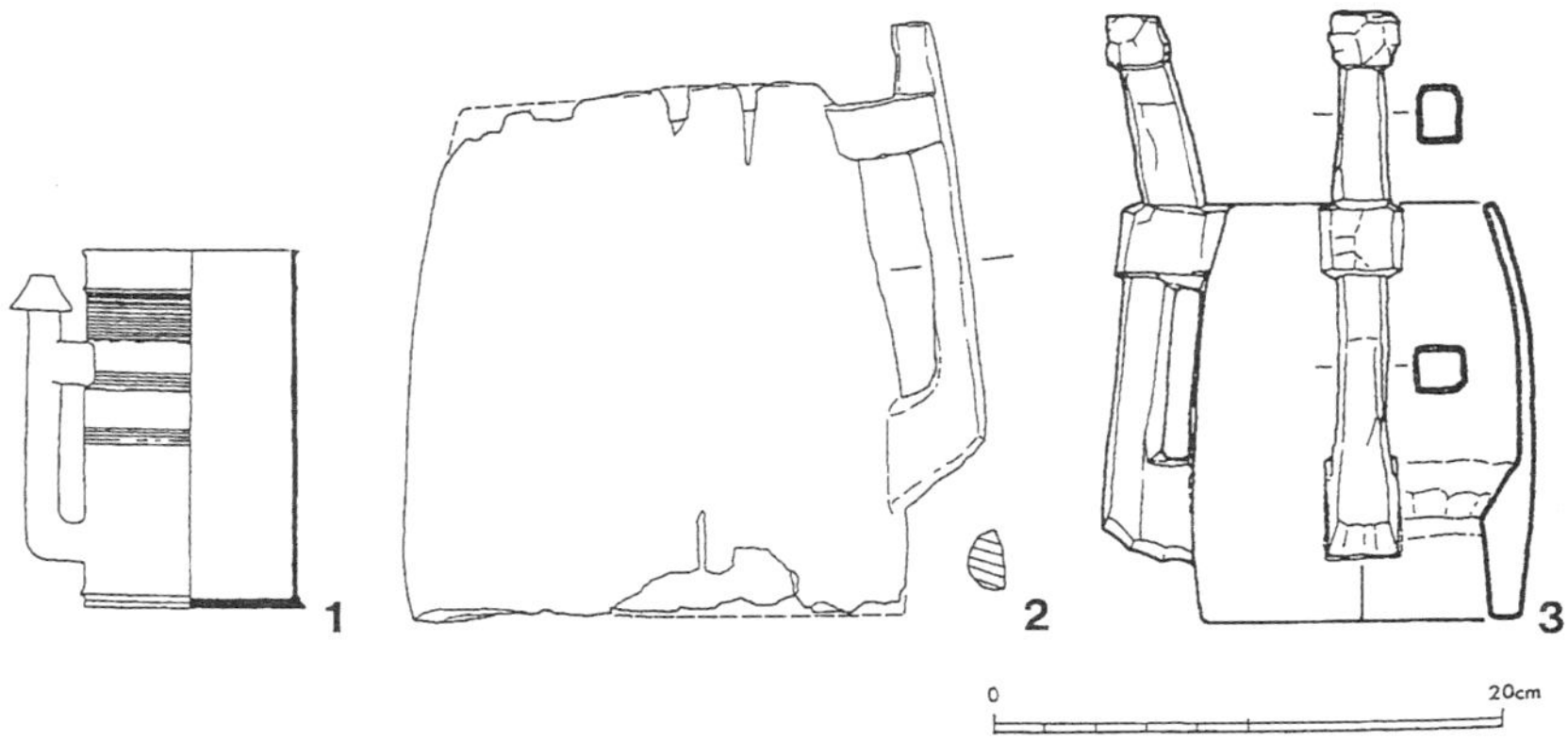

第42図　楽浪墳墓と日本出土のジョッキ形容器
1. 漆器・貞柏里135号墓出土　2. 木器・島根県姫原西遺跡出土　3. 木器・石川県猫橋遺跡出土（鉄器文化研究会・鳥取県教育委員会，2001『日本海（東海）がつなぐ鉄の文化』より）

のがありますが、そのような叩いて仕上げるという技法が、弥生土器の中にも後期になって出始めます。私はそういったものも楽浪土器の製作技法の影響ではないかと思うのです。それにしましても、楽浪から運ばれたものもあれば、楽浪土器の製作技術で造られた韓の土器が、出雲にも流入しています。その場合は、間接的に楽浪文化に触れたということになりましょうか。

もう一つだけ述べておきますと、出雲市の西谷三号墓から発見された土器の中に、小さな器ですけれども、ループ状の取っ手の付いたコーヒーカップのような土器が出ています。これについては専門家の間で韓の地域に巾着《きんちゃく》型土器というのがありまして、それが祖型となって作られた土器ではないかという研究者がおられます。それについてもやはりそのように考えれば、楽浪の影響を受けた韓の土器、その韓の土器を祖型として作られた土器ということで、やはり間接的に楽浪との関連性が出て来るわけでして、そういった土器の問題があります。

その他、姫原西遺跡で発見されました、ジョッキ形をした木製容器があります（第42図）。これについては島根県埋蔵文化財センターの池淵俊一さんの研究成果をご紹介させていただくことになります。第42図2が姫原西遺跡で発見されたジョッキ形のものです。このように筒状に木をくり抜いて造った容器で、非常に特徴的な取っ手が付いています。これは縄文土器や弥生土器からは出て来ない器形ですので、列島以外の地域を見渡すと、第42図1のように、かつて楽浪郡から出土したものの中に類似品があります。まったく同一ではありませんが、ビールのジョッキ形の取っ手の付いた、あるいは傘形の飾りの付いたこういうものをイメージしたというか、元になって姫原西遺跡出土の第42図2のようなジョッキ形容器が生まれたのではないかと思うのです。ちなみに第42図3は石川県から発見されたものですが、出雲と北陸の木製容器、とくにジョッキ形という非常に特異な形態の容器について関連性がうかがえます。なお1につきましては、これは漆塗りの容器ですので、2・3の日本から発見されたものとは若干違います。

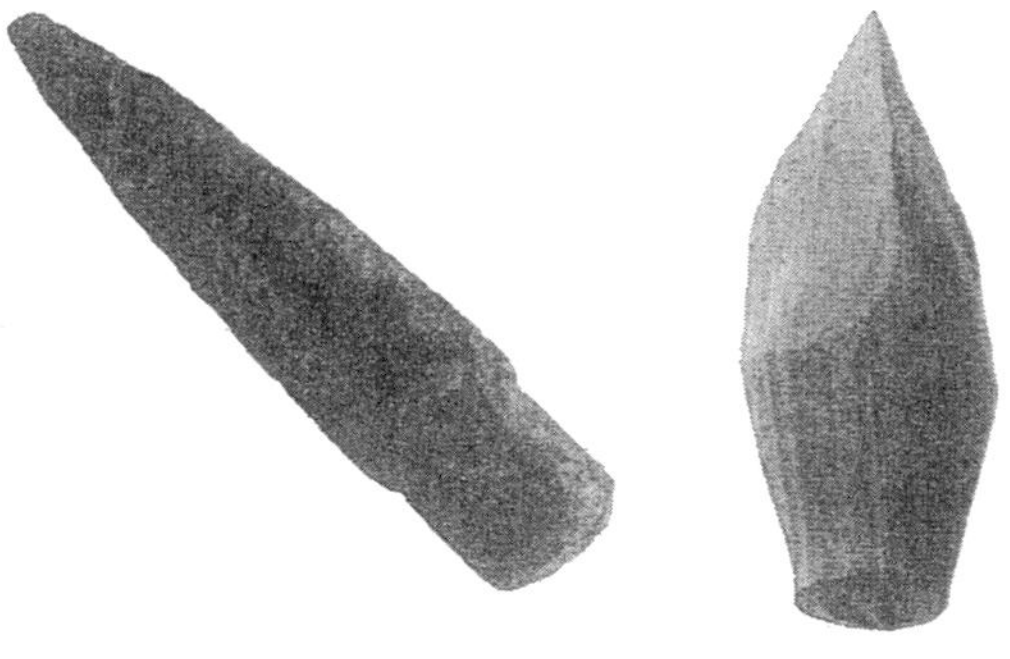

第43図　三稜銅鏃（左）と木鏃（右）
左：出雲市古志本郷遺跡出土　右：出雲市姫原西遺跡出土
（島根県教育委員会提供）

さらに、出雲市の古志本郷遺跡で銅の鏃が見つかっています（第43図左）。これはもちろん出雲で初めての発見ですけれども、非常に貴重なものなので県の埋蔵文化財センターとしても慎重に調査されて発表されたようです。日本の弥生・古墳時代を通じての出土品としてはきわめて珍しいものです。これは文字どおり断面が三角形になり、稜が三つ立ちますので三稜形式の銅鏃と呼びます。これはもう考古学を研究している人なら誰が見ても楽浪のものだといいましょう。東京大学に楽浪の文物がかなりありまして、二〇〇二年九月一七日の小泉純一郎首相の訪朝時の日朝会談の中でも、文化財の返還問題が項目に上がりましたが、その中にこの形式の銅鏃も含まれていたかもしれません。

その銅鏃を木で真似たと思われる、木の鏃がやはり姫原西遺跡で発見されています（第43図右）。これは県の風土記の丘資料館に展示されたことがありますが、非常に貴重な例です。そういう銅鏃は楽浪ではたくさん出土します。東京大学にはかなり所蔵されていますけれども、日本列島ではなかなか出て来ず、指折り数えるほどしかありません。それが出雲でも発見されたということで注目されるわけです。

その他、銅鏡の問題があります。これも考古学としては非常に色々な問題を投げかけます。出雲における鏡の問題ですが、とくに楽浪に焦点を合わせていいますと、弥生時代の出雲では鏡はほとんど出ていません。その数少ない例の一つが、加茂町の土井・砂遺跡で内行花文鏡の外縁の一部分が発見されています。これは後漢の中国製品であろうと認識しています。県立博物館でやはりその破片が展示されたことがあります。こうした破片は、破鏡と呼びまして、もともと日本のどこかに流入して来た時には完形だったのでしょうが、非常に貴重品ですからそれを割って、数多く破片にしてあちこちに流通するようにしました。これは、そのような破鏡をきれいに磨き上げまして、おそらくペンダントのようにして使っていたのではないかといわれています。年代がはっきりしませんが、弥生時代の終わり頃から、古墳時代が始まる頃のものです。ただ古墳時代がいつから始まるかということは大きな問題でして、時代

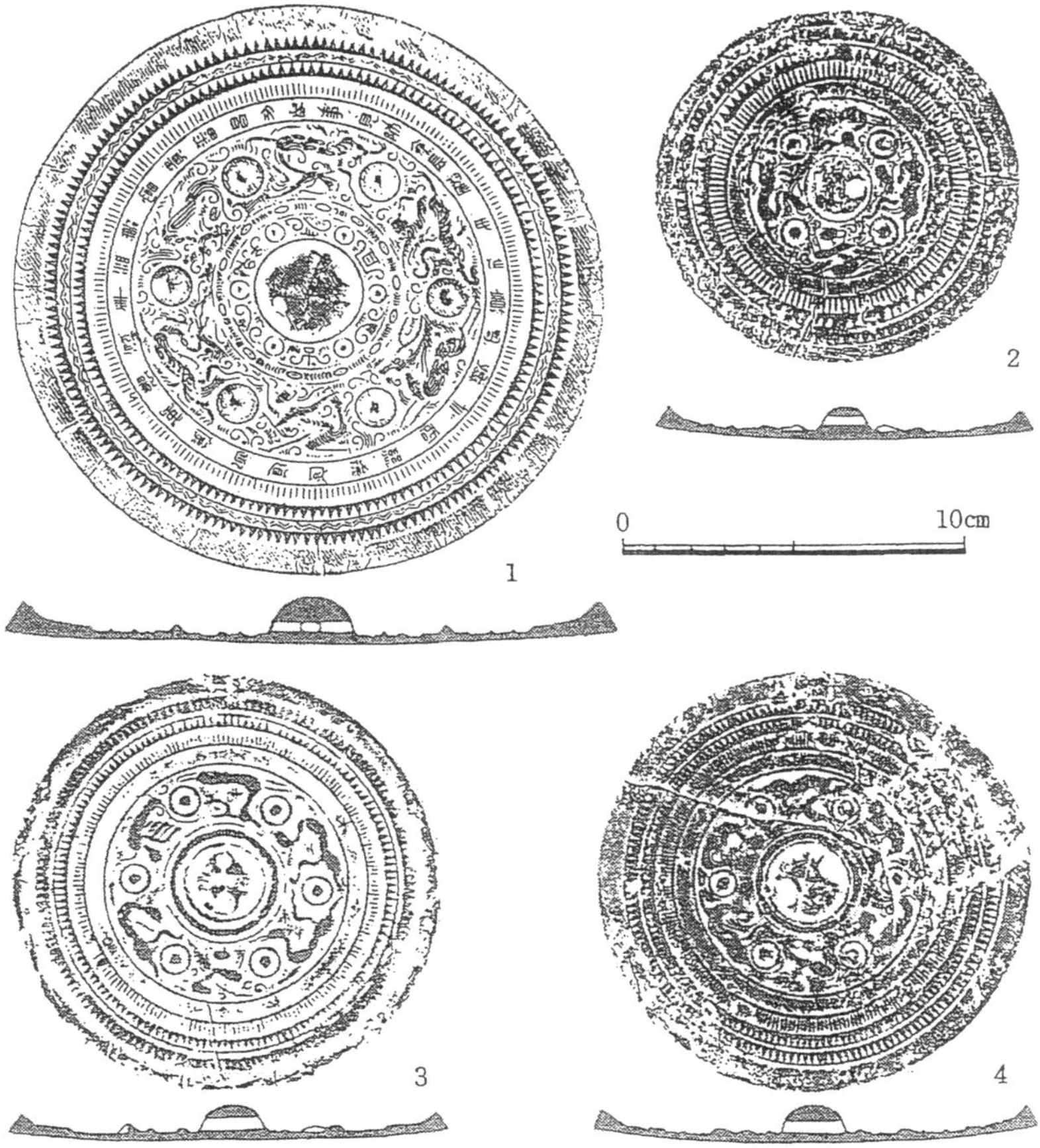

第 44 図　上方作系浮彫式獣帯鏡　1. 六像 A 式・ピョンヤン出土　2. 四像式・鳥取県石州府 29 号墳出土　3. 六像 B 式・愛知県笹ヶ根 1 号墳出土　4. 六像 B 式・島根県松本 1 号墳出土（出雲考古学研究会，1992『出雲における古墳の出現を探る』より）

がどんどんと古くなって、弥生時代の後期後半といっていた時代が、実はすでに古墳時代に入っているのではないかということが、最近の奈良盆地の大和古墳群の調査などを通じて議論されています。そういう過渡期の頃の墳墓から出ているのです。この鏡はおそらく楽浪郡の時代に日本列島に入っていたものが、何年か経ってから墳墓に埋められた、と考えた方が良いのではないかと思います。

そういう意味では、出雲考古学研究会の記録の冊子[1]は大変、参考になります。すなわち、雲南市の松本一号墳という、全長約五〇メートルの前方後方墳がありまして、立派な鏡が出ています。上方作系の浮彫式獣帯鏡がそれです。上方というのは、楽浪郡の鏡を鋳造する役所で造られた、という意味ですが、文様は獣が四匹から六匹ぐるっと廻らされていることから獣帯鏡と呼ばれています。第44図4が松本一号墳から発見された鏡です。これは後漢のおそらく二世紀後半頃の鏡であろうと考えられています。その鏡が四世紀後半の古墳から出土したのです。この鏡については京都大学の岡村秀典さんの研究報告があります。この鏡は後漢の時代、つまり弥生時代の後期に出雲に入っていて、それが代々伝えられて、四世紀後半になって松本一号墳に埋められたと考えた方がいいのではないかといわれています。すなわち四世紀後半の古墳から出土したけれども、実はそれよりも二〇〇年ほど前にこの地に楽浪郡からもたらされていたのではないか、という見解が出されています。そうなって来ると、こういった鏡も楽浪物ということになるわけです。

これまで述べて来ました遺物が出土するのは、ふつうは墳墓ですが、墳墓で一つ注目したいと思いますのは、木槨墓です。これについては第45図を見ていただきましょう。ここにピョンヤン付近の墳墓の棺槨図と書いてあります。一番左の欄は木槨の中に木棺が一つ入った合葬墓、それに対して真ん中のは

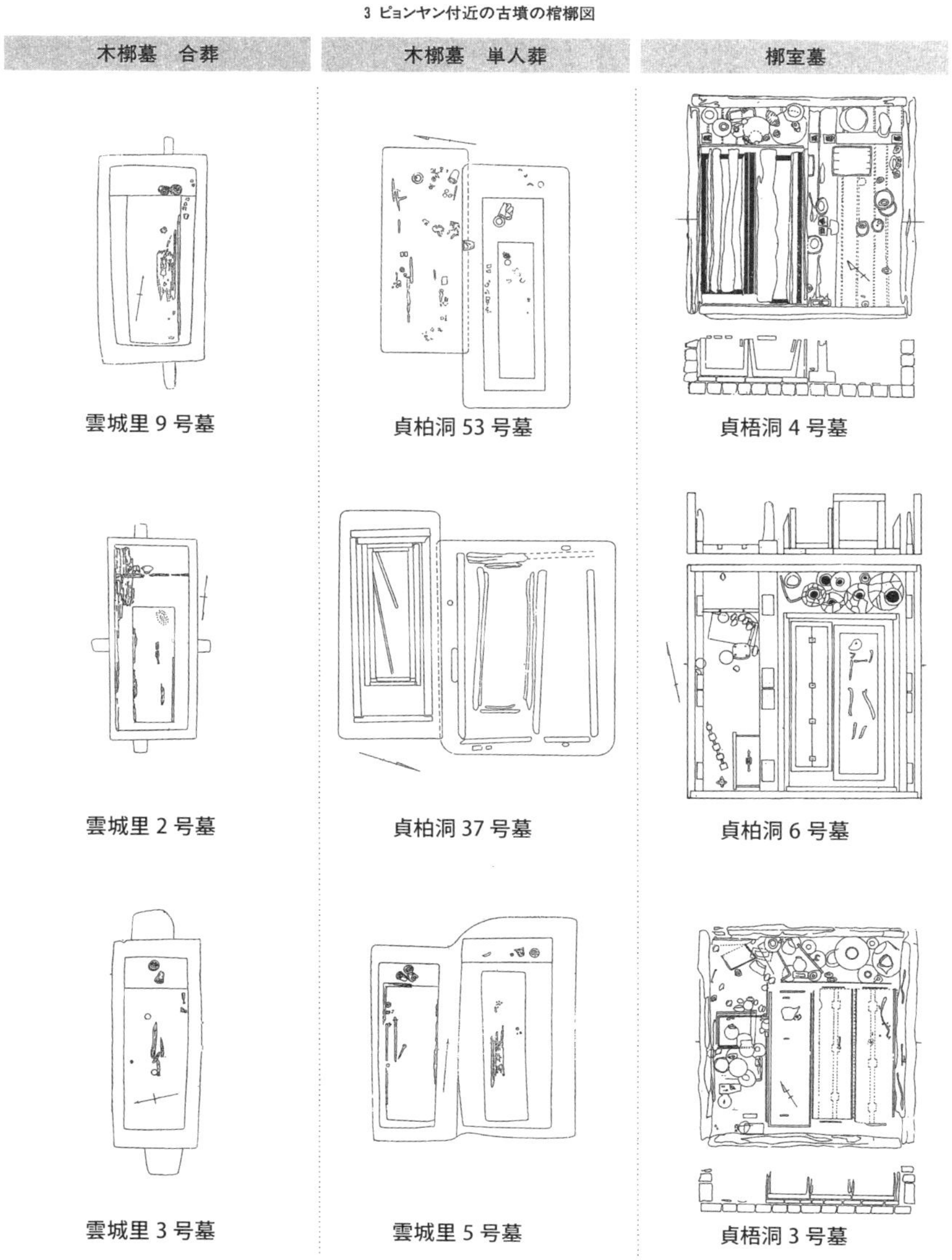

第 45 図　ピョンヤン付近の墳墓の棺槨図（大阪府立弥生文化博物館，1993『弥生人の見た楽浪文化』より）

同じ場所に一人を埋葬した単人葬という状況、そして、一番右は槨室墓です。槨室墓は部屋を作ってその中に木槨を組み、さらにその中に木棺を入れるという複雑な構造になっています。こういう木槨墓というのは、棺は木棺が普通ですけれども、その廻りに板や角材で枠組みを作ったものをいい、さらにそういった木槨を納める部屋を作るのが木室というわけです。木棺・木槨・木室という全部がそろっているのが中国での本来のあり方です。

この木槨墓の問題が非常に重要です。『魏志』倭人伝を見ますと、「棺あるも槨なし、土を封じて冢を作る」と書かれています。ですから邪馬台国の時代に倭人は、棺は作っているけれども、廻りの槨はないと書いてあるのです。土を封じて冢を成すというのは土を盛り上げて墳丘を作ったということですから、いってみれば四隅突出型墳丘墓のような、いわゆる古墳のように墳丘を高く積み上げたということです。棺あるも槨なしと書いてありますが、実際は、弥生時代の終わりの頃に、日本列島では、槨のあるのが出て来ているという問題です。そういう点では、この『魏志』倭人伝の記述は間違いということになります。同じく倭人伝の前に韓伝がありますが、その馬韓伝のところを見ますと、現在の朝鮮半島西南部の辺りに関しては、「槨あるも棺なし」と記されています。つまり木槨はあるけれども中に納める棺がないと書いてありますが、これもやはり間違いです。このように、『魏志』もよく読むと間違いがかなりあるという一つの証拠です。

韓伝のことは余談でしたけれども、そういう木槨が弥生時代に登場しているのです。その一つの例は、模型が県立博物館に展示されています西谷三号墓の主体部です。それをご覧いただきますと、小さな木棺があってその周囲にひと廻り大きい木槨があるという構造です。第45図に示しました木槨墓の単人葬に相当するものが、西谷三号墓の埋葬施設と共通するということです。その他、山陽側では、岡山県の楯築《たてつき》遺跡とか、その後に石川県でも、そのような木槨墓の遺跡が見つかっています。まだ類例は少ないのですが、こういった出雲における木槨墓も、楽浪の木槨墓との関連で理解すべきではないでしょうか。

これまで、今のところ古代出雲の中に楽浪文化としてどういうものがあるか「発掘」して来ました。そういう目といいましょうか、問題意識で見ていくと、今後も楽浪の文物はもっと増えて来るのではないかと、私は密かに期待しています。ところで、120頁の第34図には壱岐の原の辻遺跡で出土した中国の貨幣が出ています。西日本では、ここに書いてあるもの以外に半両という前漢時代の貨幣も見つかっています。そのような前漢から新にかけての中国貨幣の出土状況を示したのが、119頁の第33図です。この図をご覧になりますと、楽浪郡からはたくさん出土しています。実際に鋳造しました鋳型も出たりしています。朝鮮半島の西南部から、さらに南岸そして東南部の狗邪韓国すなわち弁辰狗邪国などでも出土します。対馬、壱岐、北部九州、そして、北九州市から下関市でも見つかっています。下関市からは枝分かれしまして、一方は瀬戸内海に入って、大阪湾沿岸部に流入します。もう一方は日本海側に点々と分布しています。こういう分布状況を見ますと、本州西端の山口県や、鳥取県の青谷上寺地、さらに京都府の丹後へと分布が広がります。出ていないのは島根県だけです。こういう分布状況を見ますと、出雲で発見される可能性はあるということで、私はもう時間の問題だと思っています。

そのようにしまして、出雲の楽浪文化を考える時に周辺の地域を見るということが大切です。去る二〇〇二（平成一四）年の春に大阪府立弥生文化博物館では、丹後の弥生文化の特別展を行いました。[2]その際、丹後からガラス製の腕輪が出土していますので、その色をイメージしたブルーの表紙で図録を飾っていました。それはともかく丹後の遺跡をいろいろと見てみますと、古代出雲との関係が非常に深いことがうかがえます。そしてその背後に、楽浪との関わりもあるということが考えられます。石川県では木槨墓や、ジョッキ形容器も出ています。ですから古代出雲の楽浪文化を見る時に、北陸や山陰でも、もっと東の方の地域との関係も常に念頭に置いておく必要があります。そして、そういう目で見てゆくと、まだまだ今後、楽浪関係の文物が出て来るのではないかと、私は常に思っています。

今後まだ見つかるとして、出雲における楽浪の文化を、どう理解するかという問題です。去る二〇〇二年に、愛知県春日井市で門脇禎二先生とご一緒したシンポジウムがありました。夜に食事をしながら、「最近出雲で楽浪の文物が色々出て来ましてね…」と話したんです。すると先生は即座に、「それは、出雲にあった国が、楽浪から直接手に入れてきたんだなあ」とおっしゃいました。私は、ちょっと待って下さいといいたかったのですが、それはいいませんでした。しかし、その可能性は十分あるということです。

県立博物館へ行きますと、出雲には、弥生時代にクニグニがあったと説明されていました。私も、おそらく斐伊川流域の出雲平野に、倭人は百余国を為すという、『漢書』地理志に見える、ああいった意味での中国の郡国制に基づく国があったのではないかと述べたことがあります。現在の簸川郡なり神門郡、ああいった辺りに国があったとなると、その国には都がなければなりません。また、倭人は国邑を為す、とある国の邑とは都のことです。一支国に原の辻遺跡という国都の遺跡があるように、出雲平野に国があった場合に、その都の遺跡はどこかというと、矢野遺跡群のある正蓮寺遺跡とか、古志本郷遺跡が問題になります。あの辺りに国があってその都の遺跡が正蓮寺とか古志本郷といった大規模な環濠集落ではないかと考えています。そうした出雲にあった国が、楽浪郡と直接的に接触して、楽浪郡、その背後の漢帝国を後ろ楯として、たとえば青谷上寺地辺りの国ににらみを利かせるといったことがあったかも知れません。もっとも、出雲は筑紫と古くから交流がありましたので、北部九州辺りから間接的に入って来た可能性も、一方では念頭に置いておく必要があると思っています。

古代出雲も含めて、日本列島における楽浪あるいは楽浪文化をどう意義づけるか、という問題があります。さきほども述べましたように、当時の漢帝国というのは、ローマ帝国と並ぶ巨大な帝国であり、当時としては最先端の技術や文化が繁栄した国でした。そういう漢文化に触れるということは、鉄器文化にしろ文字文化にしろ、その他、諸々の新しい技術や文化に触れるということです。なおかつ、漢帝国を盟主とする東アジアの大きな国際社会の枠組みの中に入るということからいえば、古代出雲の、あるいは倭の文明化、国際化のきっかけになったのではないか、という意味で、非常に重要です。そして、その架け橋として重要な役割を果したのが、朝鮮半島と日本列島を結ぶ架け橋の位置にあった一支国です。

最後に一つだけ、それでは直接的な交流を考えた場合に、どういうルートを考えるかということろで、さきほどらい、貨幣の分布状況より、楽浪郡から、朝鮮半島の西海岸を南下し、南海岸を東して対馬・一支を渡ってという、一つのルートを想定しました。129頁の第39図をご覧いただきたいと思います。楽浪郡は西海岸の北西部ですけれども、その他三つの郡を置いたと記録に出て来ます。やがて西暦紀元前七五年に三つの郡は他所に移して楽浪郡だけになったという意味で大楽浪郡とも呼んでいます。ところで、紀元前一〇八年に楽浪郡とともに設置された三郡の一つに玄菟郡がありました。

これが東海岸で現在の咸鏡南道というところに当たります。ここには所羅里という遺跡がありまして、やはり土城が残っています。そこから楽浪で出土するものと同じような鉄器とか貨幣とかが色々出ているのです。ですから東海岸の東北部の咸鏡南道に、玄菟郡であったかどうかは分かりませんが、郡の役所あるいは楽浪郡の下部組織の県の役所があり、それが所羅里の土城ではないでしょうか。要するに、ここにも漢の文化があったということです。この地域は後の渤海の時代に、南海南京府という重要な拠点が置かれたところで、その遺跡は青海《せいかい》土城という名でこんにちも良く残っています。ですから、咸鏡南道のこの辺りから、朝鮮半島の東側を南下して出雲に来る、あるいはこのルートを逆に行って東側に上陸して、そこから陸路を楽浪郡に行くという東海岸ルートとでもいいましょうか、この点も可能性としては充分あるのではないかと考えています。

というわけで、「楽浪文化と古代出雲」、今後、何が発見されるか分かりませんが、そういう目でこの出雲を見続けてゆきたいと思っています。

〔注〕

（1）出雲考古学研究会、一九九二『出雲における古墳の出現を探る』。

（2）大阪府立弥生文化博物館、二〇〇二『青いガラスの燦き―丹後王国が見えて来た―』大阪府立弥生文化博物館図録24。

第2章　伯耆と吉備の弥生社会 ―倭人伝を紐解く―

農業文化形成の原点、弥生時代

弥生時代というのは、稲作と金属器に象徴される時代であり文化です。稲作は二千数百年にわたって現在まで続いています。そういう意味で、弥生時代は、日本の民族文化の一つである農業文化の形成の原点ともいえる時代なのです。

金属器には青銅器と鉄器があります。青銅器には武器や祭器などがあり、鉄器については、木を伐採する斧、鋤や鍬といった農耕具などがあります。したがって、鉄器が始まることによって農業の生産性が向上します。そして世の中、社会の仕組みが変わっていき、その大きな変容の一つとして、国の形成ということがあります。そういう意味でも、弥生時代は日本の歴史の上で大変重要な時代です。

弥生時代の遺跡を発掘しますと、住居跡などの遺構、土器・石器や鉄器等々の遺物が出て来ます。そういう考古学の資料に基づいて弥生時代の研究をするのはもちろんですが、弥生時代は当時の中国でいうと戦国から前漢・後漢時代を経て、三国時代のとくに魏の時代に並行します。したがって、中国の前漢・後漢、三国時代の記録に日本列島の弥生時代の記述が少し出て来るのです。

そういう文献史料はきわめて限られており、弥生時代の研究にとっては、それほど多くを語ってくれ

第46図　妻木晩田遺跡　2010年4月4日撮影

第47図　青谷上寺地遺跡周辺の地形想定図（弥生時代前期～中期）（鳥取県教育委員会, 2007『海と弥生人～みえてきた青谷上寺地遺跡の姿～』第8回弥生文化シンポジウムより）

ませんが、中国の文献史料を参考にしつつ、弥生時代の遺跡の発掘を通じて分かって来たことがたくさんあります。それによって時代・文化を明らかにしようとしているわけです。

魏志倭人伝から弥生時代後期の文化を探る

鳥取県の二つの遺跡、「蘇る弥生の国邑《こくゆう》・妻木晩田《むきばんだ》遺跡」（第46図）と、「地下に眠れる博物館・青谷《あおや》上寺地《かみじち》遺跡」（第47図）、この二つの遺跡が提供してくれる考古資料、学術情報は大変なもので、弥生時代の研究に計り知れない成果をもたらしています。妻木晩田遺跡と青谷上寺地遺跡というのは、鳥取県、あるいは中国地方のみならず、日本列島の弥生文化の研究にとって大変重要な遺跡であるということを常々確かめているところです。

青谷上寺地も妻木晩田も、長期間にわたって遺跡が形成されていますが、その最盛期は弥生時代の後期に当たります。弥生時代の後期といえば、まさに中国の記録に出て来る魏志倭人伝（以下、倭人伝と省略）の時代と重なります。そういう意味では倭人伝を紐解きながら、弥生時代後期を中心とした時代や文化を理解しようとしているのです。

倭人伝における「国」の問題

倭人伝について、ここで二つの問題を取り上げておきたいと思います。一つは、稲作が始まって村が増え、村々が集まって地域集団を形成し、それが「国」と呼ばれるようになるわけですが、そういう「国」の問題です。もう一つは、倭国乱れるという「倭国の乱」ということについてです。

まず、当時の「国」というのはどういうものでしょうか。今から二千年ほど前の紀元前後の時代にまでさかのぼって、漢の時代の中国の歴史の正史である『漢書』地理志に――これは中学校の教科書にも載っていますので、おそらく国民の総てが知っていることではありますが、それによりますと、「楽浪海中に倭人有り、分かれて百余国を為す」と書かれています。さらに「歳時を以て来り献見すと云う」（原文「楽浪海中有倭人、分為百余国、以歳時来献見云」）と、わずか一九文字ですが、大変重要なことが書かれているのです。

その一つは、あとで話すこととも関係しますが、「楽浪海中に倭人あり」。楽浪の海のかなたに倭人が住んでいるという意味で、当時の中国は日本列島人を「倭人」と呼びました。それが「楽浪」との関わりで出て来るのです。「楽浪」というのは楽浪郡のことで、郡県支配による中国の植民地です。さらに、倭人が日本列島（倭）に百余りの国々をつくっていたと書いてあります。そして、おそらくその百余国の中のいくつかでしょうが、毎年のように中国に貢ぎ物を持ってやって来ると続けています。そういう意味では、今は当たり前になっている国際化の始まりがこの時代にあった、といっても過言ではないと思います。つまり、この時代から私たちの先祖の日本列島人が国際社会に仲間入りしたということになるのです。

倭人伝と『後漢書』に記された「国」と外交関係

もう一つの文献は、『後漢書』東夷伝 倭の条、『後漢書』の倭伝です。この書物が出来たのはずっと後世で、日本でいえば古墳時代の頃です。あとから出来ましたので、それよりさきに出来ていた倭人伝をずい分と参考にしていますから、この『後漢書』は倭人伝と重なる部分がかなりあります。しかし、倭人伝には記載されていないこともいろいろと出て来るのです。

その例を二、三挙げますと、「楽浪郡を通じて後漢と外交関係を持っている国が三〇国ばかりである」。そして、「そのどの国にも王がいる」と書いているのです。倭人伝を見ると、伊都国に関しては、「代々王あり」と書いてあるのですが、その他の国々については王がいたとは書いていません。そのために、王がいたとは考えない人がたくさんおられるのですが、私は『後漢書』の「どの国にも王がいた」ということは、採用してもいい史料ではないかと思っています。各地に王がいて、王の中の王というと大王ですが、それをこの『後漢書』では、「大倭王」と呼んでいるのです。日本列島つまり倭、そこには各国に王がいて、その一番トップに大倭王がいたわけです。また、その大倭王は邪馬台国にいるとも記されているのです。

それから、「桓霊の間、倭国大いに乱る」と書いてあります。倭人伝には「倭国乱る」と書いてありますが、いつとは書いていません。ところが『後漢書』によると、「桓霊《かんれい》の間」、つまり後漢の皇帝の桓帝と霊帝の在位期間中であると年代が絞られるのです。すなわち「二世紀の後半の頃に倭国が乱れた」

ということ、しかも倭人伝には「倭国乱」としか書いていませんが、『後漢書』には「倭国大乱」と書いてありますから、日本列島を広く巻き込むような大きな乱であったと考えることが出来ます。

さらにもう一つ重要なことをいいますと、「建武中元二（西暦五七）年、倭の奴国が奉貢朝賀す」、つまり奴国が貢ぎ物を持ってはるばる倭（日本列島）から後漢までやって来たと書いてあります。『漢書』地理志には、毎年のように使いが来ると書いてありましたが、どういう国々が外交関係を結んでいたのかは分かりませんでした。しかし、『後漢書』には「奴国」とはっきり出て来ます。西暦五七年に当たる年に、時の皇帝である光武帝は「印綬を以てす」と書いてあります。印綬ですから印章に紐が付いていて、その紐を肩に掛けて印を佩用《はいよう》するわけですが、おそらくそういう紐の付いた印をもらったのだろうと思います。今から二三四年前の天明四年に、博多湾沖の志賀島で「漢委奴国王」という五文字を刻んだ金印で、『後漢書』という文献史料と合致する金印が偶然に見つかりました。

そういうことで、後漢の時代、一世紀～二世紀の頃ですが、日本列島のあちこちにあった国々の中で奴国が外交関係をもって金印をもらって来ている、ということが記載されており、一段と外交関係が展開したのではないかと推測されます。

文字史料が多い三国時代の倭人伝に記された「国」

その後、中国では後漢が滅んで魏・呉・蜀という三つの国に分裂した三国時代になります。その三国の歴史書が『三国志』で、都からいえば東の方の夷《えびす》に、――このいい方は中国人に独特の中華思想で、中国は世界に冠たる優秀な民族で、周辺には未開、野蛮な異民族がいるという認識から来ているのですが、東の夷として現在の朝鮮半島や日本列島のことが記載されています。

『三国志』の中の魏の歴史書を『魏書』といい、その中に含まれる「東夷伝」さらにその中に倭人の条があって、当時の日本のことが一九八八文字を割いて記録されています。さきほどの『漢書』が一九文字、『後漢書』が六〇〇字くらい。三国時代の倭人伝は一九八八文字と、だんだん文字史料も増えていき、当時の日本列島のことがいろいろと分かる非常に貴重な文献史料ということになるわけです。

『漢書』のときには「楽浪」と出て来ましたが、倭人伝では「帯方東南の大海の中に倭人がいる」ということと、「山島に依りて国邑《こくゆう》をなす」と出て来ます。倭人伝の冒頭部分に出て来るこの「国邑」という言葉を、妻木晩田遺跡の代名詞として「蘇る弥生の国邑・妻木晩田」と使っているわけです。

その他に倭人伝には、対馬国から一支国を経て、末盧国・伊都国・奴国に至り、さらに投馬国を通過して邪馬台国へと、八つの国々の名前が出て来ます。その他にも、侏儒国・裸国・黒歯国という三つが出て来ます。さらに、邪馬台国と仲が悪く戦争状態にある狗奴国が出て来たりして、三三の国々の名前が記載されているのです。

弥生時代後期、日本には二〇〇～三〇〇の「国」があった⁉

『後漢書』には「三十ばかりの国」と書かれていますし、倭人伝には三三の国の名前が出て来ます。しかし、『漢書』には「百余国」と書かれていました。このことから、漢の時代、弥生時代中期の後半の頃に一〇〇ほどあった国々が、弥生時代の後期後半頃になって三〇くらいに統合されたと、そういわれたり、あるいは、書かれたりされている人がいますが、私はそうではないと思っています。

よく見ますと、「使訳通ずる所三十国」と書いてあるのです。「使訳」の「使」というのは外交使節の「使」、つまり使いの意味で、「訳」というのは通訳です。つまり通訳を伴って外交使節団がやって来るわけです。オバマ大統領が来るときでも温家宝《おんかほう》首相が来るときでも、必ず通訳が付いて来ます。そういう外交使節団が行ったり来たりしている国が「三十国」だと書いてあるわけで、倭人伝の時代に日本列島にいくつ国があったとは書いていません。『漢書』には「百余国あった」とあり、毎年のように使いがやって来るとは書いてありますが、百余国あるうちの何カ国が外交関係を持っていたのかということは書いていないのです。

私は、漢の時代、弥生時代中期後半の頃、仮に一〇〇という数字は正確ではないとしても、一〇〇余りあったとして、魏の時代にはもっと国が増えてかなりの国が生まれていたのではないかと考えています。そうすると、日本列島に当時いくつくらい国があったのかということが問題になるのですが、先に結論を述べますと、私は多目に見て二〇〇～三〇〇あったのではないかといっています。漢の時代には一〇〇でしたが、それが魏の時代には二〇〇～三〇〇くらいへと、日本列島には次々と泡が立つように国々が生まれていったのではないでしょうか。そして、その中の邪馬台国をはじめとして三〇国が、外交関係を持っていたのではないかと考えています。

郡国制に基づき日本列島を支配の傘に組み入れようとした中国

ここでの「国」というのは、あくまでも中国の概念です。この「国」がどういうものかということを考えるとき、これは中国が「国」と呼んだ地域単位だということが重要になります。いろんな書物や教科書に、カタカナで「クニ」と書いていることがありますが、そういう必要はまったくないと私は思っています。中国の記録の歴史書・正史にはっきりと「国」と書いてあるわけですから、「国」でいいと思います。もっとも現代の日本国とか中華人民共和国という、そういう近・現代の意味での国家概念とは違いますので、カギ括弧を付けて「国」とするならまだいいでしょう。

前漢の時代にさかのぼるのですが、前漢が秦のあとをうけてあの広い中国大陸を治めていくについて、中央政権を維持し、周辺地域にいる異民族を掌握していくために、一つの地方制度を設けました。「郡国制」といわれる支配方式です。高等学校の世界史の教科書にたぶんそう書いてあると思います。「郡国制」とは、官僚を中央から派遣して直轄経営する「郡」という制度と、その地域ごとの首長にその内部のことは委ねるという、いわば「封建制」、この二つを合わせた制度です。昔からの「封建制」に新しい「郡県制」というものを併用して広い中国をきちっと支配しようという概念です。

中国・漢民族の中枢部は「郡」として地方を分割し、中央から官吏を派遣して治めます。いってみれば、直接支配というか官僚制です。

それに対して、もう一方は、中国のさらに古い周の時代からの制度の「封建制」です。それが郡国制

第48図　復元整備された楽浪土城　2016年4月23日撮影

の国制に当たります。たとえていえば、岡山藩や鳥取藩のことは、それぞれ池田侯なりに委ねます。しかし、江戸幕府は鳥取藩としてきちっと押さえていて、時々隠密を送ったりして内部事情を調査する、それが「封建制」です。

『漢書』地理志には、前述のとおり、「楽浪海中に倭人有り、分かれて百余国を為す」と書いてあります。楽浪というのは楽浪「郡」です。「百余国」は「国」となっています。このように郡国制が認められます。漢帝国は、北東アジアにおいては朝鮮半島の北西部、現在の朝鮮民主主義人民共和国（北朝鮮）の首都・ピョンヤンの郊外に楽浪郡を設置し、官僚を派遣して、その地域を直轄経営しました（第48図）。それが楽浪郡です。しかし、その南の方は、「韓」の地域として封建的な支配をしようとしました。さらに海を渡った日本列島については、倭人・倭国として各地の地域集団なり、そこの首長に統治を委ねるという形をとりました。つまり、「郡国制」に基づいて朝鮮半島の北西部までを楽浪郡とし、その南部から海を渡った日本列島については、「国」という形で間接的に掌握しようとしたという、そういう中国側の支配原理が働いていたわけです。

倭国・漢帝国、それぞれの外交戦略

では、なぜ中国は、はるか二千数百キロも離れた日本列島を掌握しようとしたのでしょうか。これは中国の外交戦略で、そうしなければならなかったのです。北に匈奴《きょうど》という遊牧民族がいました。この民族が、馬に乗って絶えず南に侵略して来るのです。そのために万里の長城を築いて入って来られないようにしました。しかし、外交的に匈奴が朝鮮半島や日本列島と手を結ぶと、中国大陸にとって東からも脅威になります。いってみれば、北方の遊牧民族の南への侵略から国を守るために、物理的に万里の長城を築き、戦略的に朝鮮半島南部や日本列島と手を結んで、匈奴に対抗しようとしたことがありました。

一方、日本列島内部では、あちこちに国が一〇〇ほど出来ていました。そして、それらの国々の間で統合化が進んでいきます。時には戦争が起こったり、婚姻関係を結んで仲良くする、同盟関係を結ぶ、あるいは、話し合いによってお互い仲良くしていこうということなどで国々がまとまっていきました。いったん国が出来ると、次にはそういう種々の動きで統合化が進んでいくのです。その中で、楽浪郡に出掛けて行って、中国の権威を後ろ楯にして他の国を牽制しようという動きも出て来ました。

日本列島側、倭国側と、中国大陸側、漢帝国側にそれぞれの理由があって、外交関係が成立します。倭人伝に出て来る国というのは、本来はそういうものから出発したのです。それが後漢時代へ、さらに三国時代の魏の時代へとつながっていきました。ですから、当時の「国」というのは、今述べましたように、現代において日本国というように使われる「国」ではなく、各地に生まれていた地域集団で、それらは漢帝国と外交関係を結んでいたということです。

地域集団としての「国」の実態とは

では、その地域集団の実態とは何だったのでしょうか。これは漠としてなかなか実態がつかみにくいものですが、その一つの目安として考えられるのは、「郡」です。今から千二、三百年前に律令国家が出来たとき、日本列島各地を郡という形で分割して、そこを直接支配していくという地方制度が出来上がりました。そのとき出来上がった地方制度が、ずっと現代まで生きています。今もあちこちに残っている「〇〇郡」という地域単位です。この単位は地域のコミュニティとして適正規模ということがあるようです。

実は、東京大学の名誉教授で人文地理学会の会長もされた先生にその話をしましたら、ヨーロッパでも同じだそうで、コミュニティ、地域社会として適正な規模というのは、だいたいカウンティ(county)という「〇〇郡」くらいだという返事が返って来ました。だからこそ、千二、三百年前に出来た地域社会が現代まで続いているのだと思うのです。したがって、一つの目安として、「〇〇郡」という形で今も名残りのある律令時代・奈良時代に始まった地域単位が、当時の国に相当すると考えていただければ良いと思います。

さきほど、倭人伝の頃に「国」が二、三〇〇くらいあったのではないかといいましたのは、律令時代には、「郡」が六〇〇くらいあるからです。もっともその中には、渡来人のためのものもありました。当時の朝鮮半島では、百済や高句麗が七世紀後半に相ついで滅び、新羅によって統一されていきます。高句麗の滅亡に伴って高句麗から日本に亡命して来る渡来人たちがいました。そういう人々のために、日本では高句麗のことは高麗《こうらい》と呼んでいたので、「高麗郡」という郡を新しく造っているのです。現在の埼玉県の日高市に当たります。これは倭人伝の時代ではなくて、五〇〇年くらい後の話です。

また、現在の群馬県に当たる上野国では、甘良《かんら》、緑野、片岡の三つの郡の六つの郷を割いて、新しく多胡郡を造ったということが、『続日本紀』の和銅四（七一一）年のところに出て来ます。「上野三碑《こうづけさんぴ》」の一つの「多胡碑」には、『続日本紀』の記録と合致する銘文があります。これは八世紀に新しく「郡」が造られた例です。

律令時代に六〇〇ほど「郡」があるといいましたが、そういう新しく出来た郡を差引くと五〇〇くらいになるのではないかと思います。そういう目で日本列島を見ますと、弥生時代後期に拠点集落が五〇〇くらいあるのです。少し大げさにいいましたので五〇〇は多すぎるかもしれませんが、一〇〇以上、数百の国々が各地に誕生していったのではないか、そして、その中の三〇国が魏に使いを送った、そう解釈すべきではないでしょうか。

律令時代から続く「郡」が当時の「国」

備中には、都窪《つくぼ》郡というところがあります。明治二九年に都宇郡と窪屋郡が合併して都窪郡になりま

第49図　発掘中の妻木晩田遺跡四隅突出型墳丘墓　1998年1月17日撮影

した。律令時代の郡が一つとか二つ、そういった範囲が当時の国の実態ではなかったかと思います。

私が住んでいる近くの福岡平野には奴国があって金印をもらったりしているわけですが、その西隣りで佐賀県唐津市との間に伊都《いと》国という国があったことはもう定説になっています。その伊都国の北には斯馬国という国がありました。伊都国は、『日本書紀』の仲哀天皇紀に「伊覩縣主《あがたぬし》」と出て来ます。弥生時代の後期の倭人伝の頃に伊都国があって、ヤマトに象徴される王権の時代になって伊覩縣《あがた》になり、律令時代には怡土郡になるという変遷を辿るのです。明治二九年の全国的な合併で、怡土郡と志摩郡が合併して「糸島郡」になります。それがずっと現在まで続いていたのですが、二〇一〇（平成二二）年の一月一日の元旦に、また一市二町が合併して「糸島市」が誕生しました。そういう意味では、もとの明治二九年の糸島郡に返ったような感じです。

そういうことで、倭人伝に見られる国々というのは、郡が一つか二つ、その程度の領域ではなかったかということです。律令時代以来現在まで、要するに一二〇〇年以上にわたって続いて来た「郡」という単位が、当時の「国」とほぼ重なっているというわけです。

国邑すなわち拠点集落が必ずあった「国」の実態

それともう一つ、そういう「国」の実態を考えるときに、いくつかの要素があるのです。まず、国があれば国邑があるという点です。「国邑」についてはいろいろな説がありますが、私は邑《ゆう》というのは都だと考えています。邪馬台国があれば、邪馬台国の邑すなわち都があるということです。

そういうことからいえば、妻木晩田遺跡は都、国都でありますし、王がいますから、王都でもあります。現代流にいえば、首都ということになります。ですから、妻木晩田遺跡の辺りに国があって、その国邑、すなわち国の首都に当たる遺跡が妻木晩田遺跡だと考えたいのです（第49図）。

国の中心、それを専門用語では「拠点集落」というふうにいい方をしています。それはしばしば大規模です。妻木晩田遺跡の場合は、一五六ヘクタールとか一七〇ヘクタールとか、ちょっと実感がわかないくらいの大規模なもので、日本最大の集落遺跡です。

現代国家でも、中国のように人口何億という国もあれば、アフリカのどこかの国のように何十万人という国もあり、一言で「現代国家の国」といっても格差があります。同じように、倭人伝の時代にも大国があれば中国や小国もありました。しかし、国の規模の大小にかかわらず、中心となる拠点集落が必ずありました。仮に三、四ヘクタールの国邑の集落にしても、その周辺にさらに中小の集落群があって一つの国が成り立っていたわけなのです。

拠点集落には、しばしば環濠《かんごう》をめぐらしていました。吉野ヶ里遺跡は約四〇ヘクタールあり、やはり環濠が巡っています。その内部には、国家的な儀式、国の政《まつりごと》を行う神殿や祭殿、あるいは王がいれば、王の館（居館）、さらに王の墓である王墓、そういったものがあるということも、この地域に国というものを想定する場合の構成要素の一つになって来ます。

そういうことで、倭人伝に出て来る国々というのは、だいたいそういうものだと、とりあえずイメージしておいていただければありがたいと思います。

伯耆における「蘇る国邑」妻木晩田遺跡

それでは、鳥取県においてそういう国がどのように考えられるかということを、次にお話ししたいと思います。妻木晩田遺跡はまさに「蘇る国邑」で、何という国かは分かりませんが、国があって、その王都、首都の遺跡が妻木晩田です。おそらくあの周辺に何十という大中小の集落群があり、ピラミッド型の地域社会を構成しており、その頂点に立っていたのが妻木晩田です。

妻木晩田という大集落の一角には、たとえば、洞ノ原の辺りに「四隅突出型墳丘墓」という地域色の濃い、まさに王墓に相当するような墳墓も築かれています。また、松尾頭というところでは、ひさしの付いた大型の掘立柱の建物が見つかっています。この掘立柱のすぐ横に、大型の竪穴住居があります。それが併存しているのです。西側にあるのが竪穴住居で、東側にあるのが両側にひさしの付いた大型の建物です。これらはセットで出ています。

これらの遺構が見つかった当時、佐原真先生がご健在で、また建築史が専門の宮本長二郎さんも妻木晩田の保存のためにご尽力いただきました。そのとき私たちが話題にしたのは、妻木晩田は王都（首都）の遺跡で、その一角に王の住居があり、日常的な住まいはひときわ大きな竪穴住居で、その横の掘立柱建物は政《まつりごと》をしたり、国家的な行事を行う神殿・祭殿のようなものではないかということでした。プライベートな生活は竪穴住居で、毎日この掘立柱建物に出掛けていって政治や神事を行うというふうに、公的・私的の使い分けがあったのかもしれません。いずれにしても、妻木晩田というところの首長、王に相当する人の館か、あるいは公的な政の建物か、そういうふうに考えてはどうかということなのです。

国邑・首都であれば、そこに国を治める王がいて、王の公的・私的な住まいの場、あるいは政を行う場所があり、さらに亡くなるとひときわ目立つ四隅突出型墳丘墓に埋葬されたというわけです。まだまだ証拠は必要でしょうけれども、ここに一つの国を想定することは可能であろうと推測します。

もう少し具体的に妻木晩田遺跡を見ていきます。すぐ西側には日野川が流れ、その東側は、汗入郡《あせり》という郡です。私の先ほどの理屈からいえば、律令時代の汗入郡の範囲に、名前は固有名詞で何と呼んだか分かりませんが、ある国があって、その都である国邑が妻木晩田遺跡であると考えて、伯耆（現在の鳥取県の西部）に一国の想定は可能ではないかと思います。

ついでにいいますと、日野川の左岸流域は会見郡《あいみ》で、ここは鳥取県の西の端、島根県との県境です。そこには普段寺1号墳・2号墳があり、卑弥呼がもらった鏡という説のある三角縁神獣鏡が、二つの古墳からそれぞれ一枚ずつ出土しているのです。ヤマト王権が成立した古墳時代に首長あるいは王が前方後円墳を築き、ヤマト王権からもらった三角縁神獣鏡を副葬しているということを考えれば、日野川の左岸領域、律令時代の「会見郡」に当たる地域に、もう一つ国があったと考えることも出来ます。ただ、妻木晩田のような遺跡はそこからはまだ見つかっていませんので、今後の課題ということでしょう。

「地下に眠れる博物館」青谷上寺地遺跡

「地下に眠れる博物館」のたとえのある青谷上寺地遺跡は、旧郡でいいますと、気高《けたか》郡の西の方に当たります。私は、気高郡の範囲に一つの国を構成していたピラミッド型の集落群があったとしたら、その頂点に立つ妻木晩田のような国邑の集落はまだ見つかっていないと考えています。青谷上寺地辺りから東にかけて、一つの国を構成するような集落群がきっとどこかに埋まっており、その国を構成した西の拠点集落が青谷上寺地遺跡ではないかと思います(第50図)。

第 50 図　青谷上寺地遺跡出土の木製容器（鳥取県教育委員会，2009『倭と韓－青谷上寺地遺跡は語る－』第 10 回弥生文化シンポジウムより）

青谷上寺地遺跡は広さが四ヘク

タールくらいあります。とくにここの場合は、北から東、南へと海が湾入しており、内外との交流を示す品々がいろいろ出ています。交易拠点として特色のある集落です。国の西の拠点であると同時に、対外交流の拠点でもあり、日本列島内あるいは大陸との交流もあったであろう集落です。

鳥取県教育委員会の方々に聞きますと、青谷上寺地遺跡の東では、山陰自動車道の工事が行われました。その際、事前に発掘調査等をやって来られていて、鳥取市内で本高《もとだか》古墳群が見つかっています。山陰地方でも最古クラスの四世紀中頃までさかのぼる前方後円墳で、長さ六四メートル規模のものが見つかっているそうです。

何もないところにぽつんと前方後円墳が出来るはずはありません。前方後円墳が築かれる直前に集落群が集まって一つの国を構成し、やがてヤマト王権の時代に前方後円墳を築造していくという歴史の流れからいうと、その近くにも一国の想定は可能であるということです。

倉吉も加え鳥取には三つ以上の「国」が存在!?

そして、もう一つ忘れてはならないのが、因幡（鳥取県東部）と伯耆（鳥取県西部）の間、倉吉という地域です。ここは昔から遺跡の多いところとして、また伯耆の国分寺とか国府のあったところとして知られていますが、この倉吉で弥生時代の中頃の後中尾《うしろなかお》遺跡という環濠集落が見つかっているのです。

そしてヤマト王権の時代になると、なんとこの倉吉周辺で三角縁神獣鏡が四面も出て来るのです。ちなみに、現在、鳥取県で七面の三角縁神獣鏡が出ています。島根県が五、六面ですから、島根県よりもたくさんの卑弥呼の鏡・三角縁神獣鏡が鳥取県では見つかっているのです。

そういうことから考えますと、少なくとも、鳥取県の西の妻木晩田周辺に加えて倉吉平野の辺り、律令時代には久米郡ですけれども、その範囲にかつて国があって、それがヤマト王権の時代に前方後円墳を築き、また三角縁神獣鏡を入手して、副葬しています。さらに東には、青谷上寺地を西のフロンティアの拠点集落とする、東に広がる国があったのではないかと考えられます。現在のところ、私は鳥取県に三つくらいの国があったのではないかと考えています。西の会見郡とか東の高草郡でしたか、そういったところも可能性があるということになりますと、鳥取県に三つ以上の国々があったということが考えられます。

二〇〇六（平成一八）年に、横浜に講演に行ったときも、鶴見川流域に律令時代の「都筑郡《つづき》」の範囲に国があったという講演をしました。あそこには有名な大塚遺跡という環濠集落と方形周溝墓《ほうけいしゅうこうぼ》の歳勝土《さいかちど》遺跡とがセットになった大集落があります。あそこを拠点集落として、鶴見川流域、旧都筑郡に一国の想定は可能ではないかということです。こんな調子で、私は行く先々で国を造ってまわっています。さきほどいいました五〇〇までは無理としても、一〇〇以上で二〇〇〜三〇〇は、各地にそういう国々があったのではないかということを、考古学の資料を使って主張しようとしているわけです。

吉備には投馬国、国邑は上東遺跡の可能性

それでは、山陰地方から南に山を越えた吉備ではどうでしょうか。実は私は邪馬台国に関しては「近

くしているのですが、岡山や関西、東京では、はりきって大きな声で「邪馬台国近畿説」の立場をとっています。九州で近畿説を述べると会場がしらけますので、なるべくおとなしくしていっています。

地図を思い浮かべていただきたいと思いますが、北部九州の福岡平野に奴国があって、その東隣りに不弥国《ふみこく》があるわけですが、そこから「南投馬国に至る水行二十日」です。そして、投馬国から「水行十日陸行一月にして邪馬台国に至る」わけです。北部九州の奴国なり不弥国から、近畿（大和盆地の東南部）に邪馬台国を考えたときに、その中間に投馬国が位置します。おそらく当時の交通手段からいっても、瀬戸内海を経由していると思います。「水行」は、沿岸航路ということです。「帯方郡から倭に至るには、海岸に循《したが》って水行し、韓国を経てあるいは南し、あるいは東し、」と書いていますから、沿岸航路なのです。「始めて一海を渡る」、これは意を決して狗邪韓国から、玄界灘、対馬海峡を渡るということです。海を渡る「渡海」という言葉で、「水行」とは区別しています。

その不弥国から先は、「水行二十日にして投馬国に至る」のです。おそらく瀬戸内海の沿岸をずっと航行していくのではないかと思います。奴国・不弥国と、邪馬台国、近畿との間で、いったい投馬国がどこかということを考えたときに、私はここ備前・備中（吉備）をおいて他にはないと考えています。ただ、それにはまだまだ資料不足ということもあって、これから少し勉強させていただきたいと思っています。

先年、若井正一という方が、『吉備の邪馬台国と大和の狗奴国』と題して、吉備に邪馬台国があったという本を書かれておられますが、そんなことはありません。投馬国は吉備です。私はぜひこれからの研究課題として勉強に励みたいと思っています。かといって、まったく何もない砂漠の中では荒唐無稽《こうとうむけい》な話になりますが、国があれば国邑があります。妻木晩田に相当するような遺跡がここ吉備にあるかということで調べると、ちゃんとあるのです。それが上東遺跡《じょうとう》です。

私は、高校生の頃から倉敷考古館の間壁《まかべ》忠彦・葭子《よしこ》両先生のところによくお邪魔していました。昔はJR（当時は国鉄）で来ると、倉敷の手前で、ここが上東遺跡の場所なんだということを列車の車窓から観察できました。しかし、今は新幹線でピューと通ってしまうものですから見ることができません。実は、その後はじめて上東遺跡に立ち、当時の地形環境を見ながら、ここは投馬国の国邑、つまり王都・首都の遺跡ではないかという意をさらに強くしました。

投馬国の王墓として候補に挙がる楯築遺跡

投馬国の都であれば、さきほど妻木晩田で述べましたように、投馬国の王の館、住んでいた場所、あるいは投馬国挙げての国家的な行事、たとえば農耕儀礼、王が交代するときや、あるいは、外交使節が来たときなど、いろいろな国家的行事を執り行うときの政《まつりごと》を行う祭殿なり神殿といった施設の遺跡がなければいけません。しかし、残念ながら、そのような遺跡はまだ未発見です。

しかし上東遺跡は、南北一・二キロ、東西六、七〇〇メートルという大規模な集落ですから、これは投馬国の拠点集落、国邑の遺跡として十分可能性があります。ただ、国邑の遺跡というのは、しばしば吉野ヶ里遺跡のように環濠集落です。ところが、上東遺跡の場合は環濠は巡っていません。その点は、ここの特色というのでしょうか。その意味では、邪馬台国のことでいつも話題になる纏向《まさむく》遺跡の場合も、環濠が巡っていないようです。すぐ西の唐古・鍵遺跡の環濠は、三重でしたか、何重にも巡っていますが、そういう問題点もまだ残っています。

　そして、王墓です。吉野ヶ里遺跡の場合は、大規模な環濠集落の中に長さ四〇メートルという、古墳時代の古墳といっても恥ずかしくないくらいの堂々とした大規模な墳丘墓があって、これがそこにあった王墓と推定されます。上東遺跡の集落内部には、妻木晩田の洞ノ原のように墳墓はありません。しかし、そこから見えるところの北に楯築《たてつき》遺跡があります。ですから、ここに投馬国を想定して、国邑を上東遺跡とした場合、投馬国の王墓として、ほぼ指呼《しこ》の間《かん》に見える楯築遺跡がもっとも有力な候補に挙がるのではないかと考えています（第51図）。

第 51 図　楯築遺跡と上東遺跡周辺遺跡分布図（岡山県教育委員会，2001『上東遺跡』『岡山県埋蔵文化財調査報告書』158 より）

　もし将来また上東遺跡で発掘調査が行われるときには、最近、纏向遺跡で見つかったような掘立柱の建物群とか、あるいはしばしば国邑の遺跡では、妻木晩田の遺跡もそうですが、土器を作ったり、装身具・玉類を製作したり、鉄器や木器を作ったり、そういう手工業製品を作る専門技術者が、その一角に居を占めているということがあります。大集落の中にそういう製作者集団が居住したり作業する空間があるということなのです。そういったことがもちろん課題になるわけで、まだまだ証拠らしい証拠というのはありませんが、可能性としてそういうことがあるのではないかと思っています。

私は五〇年前に、岡山市の武道館を作るときに津島遺跡の発掘に文化庁から派遣されて参加したことがあります。この津島遺跡、さらには南方遺跡など、遺跡が非常に多いのですが、この辺りは律令時代でいうと上道郡《じょうとうぐん》（かみつみちのこおり）に当たります。こういったところにも、別の国の想定という視点で細かく遺跡の変遷や構造を見ていくと、可能性が出て来るのではないかと考えられます。

倭人伝における「倭国の乱」、『後漢書』における「倭国大乱」

「国」の問題はこれくらいにしまして、もう一つの問題は、「倭国の乱」[1]の話題です。倭人伝には、「倭国乱れる」と書いてあります。もともと男性の王がいて七〇～八〇年たったけれど、国が乱れ、実際に戦闘が起こったわけですが、一人の女性をみんなで王として擁立したら国が治まった、そこで女王を卑弥呼と名付けた、というふうに記録されているのです。ですから、卑弥呼誕生の過程で「倭国が乱れた」、つまり倭国が戦乱状態にあったということが一つです。

それからもう一つ、正始《せいし》八（二四七）年に卑弥呼が使いを送ったときに、邪馬台国と仲が悪くていつも戦争をしている国がある、それは狗奴国《くなこく》である、といっています。それに対して、魏の皇帝は、女王卑弥呼の国にはわが魏王朝がちゃんと味方している、そのことを国に帰ったら国中に知らせるようにといっているのです。そういうことからいえば、邪馬台国と狗奴国が戦争をしている、このことも戦乱の一つです。

それから、卑弥呼が亡くなったときに、やはり男の王を立てたら、また国が乱れて、一〇〇〇人余りが死んだということが書かれています。そこで、卑弥呼の宗女・台与《とよ》という弱冠一三歳の少女を女王としていただいたら、国が治まったとも記されています。ですから倭人伝の記録によるかぎり、卑弥呼誕生の時、狗奴国との戦争、そして卑弥呼が死んで台与が誕生したときと、少なくとも三回の戦乱があったということがうかがえるのです。

そのうち、最初の戦乱が「倭国の乱」で、『後漢書』では「倭国大乱」と、単なる乱ではなく大いに乱れた「大乱」だと書いてあります。国が統一されていく過程で、婚姻関係を結んだり、同盟関係を結んだりする平和的な解決だけではなく、強力な国が弱小の国を武力で抑えていくという場合もあります。いろいろなケースで国がまとまっていき、連合状態にしろ一つの統一的な政治体制が出来たのが、まさにヤマト王権の成立になると思うのです。そういう意味で、「倭国の乱」という問題は、ヤマト王権、古代国家の成立において非常に重要な過程です。統一的な国家を生む、その生みの苦しみとでもいいましょうか、戦乱がそういう大きな要素の一つであったということは、重視すべきことです。

倭国の乱を如実に伝える青谷上寺地遺跡

戦乱があるということは、集落を守る必要性があります。濠で守る場合、空濠とか、低地の場合は水濠もあります。それだけではなくて、「城柵《じょうさく》」という言葉があります。「城」は、土へんに成ると書きます。土で盛り上げて出来た城壁が、まさに城です。ですから、濠を掘って出た土砂で土塁を盛り上げ、そこに柵があったのではないかと思うのです。それが「城柵」で、卑弥呼のいた宮室についての表現です。おそらく環濠集落についても濠だけではなくて土塁があって、その上に柵があったのではないかという考証から、吉野ヶ里遺跡に見られるように復元されているわけです(2)。集落を守る、そういう戦略的な防御集落を形成するということがあったのです。

実際にあった戦乱の有り様を生々しく如実に伝えるのが、青谷上寺地遺跡です。人骨に刀傷や矢じりが刺さっていたりします。倭国の乱の生々しい戦乱の様子を日本の中でもっともよく伝えているのです。青谷上寺地では防御用の木製の楯も出ています。武器類も非常に発達しています。楯とか甲といった武具の他、矢じりも見つかっています。

「戈《か》」という引っかける武器の長い棒状の柄も出ています。この時代は、完全に鉄器の時代です。しかし、矢じりは消耗品ですから、いくらあっても足りません。そこで、鉄器の時代なのに銅で矢じりを作ったり、イノシシやシカの骨を削った骨角器というものを作ったりして、とくに弓矢の矢じりが非常に消費されたことが分かります。もちろん木の矢じりもありますが、これは儀式用の場合もあります。銅の矢じりについては、一つの鋳型で何十も作って大量生産をしている鋳型も福岡県春日市で見つかっています。要するに、そういう武器・武具の発達、そして戦争の犠牲者の人骨等からも、倭国の乱を十分に裏付けることができるということです。

防御に適していた妻木晩田遺跡の立地

それでは、妻木晩田遺跡は、なぜあんな丘の上にあったのでしょうか。当時の生活基盤は農業です。もちろん山に入ればイノシシやシカもいますし、海に出れば魚や貝をとることはできますが、基本はやはり農業です。日常的に農業をやっていく上で非常に不便な山の上に集落を構えているのは、いったいどういうことかという問題があるのです。

これは、世の中の緊張状態を反映して、日常生活に不便な山の上にあえて居を構え、戦争が起こったときの防御の備えとするという要素も働いていたのではないかと思うのです。妻木晩田の西の先端には、小規模ながら環濠が巡っています。遺跡の立地そのものが防御に適していて、おそらく内側には土塁があり、いってみれば、防御性の高い小規模な環濠が、西の見晴らしの良い場所に作られていたわけです。しかも、島根からはつぶて（礫）石が大量に出ています。松江市に田和山遺跡という有名な遺跡がありますが、生活に不便な丘の上にあり、環濠が三重に巡っていまして、そこからつぶて石が二〇〇〇か三〇〇〇個出ているのです。この投石用のつぶて石というのは、武器として非常に有効なのです。

ロンドンの大英博物館に行きますと、ローマ時代のレリーフが展示されています。それを見ると、弓矢隊と石つぶて隊とが並列しています。弓矢で射る一軍が戦う、引いて来ると、今度は石つぶて隊が戦うというようになっていて、ローマ時代のつぶて石というのは、弓矢と同格です。それほど石のつぶては武器として有効なのです。

妻木晩田で出たもの、あるいは田和山から出たものにしても、人の拳大の非常に大きなもので、これが当たれば頭が割れます。田和山では二〇〇〇か三〇〇〇、妻木晩田でもたぶん何百と出たと思います。もっとも田和山については、生活の不便な猫の額ほどのところに建物があって、祭祀の遺跡ではないかという説が有力なのですが、私はそうではなくて、やはり防御的な見張り台(3)のような、そしてまた、中世の戦国時代に侍大将が最後にそこで切腹したような、最後に落ちる、そういう場ではないかと考えています。

国家形成期に重要な一つの歴史過程として、いま述べましたように、日本列島の広範な地域を舞台として倭国の乱が起こっていたと考えられます。そして、そういうことを考えるとき、妻木晩田遺跡と青谷上寺地遺跡の調査結果は、計り知れないほど重要な証拠になるということです。

平地の拠点集落近くに高地性集落が存在

全国的に見ますと、普通は平地に環濠集落があります。そして、必ずといって良いほど、その近くの高い丘の上に見張り所のような、いわゆる「高地性集落」というのがセットであるのです。吉野ヶ里遺

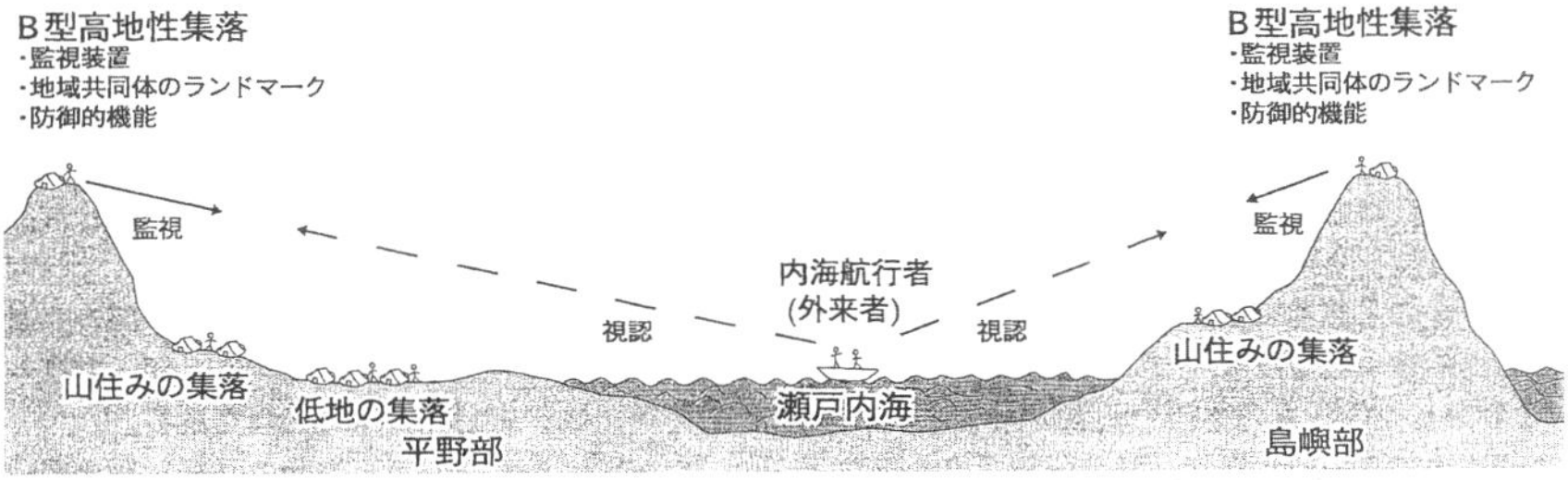

第 52 図　瀬戸内海の高地性集落模式図（柴田昌児，2006「中・西部瀬戸内の高地性集落と山住みの集落―特に燧灘～伊予灘・安芸灘沿岸城を中心として―」『古代文化』第 58 巻第Ⅱ号，財団法人古代学協会より）

跡の場合も、あの物見やぐらに立つと西北に見えるのですが、三キロ離れたところに日《ひ》の隈山《くまやま》という山があります。今は日の隈山の「ヒ」という文字は「日」と書いていますけれども、もともと「火《ひ》山《やま》」、つまり奈良時代に狼煙《のろし》を上げた場所でした。ここは私にいわせれば吉野ヶ里遺跡の高地性集落であって、ここで見張っていて隣の国が攻めてきたら狼煙を上げて、吉野ヶ里集落にその情報を伝達したのです。

瀬戸内海地方では、香川県には紫雲出山《しうでやま》、岡山県でいえば児島半島の貝殻山、そういったところに高地性集落がありました。この問題については柴田昌児さんの研究[4]によれば、瀬戸内海を航行するよその国なり外国の使節を丘の上から見張っていたのではないかともいわれています（第52図）。私は、平地の拠点集落に対して、近くに小規模な高地性集落があったと思っています。

そういうことからいえば、私は上東遺跡の西の方の丘の上のどこかに、住居数が二、三軒程度の小さな集落があって、日頃そこでよその国々の、あるいは瀬戸内海を往来する集団の動きを見張っていたのではないかと密かに考えています。

国があったら、そのあとのヤマト王権の時代に前方後円墳が築かれ、そこを発掘すると三角縁神獣鏡が出て来るとさきほどいいました。仮に上東遺跡を拠点集落、国都・国邑と考えて投馬国を想定した場合、倭人伝の邪馬台国の次の時代、ヤマト王権の前方後円墳の時代はどうなったかというと、西側に古い前方後円墳があることがよく知られているところです。矢部の大丸《おおぐろ》古墳と呼ばれる全長が四七メートルの前方後円墳で、これは非常に古いという話です。投馬国の次の時代、ヤマト王権の時代に、あの地域のかつての王がこの地域の首長として引き続きヤマト王権から認証され、前方後円墳を築き、もしかしたらその中に三角縁神獣鏡も副葬されているかもしれないと想像されるわけです。

倭人伝を紐解きながら日本列島を解明

今日のお話は「倭人伝を紐解く」の中でもとくに「国」の問題、そして、「倭国の乱」あるいは「倭国の大乱」という苦しみの過程を経て、国が次第に統一されて国家が形成されていくのではないかと、そういう視点でお話をさせていただきました。倭人伝は、あくまでも文献史料です。たとえば倭人伝には「棺あるも槨《かく》なし」と見えますが、楯築遺跡では槨がちゃんとありました。倭人伝にはこう書いてあるけれど実際はこうではないとか、倭人伝には書いていないけれど発掘ではこういうことが分かっているとか、そういう考古学の資料をふんだんに使いながら、また文献史料も参考にしながら、そしてその場合には、徹底的に史料批判もしながら、倭人伝の時代の日本列島のことを解明していこうというのが私の立場です。

〔注〕

（1）西谷　正、一九九六「邪馬台国の大乱」『歴史と旅』第二三巻第一八号、秋田書店。

（2）佐原　真、一九九五「魏志倭人伝の考古学」『歴博』七二、国立歴史民俗博物館。

（3）西谷　正、二〇〇八「田和山遺跡は果たして聖域か」『東アジアの古代文化』第一三七号、大和書房。

（4）柴田昌児、二〇〇六「中・西部瀬戸内の高地性集落と山住みの集落―特に燧灘～伊予灘・安芸灘沿岸域を中心として―」『古代文化』第五八巻第Ⅱ号、財団法人古代学協会。

第3章　古代朝鮮と山陰の古墳文化

三国時代の朝鮮半島と山陰

ここ出雲を中心とした山陰地方には、すでに何万年も前の旧石器時代から人々の営みがありました。かつて島根県教育委員会の松本岩雄さんから資料をいただいたのですが、それによりますと、島根県内だけでも二〇カ所以上の旧石器時代の遺跡があるそうです。何万年も前から、人々がここに住み着き、営々として歴史を歩んで来たわけです。その間、いろんな時代に国際化を果して来ました。ここで、話題にします古墳時代、とくに今から一五〇〇年ほど前の古墳時代中期、五世紀の中葉ごろからでしょうか、ここ山陰地方あるいは出雲の地も国際化社会に入っています。ここで古代における国際化といいますと、これはアメリカでもヨーロッパでもありませんで、すぐお隣りの朝鮮半島との関係ということになります。五世紀から六、七世紀は、日本列島では古墳時代の中期から後期という時代ですが、古代の朝鮮半島では、三国時代と呼んでいます。そのころ朝鮮半島の北部には高句麗があり、南部の西側に百済があり、そして東側に新羅がありました。さらに、百済と新羅の間に挟まれて洛東江の右岸流域を中心として加耶という国がありました（第53図）。ですから厳密にいいますと、高句麗・百済・新羅の三国と加耶の時代、というべきでしょう。けれども習慣的に三国時代と呼んでいます。その三国時代の朝鮮半島と古墳時代の日本列島、とりわけ出雲を中心とした山陰地方との間にどういう関係があったのか、ということを考えてみたいと思います。

私は、考古学という学問を勉強していまして、それは何々遺跡であったり古墳であるとか、そういう遺跡などから出て来るいろんな遺構や出土品をああでもない、こうでもないといろいろ分析しながら、歴史を構成しようとしている、そういう学問分野です。そういう立場から、朝鮮半島と関わりの深い遺跡や遺物を掘り起こしてみようというわけです。

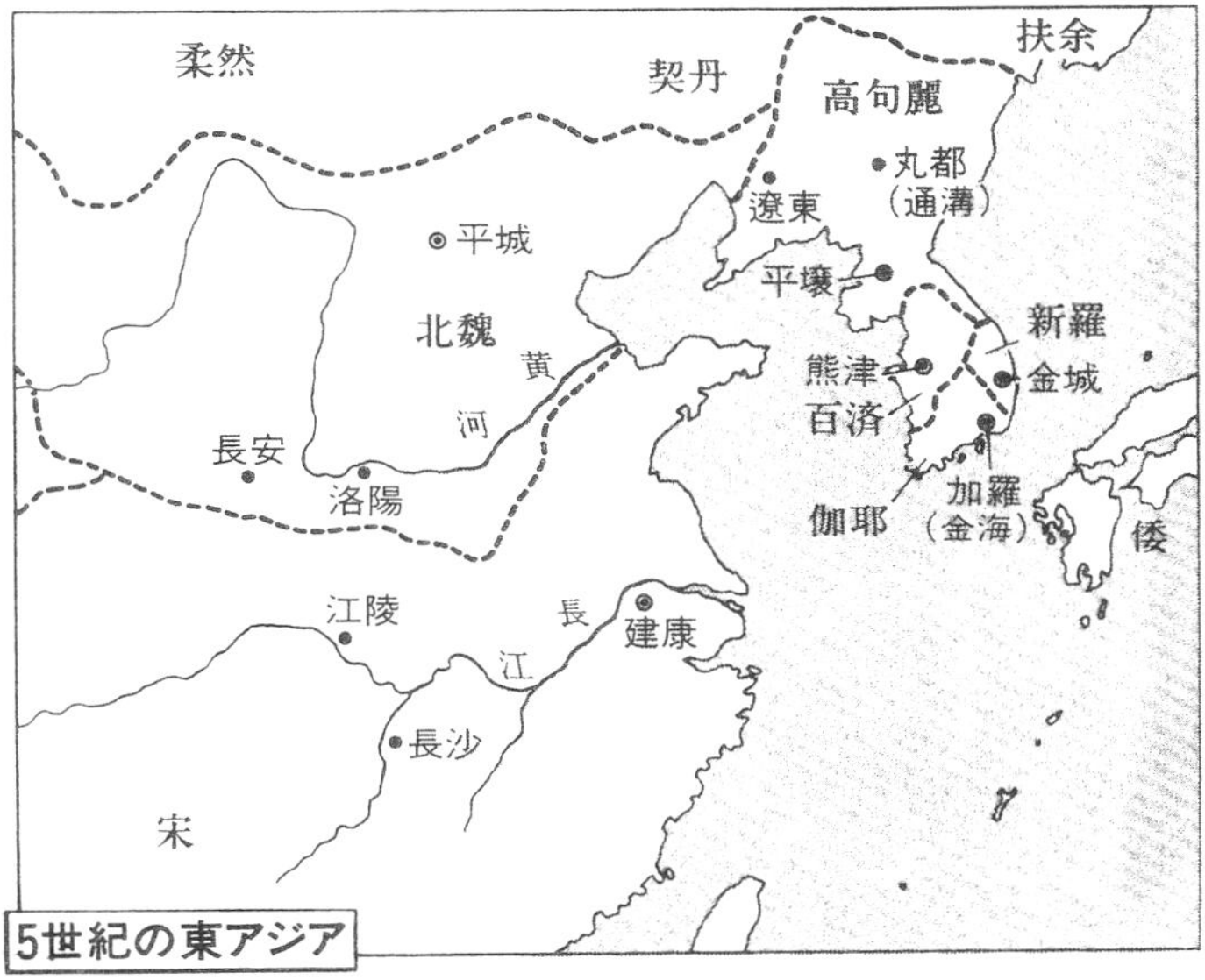

第53図　５世紀の東アジア（朝日新聞社, 1990『古代日本の国際化』より）

まず分かりやすく結論だけを述べておきますと、どうも古墳時代、とくに五世紀から六、七世紀にかけましては、朝鮮半島の三国時代でもとりわけ、日本列島側から行きますと、北九州からも壱岐・対馬を経て、最初に上陸するところが加耶ですし、そのすぐ北東の方に新羅があるわけですが、そういう新羅あるいは加耶と、この山陰との関係が深かったということです。しかし、加耶の西側には百済があり、また北には高句麗があるわけですので、そういった諸地域はどうか、という問題があります。この点につきましては、朝鮮民主主義人民共和国（北朝鮮）の先生方のご発表をうかがっていまして、やはりこれからもっとその方面にも目を向けてゆかねばならないということを痛感しました。

ただ、現在のところ知られている資料では、まだよく分かっていませんけれど、将来の可能性として、山陰に限らず、西日本まで広げて考えてみますと、どうも四世紀の終わりから五世紀の初めの頃にかけて、つまり高句麗の広開土王陵碑が建てられた頃から、西日本と百済との関係が始まっているようです。そしてまた、北朝鮮の先生方と見解が異なるかもしれませんが、六世紀の中頃からどうも高句麗との直接の関係が始まるらしい、ということを一方では考えます。しかし、現在の資料による限り、考古学的な遺跡とか出土品とかそういった物的証拠から見ますと、古代の山陰ともっとも関係が深かったのは、加耶あるいは新羅ではなかったかと、そのように結論として考えた次第です。

朝鮮系の軟質土器

といいますのは、最初に取り上げたい問題として、その当時の出土品を、専門用語では遺物といっていますが、その一つである土器の問題から考えてみたいと思うのです。この時代つまり古墳時代の土器といいますと、これは日本在来の縄文土器・弥生土器、そして土師器《はじ》へと何千年も前からずっと発展してきた土師器があります。この土器は、野っ原に焚き木を積み上げ、その周りに土器を置いて、それで野焼きしますので、温度もそれほど高くは上がりません。ですから、非常に軟らかい、また赤みがかった土器です。そういう土師器が古墳時代一般の土器です。

ところが四世紀の末ごろ、すなわち一六〇〇年余り前になりますと、日本の焼物の歴史上でも画期的な、最初の大きな変化であり、出来事ですが、縄文土器・弥生土器・土師器とはまったく違った須恵《すえ》器という新しい土器が突如として出現します。須恵器はもちろんいうまでもなく、朝鮮半島伝来の技術で焼かれたことが出発点でして、やがてそれが日本列島内で、生産を拡大していくことになります。そういう須恵器が四世紀の末ごろから日本列島内で生産が開始されています。そういうことで今、問題にしようとしている五、六世紀から七世紀にかけましては、日本列島、そして、ここ山陰におきましても、当時、使っていた土器は、土師器であり須恵器です。

そのようにして土師器や須恵器が何不自由なく手に入る、そういう時代に、山陰から、大変珍しい土器が出土しています。それは東出雲町の夫敷《ふしき》という遺跡で、島根県教育委員会が発掘調査されましたところ、非常に珍しい土器が出て来たのです。それは土師器でもなければ須恵器でもない土器でして、そういったものと区別するために便宜的に軟質土器と呼んでいます。土師器も軟質なんですが、土師器といわずに軟式と呼んでいるのは、その当時の朝鮮半島の土器と関係が深いという意味が込められていいます。つまり土師器や須恵器と区別する意味で軟質土器と呼んでいるわけです。また、三韓の韓をとりまして韓式土器と呼ぶ人もいます。そういう土器がここ出雲で見つかったのでした。

松本岩雄さんのお話によりますと、松江市内の西川津にある、タテチョウという遺跡が調査された折にも、やはり土師器でも須恵器でもない朝鮮と非常に関係の深い軟質土器が出土しているそうです。これは種類としては鍋に当たるものです。これにには把手がついていまして、その形態にも特徴があります。

また、これを作り上げる時には、細い板に格子目《こうしめ》を刻みまして、それを叩き具として叩き上げて、粘土をしめ上げているんですね。そうした叩いた跡が土器の表面に残っています。すなわち、叩き技法が認められるのです。こういう土器は日本の土師器にはない、つまりこの土地在来の土器にはない、製作技法です。さらに、タテチョウ遺跡の場合にはそういう鍋のほかに、甑《こしき》と呼ばれる土器が見つかっています。この土器の底には穴があいているんです。ですから、これに水を入れたらもちろん漏りますから、水を入れるものではなくて蒸し器なのです。おそらくまず鍋を置きまして、その上に甑を重ねます。甑は底に穴があいていますので、もちろん簀《す》のようなものを敷いて、そこにお米を入れて蒸したものでしょう。そういう鍋と甑がセットになって、当時お米が蒸されました。したがって、非常に硬いご飯になるわけです。このことと関連しまして、温度を高く上げるという意味で竈《かまど》がこの頃から始まります。

そこで、縄文時代や弥生時代の竪穴住居をご覧になると、炉跡が出て来ます。つまり、竪穴住居のほぼ中央に地面を少し掘りくぼめて、そこで煮炊きをしたり、あるいは暖をとったり、さらにはまた明かりとりにもなります。ところが、須恵器が始まるころ、といいますと五世紀の中ごろですが、いまから千五百数十年くらい前に日本では竈という新しい生活様式が始まるのです。厳密にいいますと、もう少し早くから始まるようですが、ここ出雲におきましては、そのような竈は米子市にある青木遺跡でかつて発見されています。

実は竈にも二種類ありまして、一つは竪穴住居の壁ぎわに粘土で壁を作った、いわば作り付けの竈と、もう一つは持ち運びの出来る、ポータブルな竈です。これは置竈といいまして、あちこち持ち運びができる、移動式の竈ということです。あるいは将来、出雲におきましても発見されるかもしれません。竪穴住居の壁ぎわに作り付けた竈とともに、新しい生活様式もしくは調理法が始まるわけです。持ち運びの出来る置竈につきましては、後世に当たる平安時代の『延喜式』という記録によりますと、韓竈と呼ばれているのです。韓竈ですからもともとこれは韓渡来の、つまり朝鮮半島渡来の生活用具だということにもなるわけです。出雲には韓竈神社があり、その由緒が気になります。そういうことで、古墳時代の土師器や須恵器が盛んに作り使われている時期に、そのような竈や、鍋が出現したり、また土器の製作技法ことに焼き方を見ても、土師器よりも硬く出来上がっています。そのためには粘土を叩きしめておかねばなりません。そういう新しい技術で作られた土器が土師器に混じって出て来ています。

土器というのは、金や銀の製品とか、あるいは、立派な冠とか、大刀とかいった特別のものではありませんで、きわめて生活に密着した道具ですから、そういうものが出て来るということは、土師器や須恵器を作っている時代に、そういうものを作り使っていた朝鮮半島渡来の人々がもたらしたのではないかと考えたいのです。生活に密着した道具であるだけに、そういうものが出て来たということは、その背後に、そういう生活様式を携えた人々が渡って来た可能性があるのではないかと考える次第です。

そこで、そういう土器を朝鮮半島の高句麗、百済から新羅、加耶の諸地域で比較しますと、主として加耶や新羅の地域でよく見かけるものです。そういう意味で、加耶あるいは新羅地域と関係があるのではないかと考えたいのです。

朝鮮系の陶質土器

一方、それらとは別に、もう一つ問題の須恵器が作り始められていまして、五世紀の終わり頃になると、安来市の高畑というところには、須恵器を焼いた窯跡が見つかっています。そこでは、すでに須恵器を生産しているのです。そういう時代にもかかわらず、その時代の朝鮮半島の土器、これは須恵器と区別するために陶質土器と呼んでいますが、それが出土しています。陶質土器につきましては以前にも指摘しましたが、その後も、浜田市の森ヶ曽根古墳や松江市の石台遺跡といったところでそれぞれ、小さな器台や鉢のようなものが出土しています。これらを別にわざわざ輸入しなくても須恵器が簡単に手に入る時代にもかかわらず、まったく須恵器と同じような焼きで、朝鮮の当時の加耶ないしは新羅の土器が流入しているのです。その他にも淀江町の塔ヶ平《とうがなる》遺跡から発見されたと伝えられる例を見ましても、加耶や新羅でしばしば見かけるものです。たぶん海を渡って持ち込まれた土器であろうと考えられます。そういった土器類があるということです。

鷺の湯出土遺物と新羅

そして土器以外では、つぎに取り上げたいと思いますのは、安来市の鷺の湯というところでかつて出土した遺物についてです。現在、鷺の湯温泉がありますが、その付近に昔、鷺の湯病院があったそうです。そこで戦前に地元の研究家が調査されました。この点につきましても、松本岩雄さんに教えていただいたのですが、当時、山本益蔵という安来市出身の方がおられて、どうもその方が調査されたようなんです。その人の先生に当たる学者が、東北大学におられた有名な喜田貞吉博士でした。その関係で、鷺の湯から出て来た出土品が、現在のように東北大学に収蔵されるに至ったようです。私は何年も前に東北大学へ集中講義に行った時に、出土品を見てびっくりしました。といいますのは、日本でたった一つしかないものがここで出土しているのです。

この古墳からはいろいろなものが出土していますけれども、その中に、装身具の耳飾りがあります。日本では普通、金環とか銀環がよく知られていますが、いずれも細いものです。ところが、鷺の湯病院のあったところから出土したのは、非常に太いものなのです。朝鮮では普通、金環には二種類ありまして、太いものを太環式、そして細いものは細環式と呼んでいます。ところが、どういうわけか日本ではすべて細い耳環なのです。そのような太環式が鷺の湯から日本でたった一つ出土しているのです。これはもともと金メッキをしていたようで、いうまでもなく六世紀頃の新羅で、しばしば見かけるものです。ここからはまた、大刀が見つかっていますが、その把頭のところに龍をめぐらしたような飾りが見られます。そのような環頭大刀も出ています。私はこれもおそらく新羅の製品ではないかと思っています。そういう珍しい遺物が安来市で出土しているのです。

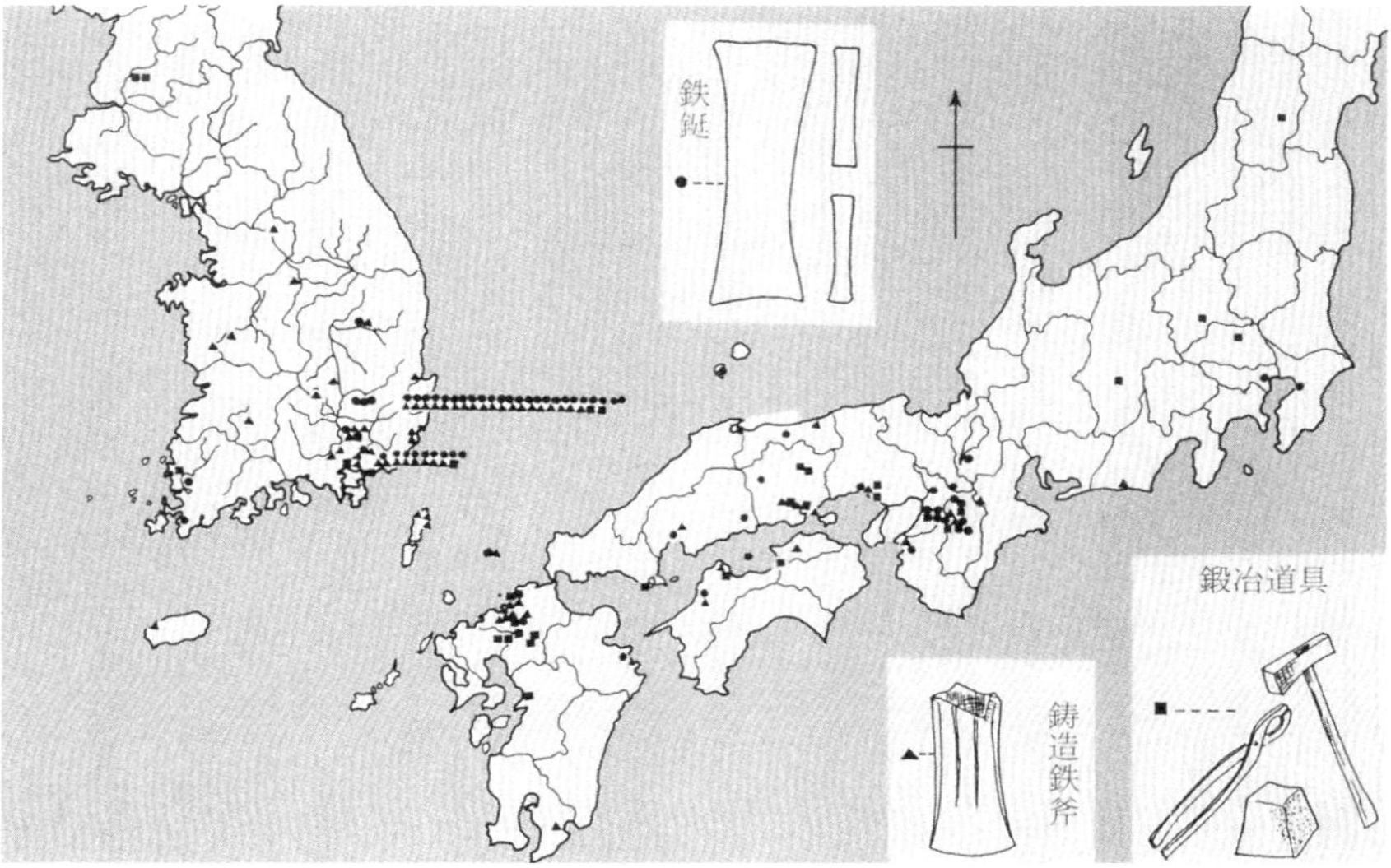

第 54 図　鉄鋌・鋳造斧型品等の出土分布図（東潮氏原図）

山陰の鉄生産

そのほかのことでいいますと、たとえば、出雲の地は、古代の鉄の産地としてよく知られていますし、その名残りは中世や近世にかけてのたたら吹きとして、非常に有名です。つまりここは、古くから鉄を出し、鉄器の原材料を作った土地として知られているのです。それでは一体いつごろから鉄生産が始まったかということは、学界でも問題になっているところです。確実には六世紀になると鉄を作り始めているようですが、最近ではどうも四、五世紀にさかのぼる可能性があるんではないかといわれ始めています。しかし、それ以前はどうしたかというと、それは朝鮮半島から鉄の原料を輸入しまして、それで鉄のいろんな道具を作ったわけです。

その鉄の原料というのは鉄鋌《てってい》つまり鉄の練《ね》り金《がね》

です。それは普通、短冊形をした鉄板でして、一方ないし両方がバチ形に開いた、独特の形態をしたものです。そのような鉄鋌が島根県内では、隠岐島とか、あるいは鳥取県倉吉市の高畔といった古墳で見つかっています。鉄鋌とともに、鋳物つまり鋳造した斧のような形のものがありまして、鋳造斧型品とか、鋳造鉄斧と呼ばれるものが注目されます。それも鳥取県内で出土しているようです。また松本さんのお話によりますと、先ほど触れました松江市内のタテチョウ遺跡でも見つかっているそうです。そういうわけでして、鉄鋌にしろ鋳造鉄斧にしましても、分布図（第54図）にありますように、加耶とか新羅に集中して出土するものです。そのように、古墳時代の早いころ、ないしはその後もしばらくの間、朝鮮半島から原料鉄を輸入してそれで各種の鉄器を作っていたというわけです。そしてやがて日本列島内あるいは山陰でも、精錬して鉄器の原材料を作るようになってゆきました。つまり、当初はどうも朝鮮半島南部辺りから原料鉄を輸入していた可能性が高いということが分布状況などから考えられるわけです。

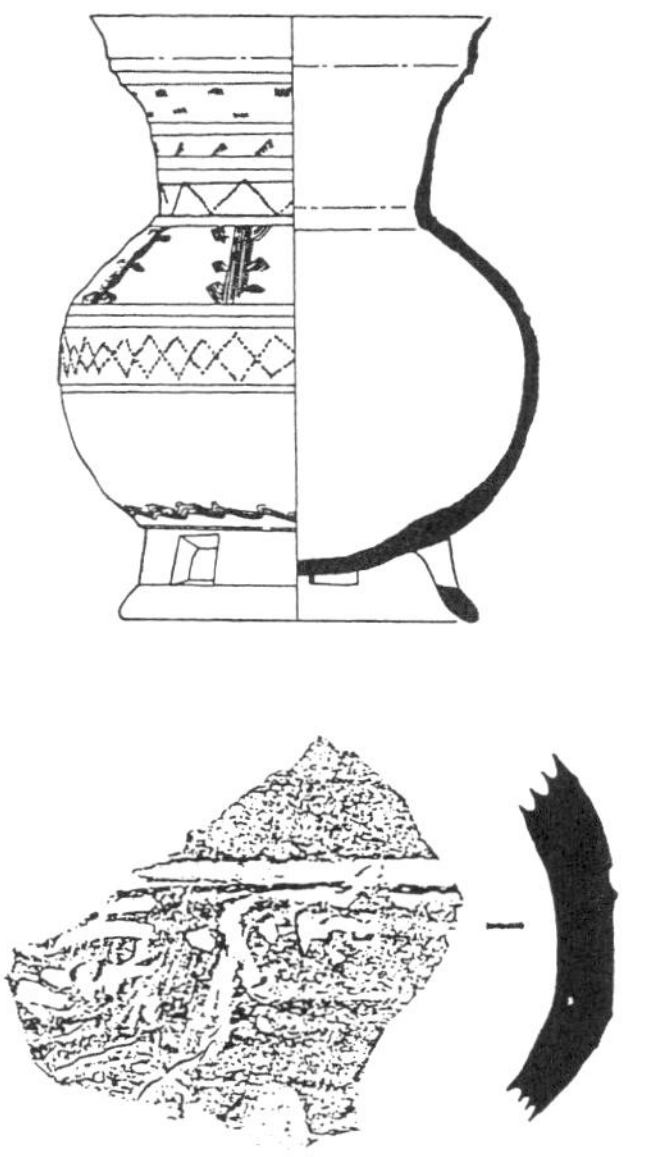
第55図　文字を刻した土器

土器に刻まれた文字

もう一つの問題は、初期の文字についてです。それは新しい家つまり新家《にいのみ》と読むそうですが、そのような文字を刻んだ須恵器が淀江町の上淀廃寺跡の近くでかつて発見されています（第55図）。それは確か境港の佐々木謙先生が採集されたものだとうかがっています。私はすでに三〇年ほど前からずっと、初期の文字資料に非常に関心を持って来ました。[1] 国連は、二〇〇三年から一〇年間を国際識字《しきじ》年と定めて文字の普及に努めました。それはこの地球上から文字を知らない人をなくし、差別や貧困のない社会を作ろうということで、世界中の人々が文字の普及に努めることになった、そういう記念すべき年でした。現代におきましても大きな問題の、そういう文字の普及の問題を考える時に、ここ古代の出雲というところは非常に早くから文字に触れていたということを、そのような土器に刻まれた文字資料から知ることが出来るのです。実は初期の文字といいますと、最近までに、日本各地で土器に墨で文字を書いた墨書土器とか、土器に文字を刻んだ資料がたくさん見つかっていますけれども、よく調べますとそれらのほとんどが奈良時代や平安時代のものです。古いものでも大体、七世紀の中頃のものです。七世紀の中頃といいますと、大化の改新が行われた時期に当たります。つまり、七世紀の中頃から全国的に文字がかなり普及してゆきます。その背景には古代国家における地方制度の確立に伴い、評すなわち後の郡という形で地方行政単位が組織化されてゆきました。そしてまた各地に、上淀廃寺のようなお寺が建ち始めます。お寺ではお経を読まねばなりませんし、また、お経を写すというようなことも起こります。そのようにしまして、七世紀の中頃から文字が全国的に普及し始めるんですね。

ところが、それ以前というのは、きわめてまだ文字が普及していない段階です。その頃の文字が、三六年前の一九八二（昭和五七）年に米子市の陰田遺跡で発見されまして、大変に話題になりました。それは古墳から出土した須恵器の表面に、「弥芝」という文字が刻書されていました。ところで、これはミキと読むのが正しいようです。それにつきましては皇学館大学の田中卓先生が『万葉集』や戸籍などとの比較研究から、弥芝という人名であろうという論文を発表して〔2〕おられますが、私も田中説を支持したいと思います。その他にも一九八七（昭和六二）年のことですが、鳥取市内の生山という古墳群の47号墳でもやはり七世紀中頃以前という早い時期に、「万徳」という二文字が刻まれた須恵器が発見されています。

七世紀中頃以前の文字資料を全国的な視野で見ましても、きわめて限られていまして、当時いかに文字が普及していなかったかということがうかがえると思います。それがこの山陰におきましては、出雲を中心とした地域で数カ所におきまして見つかっているということは、この地域の人々が早くから文字に触れていたということを物語るわけです。一体それはどうしてかということを考えますと、お隣りの朝鮮半島の加耶とか新羅の地域で、同じように土器に文字を刻んだ資料がやはり数カ所から見つかって来ています。ここでそれらと比較しますと、そのようにいち早く山陰地域の人々が文字に触れたという背景には、やはり当時の朝鮮半島東南部の加耶、後には新羅に編入されますけれども、そういった地域との関連性が深かったことと関係しないかと考えるのです。

上淀廃寺の壁画

最後に一言触れておきたいと思いますことは、去る一九九一年にはじめて、念願がかないまして、朝鮮民主主義人民共和国の先生方とご一緒に当時、島根県西伯郡淀江町の上淀廃寺跡を見学する機会に恵まれました（第56図）。その時に感じたことですけれども、二次調査で見つかった壁画の断片がその当

第 56 図　整備された上淀廃寺跡　2008 年 7 月 26 日撮影

時、役場にまだ置かれてありまして、特別に拝見することが出来ました。壁画は見事な筆致で描かれていました。それでもよく見ますと、まだ土や砂が付着したままのものもありました。そして、まだまだ未整理のものもたくさんあるということを教育長の安江禎晃先生がおっしゃっていました。その後、壁画の破片がきれいに洗浄され、また化学処理も施され、そして、正確な写真や実測図がとられてはじめて、いろいろ比較研究することが出来るのではないかと思うのです。

したがいまして、今からあまり断定的なことをいいますと、将来、修正点が出て来ることになるかもしれません。ですから私は今のところ特別な意見を差し控えたいのですが、考え方としては、こういうことが考えられるということを念頭に置きながらだんだん焦点を絞っていって特定していけば良いのではないかと思っています。私には現在はまだロマンの世界だと思っています。つまりわずかな資料でもって、いろんなことがいえる段階です。しかし、科学的なデータをそろえて、本当に将来、科学の問題に発展させるまでには、まだまだ多くの問題が残っているというのが現状ではないでしょうか。私はそういう意味で、これが六八〇年代から九〇年代のものとしますと、日本では白鳳時代です。その時代の人々が描いたとすれば一つ考えられるのは、その当時の朝鮮半島といえば百済が滅び、ついで高句麗が滅んで新羅の時代です。

その頃の新羅ではお寺がどんどん建てられます。たとえば西暦五五三年から建て始められた、都にある皇龍寺というお寺を見ますと、ここの金堂には立派な壁画があったそうです。それには老松が描かれていまして、それがあまりに見事な絵でしたので、鳥が飛んで来てその老松に止まろうとしたというのです。ところが、もちろんそれは絵ですから鳥は滑り落ちた、という逸話が残っているほど、古代朝鮮の新羅のお寺には立派な壁画が描かれていたのです。また同じころに建てられた興輪寺というお寺が焼けた後再建された時に、普賢菩薩の絵を描いた、ということが記録に出て来ます。そのように当時の新羅の寺院の壁画がどうであったかということは、大きな関心事であるのですが、残念ながら現物が残っていません。

そしてもう一つ同時代といえば、それは渤海《ぼっかい》です。渤海につきましては北朝鮮の朱栄憲先生も発掘調査に参加されたことがあるようです。現在の中国・吉林省の延辺朝鮮族自治州の辺りを中心として、現在の朝鮮半島の北部にかけて渤海という国がありました。その時代にやはり仏教が盛んでしたからお寺が各地に建てられているのです。その頃に都が一時あった上京龍泉府というところが、現在の寧安県に当たりまして、そこに東京城《とうけいじょう》と呼ばれる、当時の都《みやこ》の遺跡が良く残っています。そこのお寺からもやっぱり壁画の断片が見つかっています。

そして、都は後に中京顕徳府というところへ移ります。そこは現在の和龍県というところです。そこにもやはりお寺がありまして、そこの高産寺という寺跡があって、中国の科学者によって発掘されました。そこからも壁画の断片が出ています。私はたまたま一九八一（昭和五六）年一〇月に吉林省へ行った時に実物を見たことがあります。それは草花とか唐草文様を描いた壁画の断片でした。したがいまして、上淀廃寺跡と同時代のことでいえば、新羅や渤海のことも念頭に置いて考える必要があるということです。

それからもう一つは、それよりも前の時代にすでに朝鮮から渡って来ていた絵師がですね、日本に住みついて、その後、白鳳時代になって描いたということも考えられます。そういう意味では、高句麗や百済の可能性もあるわけです。百済につきましては扶蘇山廃寺跡や弥勒寺跡から壁画の断片が出土しています。高句麗の場合は、残念ながらお寺の壁画は残っていませんけれども、当時の壁画古墳は良く知られます。

そのように飛鳥時代に相当する時代の高句麗や百済、そして、白鳳時代に相当する時代の新羅や渤海、そういった諸地域におけるデータとの緻密な比較研究によって将来、上淀廃寺の壁画を位置付けていくべきではないでしょうか。ということで、そのような科学の時代が来るのは将来の問題であるということを感じます。そういう意味で現在はいろんなことがいえるロマンの時代であると思うのです。

そこで私にも一つだけロマンを述べさせていただく機会を与えて下さるならば、私は結論からいいまして、内心これは新羅との関係があるのではないかと思っています。それは一つには出て来る瓦が新羅系であるということです。ただし、もう一つ考えなければならないのは、上淀廃寺跡の伽藍配置を見ますと、金堂と塔が東西に並んだ、いわゆる法起寺式だという点です。大和の斑鳩の里にある法起寺式の伽藍配置です。そういう意味で畿内大和との関わりも当然あります。その場合に法起寺というお寺は、聖徳太子を非常に敬った福亮というお坊さんがおられまして、その人が聖徳太子のために仏様を作られ、それを安置するためのお寺が必要で、舒明天皇一〇（六三八）年に建てられたのが法起寺です。その点では上淀廃寺が法起寺の伽藍配置と関係があるということで、ひょっとしたらそれに高句麗僧が関わっているという可能性も一方では想像するわけです。

ご承知のように、推古天皇の一〇（六〇三）年には高句麗僧の曇徴《どんちょう》がやって来て、そして、日本に紙とか墨を伝えたという記録が『日本書紀』に出て来ます。そういうことも考慮しますと、やはり高句麗の可能性もまったくないではない、という気もします。しかし、現在の限られた資料からいえば、新羅系の瓦が出て来るということを唯一の手がかりとして、おそらく新羅との関係があるのではないかという私のロマンを語らせていただきました。

〔注〕

（１）西谷　正、一九九一「日本古代の土器に刻まれた初期の文字」『九州文化史研究所紀要』第三六号、九州大学文学部。

（２）田中　卓、一九八三「最古の〝土器文字〟の読みについて」皇学館大学史料編纂所報『史料』第五七・五八合併号。

第4章　出雲と新羅の考古学

はじめに

平成六（一九九四）年にこの環日本海松江国際会議にお招きいただきまして、今回は、六年振りということになります。前回はシルクロードのお話が中心でしたが、今回は『出雲国風土記』の時代に焦点を合わせて、七～八世紀の日本古代国家の中の出雲、そして、出雲を北東アジアの広い視野で位置づけていこうという、大変すばらしい企画です。今回このように皆さんと一緒に考える機会を与えていただきまして、大変ありがたく、また光栄に思っています。

さて、私ども考古学を勉強している者にとりましては、出雲は目が離せない地域です。常に重要な発見や発掘調査等がありまして、それらのすばらしい成果を全国に発信されています。ともかく出雲でいつ何が発見されるかも知れないという、そういうところが実感です。最近では、平成一二（二〇〇〇）年に出雲大社の境内におきまして、非常に巨大な建物の基礎の部分が見つかって、大変なニュースになっています。私どもの福岡の各新聞社も、一面トップで報道するべく準備していましたところ、プロ野球ダイエーの優勝決定戦が遅れたものですから、それと重なりまして、ちょっと小さい取扱いになりましたけれども、全国的に非常な話題を呼んだところです。

出雲における仏教の展開

振り返りますと、私の大学生時代の頃、川添登という建築史家がいらっしゃいまして、その方が新書版で、『民と神の住まい』（一九六〇、光文社）という書物を書かれ、その中で出雲大社の復元図を紹介されました。私は当時関西におりましたが、それが大変話題になりまして、私たちも、非常に大きな刺激を受けたことを思い出します。しかしそれは、一建築史家の研究成果でありまして、本当にそうなのか、と思ったりもしていました。結果的には、その後いくとおりかの復元案が出ています。ともあれそういう幻が、現実となったわけです。

幻が現実になったという意味では、松江市内で一九九九（平成一一）年頃に発掘調査が行われました来美《くるみ》廃寺跡も、非常に重要です（第57図）。私、たまたま発掘中に見学する機会を得まして、大変感動した記憶がよみがえって来ます。上田正昭先生のお話にもありましたように、『出雲国風土記』に現われる、新造院の中の一つということです。かねてから来美廃寺跡の場所が、『出雲国風土記』の意宇郡の山代郷のところに出て来る新造院の、それに当たるのではないかと推測はされていましたけれども、それが発掘調査を通じて、現実のものとなって来たわけです。

この来美廃寺跡は非常に大きな、色々な問題を提起します。一つは、新造院のことを記録した『出雲国風土記』の中に、日置君目烈《へきのきみめずら》という人物が造るところなりと書いてあります。この日置君目烈が、どういう人物か、詮索する力は私にはありませんが、出雲各地の郡の新造院を建てたのは、郡司クラスの

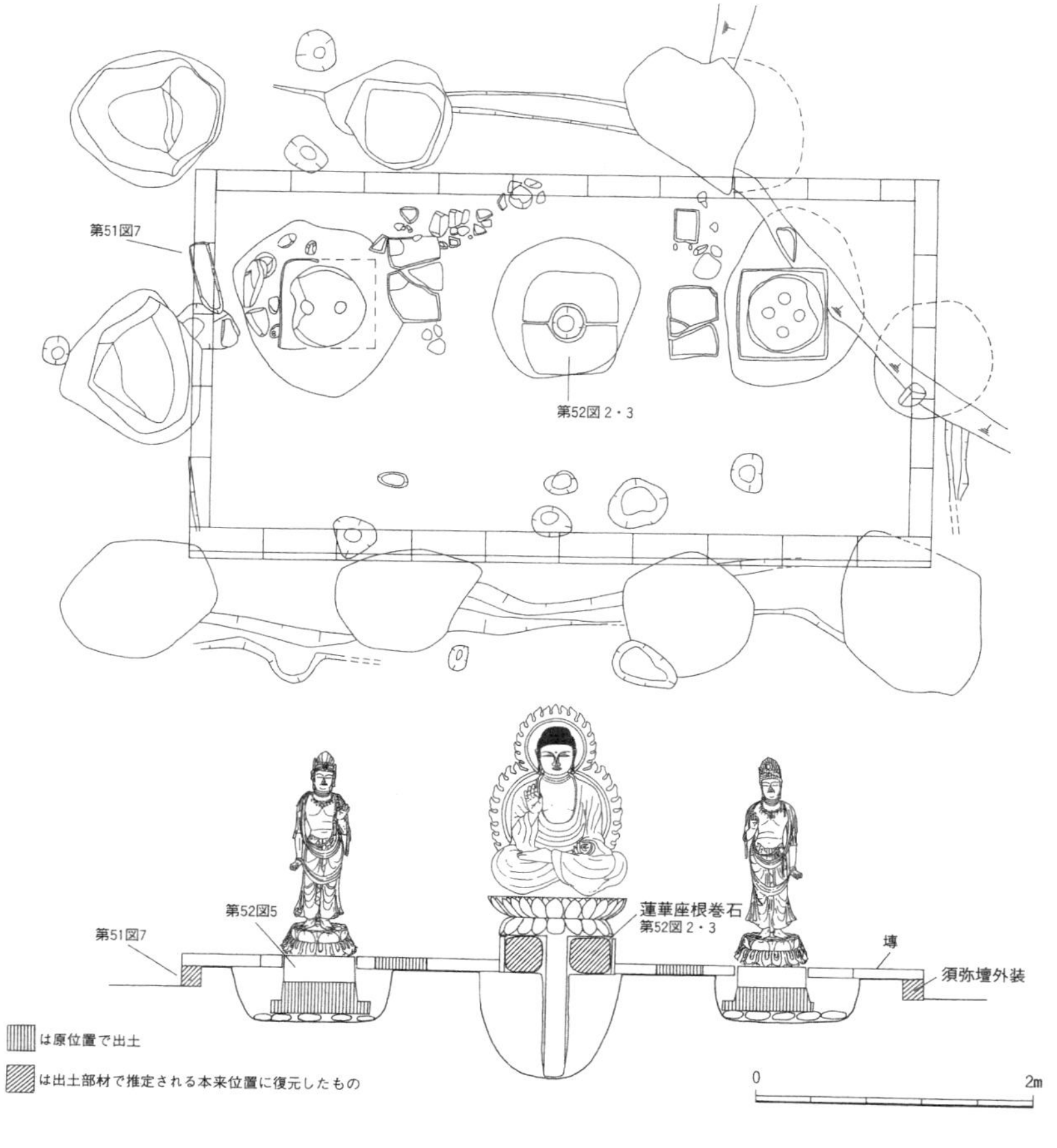

第57図　来美廃寺　須弥壇遺構（上）と復元模式図（島根県教育委員会, 2002『来美廃寺』『風土記の丘地内遺跡発掘調査報告書』13より）

人です。つまり郡の大領です。郡の少領という、次官クラスの人もいるようですが、そういうことからいえば、意宇郡山代郷の新造院の建造者は、意宇郡の郡司もしくはそれに連なる人々ではないかと、素人なりに考えるわけです。そうなりますと、郡の寺を通じて、その地域に仏教が浸透していきますから、奈良時代における仏教の浸透の度合いを考える上で、この寺は非常に重要です。

この新造院は、せいぜい簡単な祠もしくは庵程度の寺かと思っていましたら、何と堂々とした瓦積み基壇の建物であり、その中央に須弥壇を設けて、どうも三尊仏が安置されていたらしいということも分かって来ました。つまり、郡の新造院というものの実体が分かって来たということです。奈良時代には、鎮護国家の理念として、仏教を受容し、それを国分寺を通じて全国津々浦々まで浸透させようとしたのです。したがって国には国分僧寺と、そのそばに国分尼寺が建てられたのです。当時の行政単位では、国の下には郡がありますが、国分寺だけでなくて、その下の役所である郡を通じても仏教を浸透させようとしました。そのような寺院の一つが、来美廃寺跡にかつてあった新造院に当たります。寺院の名前が分からないのは非常に残念です。

それから、平成一二（二〇〇〇）年の新聞報道によりますと、七世紀の後半あるいは八世紀後半の鴟《し》尾《び》や瓦に、文字の内容はどうも女性の名前か、寄進者の一人と見られる男性の名前とか、あるいは、「病仕奉」「弟世方女」「酒長兄」などと、私にはどういう風に読んでいいのか分かりませんけれども、そういったヘラ書きで文字が刻まれています。去る平成一二年八月に改装オープンし、新たな姿で公開されました、島根県立博物館を見学しました際、「社邊《こそべ》」という文字を刻んだ土器の破片が展示されていました。それは松江市の福富Ⅰ遺跡というところで発掘されたものでしたが、そこだけではなくて意宇郡辺りまで、文字資料は広く分布していると説明されていました。

そういうことを通じても、来美廃寺跡で文字が見つかったということは、瓦を製作した技術者がおそらく書いたものだと思うのです。技術者を低く見るわけではありませんが、地方長官のような、地方を治めるクラスの人たちだけでなく、いろんな階層の人々まで、文字をかなり書くことが出来たということを示すのではないでしょうか。仏教寺院の造営、あるいは、文字の普及という問題を考える上で出雲におけるヘラ書きの文字とか、もちろん、その他に八世紀になりますと墨書土器がずい分とたくさん出て来ますけれども、そういった問題を考える上でも、来美廃寺跡の出土資料は大きな意味を持っているのではないでしょうか。

新羅仏教の影響

もう一つは、来美廃寺に三尊仏があったということは明らかですが、私は、どういう仏像があそこに安置されていたのか、ということを考えるのです。一説には、真ん中に釈迦如来が安置されて、両脇侍は、立像のように想定されています。そこで、私は奈良の薬師寺の三尊仏を連想しました。実際どういう仏像があそこに安置されていたのか、その辺りは大変興味深く感じるところです。ところで私、朝鮮半島のことを勉強しておりまして、すぐ念頭に浮かびましたのは、新羅の都であった現在の慶州の仏像群です。日本の奈良時代と同様、新羅国家というのは、高句麗や百済に比べて、少し遅れはしますが、仏教を鎮護国家の理念として位置づけます。そして、天子自らが仏教を熱烈に信仰して、新羅国家に行き渡らせようとしたわけです。その仏教を公けに認めた王は、法興王、つまり仏法を興す王と、そういう名前まで贈り名されている人物です。その新羅の慶州に行きますと、仏教遺跡がたくさん残っています。また、博物館には仏教美術の優れたものがずい分と展示されています。

そういう中で、一つは、慶州の南方に南山という有名な仏跡があります。戦前、私たちの大先輩に当たる先生方はニワトリを持ち込み、山の中に泊まり込んで調査をされ、立派な報告書をまとめられています。その南山の西側の麓の拝洞に残る禅房寺跡の石造三尊立像が良く知られています。そこに見事な石仏で、三体の立像が立っています。本来そこにはお堂があったということも分かって来ています。その他、皇龍寺がとても有名です。ここには真興王の三五年、すなわち西暦五四七年に、丈六の釈迦像を鋳造したという記録が『三国遺事』に出ています。今、現地に行きますと、三つある金堂のうち中心的な金堂である中金堂に、その仏像が安置されていた台座が良く残っています。非常に巨大な礎石があって、その上に丈六像が安置されていたわけですから、大変な仏像であったということが分かるのです。

そこで韓国の美術史を研究している人の中には、こういう仏像ではなかったかという復元図を書いている美術史家もおられます。そういうのを見ていますと、私には、来美廃寺に、かつて安置されていた仏像には、おそらく新羅色の匂いがしたのではないかとさえ思うことがあります。

そういう意味で、来美廃寺の問題を考える上で、同じ島根県内の出雲市の浮浪山鰐淵寺《がくえんじ》の金銅造観音菩薩立像も非常に重要です。これにつきましては、台座のところに銘文が刻まれていることによって、壬辰年それもおそらく持統天皇六年、西暦に直せば六九二年ということが考えられます。さらに興味深いことには、その仏像が造られた理由が書かれています。これには、この土地の豪族である若倭部臣徳太理が、父母のためにこの仏像を造ったと刻んであるのです。国分寺や郡寺というのはいってみれば公的な、つまり国家的あるいは郡という地方行政レベルで、仏教を普及させるという意味あいがあったわけですが、父や母のために仏像を造ったというのは、非常にプライベートな発願理由ということになります。中央政府から命じられて仏教を信仰するのではなくて、本当に、心から父母の冥福を祈って造ったという仏像です。そういう点でも出雲における仏教の浸透度の高さをうかがい知ることが出来るのではないかと考えます。

その際に、もう一つ問題になりますのは、この仏様につきまして、もちろん白鳳仏として、大和辺りで造られた仏様という考えもありましょうけれども、むしろこれは新羅の影響が非常に強いのではないかと思われます。これにつきましては、台座の部分の側面のところにある格狭間《こうざま》の形とか、その上に蓮弁が反り上がったようになっていますが、その中に紋様があったりとか、そういう細部において、国内の仏像には他に類例のないもので、むしろ新羅の仏像に近いということです。これはひょっとしたら、新羅系の仏像、もっといえば、新羅からの渡来人がここに居て、その人が、この仏像の製作に関わった可能性はないのだろうかと、そういうことも考えるのです。

新羅の神と新羅系の瓦

ところで、話題は変わりますが、出雲には神社が非常に多いということ、それも式内社《しきないしゃ》が非常に多いということが知られます。あるいは、その中には新羅の神様をお祀りしているお宮が、これまた多いということも特徴だといわれます。これは大変重要なことです。新羅の神様をお祀りしているということは、間違いなく新羅から渡って来た人達が、自分達のふるさとの神様をお祀りしているということではないでしょうか。ですから新羅の神々をお祀りしているということは、その近くに新羅人が住んでいたということです。そういうことと関連づけていいますと、いわゆる新羅系の瓦の問題があります（第58図）。日本列島の古代瓦の中で、紋様が少し違う、とくに唐草文が蓮弁の周りを廻っているとか、そういったいくつかの特徴を持つ新羅系瓦は、九州の豊前地域にも多いのですが、もう一つやはり、ここ出雲も中心の一つです。そういう意味で、こういう新羅系瓦の存在も非常に大きいと思うのです。

第 58 図　隠岐国分尼寺跡出土の軒丸・軒平丸（島根県立八雲立つ風土記の丘資料館，1986『島根県立八雲立つ風土記の丘－資料館展示図録－』より）

この点に関しましては、二九年前の平成元（一九八九）年のことになりますが、第三回環日本海松江国際交流会議におきまして、当時、島根県の文化財課長であり県立博物館長を兼務なさっていた、勝部昭先生が重要な指摘をされています。つまり、一九八八年に奈良東大寺の西側の回廊のさらに西側で、奈良県立橿原考古学研究所が発掘しましたところ、東大寺大仏の鋳造に関わる遺構あるいは遺物が出土しまして、大きな話題を呼びました。その中に木簡があって、それに大変興味深いことが書かれていました。それには、出雲国の大原郡の大領である、出雲の某の智麻呂という人物の名前が出て来るそうです。この人物は東大寺の大仏鋳造に関わったのではないかとも推測されています。

その他、新羅系瓦の出土する出雲国分寺跡の東二〇〇メートルのところに出雲国分尼寺跡があります。そこでも興味深い事実が知られることが指摘されています。それは、そこから出土した遺物の中で、たとえば、土器にヘラで、「勝」という字が刻まれていたり、あるいは、「秦館」と書かれた墨書土器が出たりというわけです。そういうこともあって、出雲における渡来系の人々の問題は、非常に重要であると思うのです。

その背景として、出雲におきましては、日本列島の中でも、仏教が早くから浸透していたと思われます。その際に忘れてならない人物が、私は石川年足《としたり》さんだと思うのです。年足さんと気安く呼んでいますが、私にとっては、とても身近な人なのです。私事のことで恐縮ですが、私の故郷は、奈良時代でいいますと、摂津国嶋上《しまかみ》郡真髪《まかみ》郷というところなんです。現在では、大阪府高槻市真上町で、私の父方の祖父のお墓から数十メートル離れたところで実は、戦前に石川年足の墓が見つかっているんです。私たち、子供の頃から父の実家に行きますと、年足さん〳〵ということを良く耳にしました。つまり、お祖父さんお祖母さんから石川年足さんの話をよく聴きました。私、非常に不勉強で恥ずかしいのですが、平成九（一九九七）年、古代出雲文化展が各地で開かれまして、私は東京会場で拝見しました。その時になんと、石川年足さんの墓誌が陳列されていました。なぜ古代出雲展で、私の故郷で見つかった石川年足さんの墓誌が並んでいるのかと思いましたら、石川年足はここ出雲の国司をしていたのです。そういうことを、つい最近知りまして、大変恥ずかしい限りです。

この石川年足という人は、もう一方で、出雲の仏教の振興に、キーパーソンになる人ではないかと思うのです。このこともまた、勝部先生のご指摘にあるのですが、東大寺の大仏鋳造の折にはすでに、年足は出雲国司から中央に戻って、式部卿三議《しきぶきょうさんぎ》という位の高い身分に昇進していたようです。石川年足がかつて勤めた出雲国の大原郡の勝部臣《すぐるべのおみ》という人物に声を掛けた、つまり仲を取り持ったのが石川年足であり、そういうことでここの豪族が大仏鋳造に関与することにつながっていくのではないかと考えるのです。石川年足といえば、自ら写経をしたり、供養のために仏像を造ったりとかしたわけで、仏教に対してはおそらく熱烈な信者ではなかったかと思われます。そういう石川年足の存在も出雲における仏教文化の隆盛に、大きな役割を果たしているのではないかと思うところです。

出雲の鉄

『出雲国風土記』の中で、新造院の問題が非常に重要であることは、上田正昭先生のご指摘のとおりでして、その際に、上田先生は時間の関係で、言及されませんでしたけれども、新羅を視野に入れて考えるべきであるという点について、まったく私も同感です。その新造院の話が出てくる『出雲国風土記』で、もう一つ取り上げたいことは、鉄の問題です。思想的な面での仏教とともに、経済資源としての鉄は、古代において非常に重要です。鉄を誰が握るか、あるいは、鉄をどこから入手するか、そういうことが国の存亡にも係わって来ます。『出雲国風土記』によりますと、仁多郡のところで、三処郷・布勢郷・三沢郷・横田郷の四カ所の郷で産出する鉄は、非常に硬くて、いろんな物に有効である、という意味のことが書かれています。仁多郡のすぐ西隣りの飯石郡におきましても、鉄が出るということが注記されています。そういう意味で、八世紀におきましては、ここ仁多郡あるいは飯石郡というところが、鉄の産出地であったことが『出雲国風土記』からうかがい知ることが出来ます。

ここで、出雲において鉄あるいは鉄器の歴史はどうだったのでしょうか。出雲におきましては、弥生時代の終末頃から、鉄の道具が作られていた鍛冶場が見つかっています。すなわち、安来市荒島町の柳《やだ》遺跡であるとか、八束郡宍戸町の上野Ⅱ遺跡といったところでは、実際に鍛冶を行った炉の跡が出ています。とくに、上野Ⅱ遺跡におきましては、鉄器を作るための原材料である鉄素材なども見つかっているということです。

これは出雲だけの問題ではないのですが、弥生時代後期になりますと、鉄器がずっと普及して来ます。その場合に原料はどうしたかということが、大きな問題です。結論的には、まだこの時代は、日本列島内で鉄そのものは生産していなかったらしいのです。もっとも広島県三原市の小丸という遺跡では、この時期に鉄自体を作っていたという説もありまして、私もその考えを支持しています。

そのように、日本列島の一カ所か二カ所で鉄を作っていたかもしれませんが、九九・九パーセントまでは輸入に頼っていたと考えるべきでしょう。とにかく弥生時代二〜三世紀、別のいい方をすれば、邪馬台国の時代には鉄器はずい分普及しているわけですが、その場合に一体、鉄はどうであったのかという問題は出雲においても未解決な問題として残っています。それでは列島内でいつから鉄が生産されるかというと、これは八世紀の『出雲国風土記』の記事から考えまして、当然八世紀には、どんどん作っていると推測出来ます。現にかつて、広島大学の潮見浩先生は、県内の八束郡玉湯町の玉ノ宮というところで、八世紀の製鉄遺跡が見つかっていると指摘されています。そういうことで、出雲においていつから鉄が作られ始め、そして、八世紀にさかんに作られるようになるのかという問題は、今後とも大きな研究課題であろうと思います。その際にやはり、お隣りの朝鮮半島の新羅の鉄を念頭に置いて考えていく必要があると思うのです。

第 59 図　隍城洞遺跡製鉄遺構　1990 年 7 月 20 日撮影

さきほども弥生時代後期における鉄器の普及の背景となる原料鉄は、朝鮮半島からもたらされたと述べました。つまり、皆さんご承知の「魏志倭人伝」のすぐ前段に、「魏志韓伝」がありますが、その弁辰の条のところで、鉄を産出し、それを倭に供給している、という意味のことが書かれています。おそらく、後に新羅になる辰韓の地域や、その西隣りの弁韓の地域、あるいは西南部の鉄が日本列島に持ち込まれて、それが弥生時代後期の鉄器の普及につながることは、常識となっています。それではその後、一体いつから日本で鉄の生産が始まるのかということが大きな問題です。その点に関連して最近までに、新羅における製鉄遺跡の調査が非常に進んでいます。それらは、いずれも偶然、開発に先立って行われる、いわゆる緊急調査で見つかったものです。新羅の都があった、現在の慶州で、西北の郊外にマンションがどんどん建つというので、事前に発掘調査をしたところ、隍城洞という遺跡で製鉄遺跡が見つかりました（第59図）。その他、慶尚南道梁山の一角、あるいは、同じく慶尚南道密陽の沙村というところで、六世紀から七世紀にかけての製鉄遺跡が見つかっています。ここからは炉跡や鞴《ふいご》の羽口とか鉄滓、鉄鉱石、流出滓などが揃って出ているのです。

　また、そこで注目されますのは、鉄を作るためには、燃料の炭が必要で、その炭を焼いた窯跡も調査されています。実は、この炭窯は一九九〇年に韓国ではじめて見つかったものです。忘れもしませんが、その当時私は、加耶の土器の研究を三年間行いました。その関係で十日間ほど韓国で加耶土器を実測したり、写真を撮ったりという調査を学生数人とともに行ったことがあるのです。その調査が終わり、学生の慰労も兼ねて、見学すべき何か面白い遺跡がないだろうかと尋ねたところ、ちょうど今釜山から北に約四〇キロのところの蔚山の近くでゴルフ場が新しく出来るというので、その予定地を発掘しているが、面白いものが出ているということでした。それじゃ、そこに行ってみようということになりまして行ってみたところ、これが何と朝鮮半島ではじめて見つかった、環濠集落でした。日本列島では弥生時代になって環濠集落がまず北部九州で出現しますけれども、その直接のルーツになるような遺跡が、検丹里というところで見つかりました。これが朝鮮半島における最初の環濠集落の発見例です。その後、次々と調査されまして、今ではもう珍しくないほど各地で見つかっています。

その折、現場に変な遺構がありました。「これは何ですか」と聞きますと、「土器を焼いた窯跡です」という説明でした。しかし、良く見ますと、どこかで見たものだと気がつきまして、「これはこうこうしかじかの炭窯ですよ」ということで、帰国してすぐその関係の論文[1]とか資料をお送りして差し上げたのです。それがやはり朝鮮半島ではじめて調査された炭窯で三〇年近く前のことです。その後、現在では、さきほど述べました慶州盆地の隍城洞をはじめとして各地の遺跡で炭窯が見つかって来ています。日本の炭窯のように、八ツ目鰻とか、鰻の寝床とかいうほど細長く、横に穴が開いているそんな遺構です。そういった炭窯が製鉄と関連して、製鉄用の燃料炭を作るものとしてセットで出て来るわけです。そういう炭窯で良く知られた例は、出雲から日本海側をずっと東へ行きまして、京都府の丹後地方に至りますけれども、そこの遠所遺跡というところで調査されました。今のところ、もっとも古い例は六世紀の後半ということです。六世紀の後半に丹後の海岸部で、明らかに炭窯で炭を焼き、それを燃料として製鉄を行っているということがはっきりして来ました。ここ出雲からそう遠くないところです。海流に乗ればすぐ着くような丹後です。

そういうことから類推しますと、出雲にも当然炭窯があるはずですし、また、そこで出来た炭を使って製鉄も行ったと推測されます。内田律雄さんに、「どこかで見つかっていませんか」とお尋ねしたら、「炭窯については島根県内で一カ所見つかっている」とのことでした。ただし年代はどうも七〜八世紀のようですが、七、八世紀のものがあれば六世紀のものが見つかると私は思います。おそらく炭窯と製鉄というのは六世紀後半頃から、あるいはもしかすれば、もっと遡って五世紀だってあり得ると思います。そういう問題がありまして、朝鮮半島新羅の製鉄遺跡の状況を展望しながらぜひとも出雲で八世紀以前の鉄の問題を考えていただければと思います。そして、八世紀以後の出雲における鉄の問題を考える時にも、お隣りの朝鮮半島新羅の鉄は非常に重要であるということです。

出雲の鉄は、近世以後に鉄穴《かんな》流しという技術がありますように、砂鉄精錬ということになっています。その点に関して新羅の場合は、鉄鉱石、とくに磁鉄鉱を原料とした製鉄です。百済では、すでに古墳時代の初めの頃、つまり四世紀の後半頃に砂鉄精錬を行っていることが分かって来ていますので、私の推測では新羅にもおそらく鉄鉱石以外にも、立地によっては砂鉄精錬があったのではないかと推測しています。今のところまだ分かっていませんけれども、その砂鉄精錬の技術と出雲の砂鉄精錬がおそらく連動して来るのではないかという見通しを持っています。最近、中国でも砂鉄精錬があるということがいい出されていますので、砂鉄精錬の問題も、中国大陸、朝鮮半島、そして出雲といった形で将来問題になって来るのではないかと思うわけです。

山陰の新羅土器

新造院に始まりまして出雲における仏教文化、あるいはまた、鉄の問題を考えるときに新羅が非常に重要である、ということを述べて来ました。もう一つ新羅との交流を考える上で大事な問題は、さきほど渡来人の問題にも少し触れましたけれども、人の問題です。人々は毎日生活するわけですから、日常生活の用具である土器が問題になります。土器というのは、人の交流を考える上で非常に重要です。そういう土器の中で、統一新羅時代の土器が出雲で発見されました。このことも皆さん良くご存知と思いますが、江津市の古八幡付近で出土しているのです。その他、同じ頃かちょっと前の頃の新羅土器が鳥取県倉吉市の大原廃寺という寺跡の講堂跡付近からも、見つかっているのです。そこでは新羅系の瓦も出ていますが、統一新羅時代の山陰における土器といえば、その二カ所です。

とくに、江津市の古八幡付近という遺跡から見つかった新羅土器は、破片が四点でして、瓶か、長頸の壺と思われます。他の遺跡では小さな破片が一、二点出る程度ですが、四点も出土しました。器種としては二個体の可能性があります。これは非常に重要なことで、この分野の専門家である京都国立博物館の宮川禎一さん[2]に電話して聞きましたところ、八世紀の中頃から後半で良いでしょうということでした。この遺跡を考える上で、この統一新羅土器が出たすぐ北側で、平安時代の建物の跡が見つかっている点も注目されます。この遺跡のすぐ眼下に江川河口域の西側に当たる海がありますね。ここはただの遺跡ではなくて、新羅との交流や、日本列島内の地域間交流など、いろんな交流拠点の一つではなかったでしょうか。そして、おそらくそういった交流拠点が各地にあったのではないかと、想像するのです。

その点で非常に興味深いのは、平成一一（一九九九）年に金沢市の海辺で畝田《うねだ》・寺中《じちゅう》という遺跡が発見されました。この遺跡では、「津司《つのつかさ》」という墨書のある土器が見つかりました。『続日本紀』の養老四（七二〇）年のところを見ますと、渡嶋《わたりのしま》の津軽の津司らを靺鞨《まつかつ》国に遣わして、その風俗を視察させた、という興味深い記事が出ています。文献記録で出て来るのはたった一カ所です。「渡嶋の津軽の津司」については、いろいろとむつかしい問題があり、渡島（北海道）と津軽（青森）を並列して解釈するかどうかの解釈があるようです。いずれにしましても、文献記録にただ一カ所出て来る津司の墨書土器が、出雲に続く同じ日本海側の金沢付近で出て来たのです。私が考えますに、そういった津司のような役所

第 60 図　古代の北東アジア（九州歴史資料館，1978『甦る遠の朝廷　大宰府展　発掘 10 周年記念』（図録）より）

が、ひょっとしたら統一新羅土器を出した江津市の古八幡付近にあったのではないかと思っています。これは津司ですから、もちろん列島内の港の管理が主な役職でしょうけれども、対外交流も担当していたということは、さきほどの津軽の場合で見るように靺鞨国まで出掛けているということからも分かります。靺鞨国といえば、その南から西方にかけまして、渤海という国がありました（第60図）。

新羅の問題を考えます時に、渤海を抜きにしては考えられません。朝鮮半島の三国は新羅によって統一されますが、やがて間もなく、朝鮮半島東北部から中国の東北部、さらに一部ロシアの沿海州にかけての地域で、渤海が成立します。そこで、この時代は統一新羅時代ではなくて、南北国時代[3]だという学説もあるほどです。そしてまた、統一新羅時代に北方にあった渤海からの外交使節は、北は出羽の国、現在の秋田県から、西は石見・出雲まで漂着しています。これだけ漂着地に幅があるのは、出航地の関係でしょう。現在の豆満江河口の辺りから出発するとどうしても北へ流されます。もう少し南の咸鏡南道の北青郡付近を出航すれば、出雲から能登辺りに着くということになりましょう。もちろん、律令政府としては対馬を経て大宰府経由で来るようにといいますけれど、どうしても自然に流されてしまうといった意味のことが『続日本紀』に書かれています。そういう点では渤海の問題も出雲を考える時に非常に重要だということです。

渤海というのは、貿易が主目的ですが、渤海使は合計三三回も来ていますのに、唐使はたった二回なのに比べて非常に多いのです。新羅使はもっと多くて四八回やって来ています。渤海使はいろいろな特産品を持って来たのです。たとえば、毛皮・蜂蜜や人参とかです。そういうものは遺物としては残りませんので、考古学的にはアプローチは非常に困難ですが、渤海の問題は非常に重要です。かつての渤海につきましては、前述のとおり、現在の朝鮮半島東北部から中国東北地方、ロシア沿海州と現在の三つの国にまたがっていますが、それぞれの国で見解が違っているのです。たとえば、中国の考え方としては、ここにいた少数民族の靺鞨族が作った地方国家であるという認識です。それに対して韓国や北朝鮮では、高句麗の遺民が中心となって作った国といわれます。二〇〇〇年九月にロシアに行った時この話をしましたら、ロシアの科学院の人は、高句麗の継承性も認めるとおっしゃっていました。

これは現在の国情、あるいは国際外交とも密接にからんでいる問題です。私は渤海の問題に関して、こういう環日本海松江国際会議のような場でお互いに議論を戦わせ、ある程度一つのまとまった見解が出る時にはじめて北東アジアに平和が来るのではないかと思っています。その日が来るまで私たちは地道な研究を続け、大いに議論を戦わせて、北東アジアに平和で友好的で繁栄する時代が来ることを願ってやまない次第です。

〔注〕

（1）兼康保明、一九八一「古代白炭焼成炭窯の復原」『考古学研究』第二七巻第四号、考古学研究会。

（2）宮川禎一、一九八八「新羅陶質土器研究の一視点―七世紀代を中心として―」『古代文化』第四〇巻第六号、（財）古代学協会。

（3）李　成市、一九八八「渤海史研究における国家と民族―「南北国時代」論の検討を中心に―」『朝鮮史研究会論文集』第二五集、緑蔭書房。

第Ⅲ部　近江・美濃・尾張・加賀・能登と上野

第1章　石塔寺三重石塔建立の背景

石塔寺三重石塔の系譜

滋賀県東近江市石塔町にある石塔寺《いしどうじ》の石塔[1]は、日本古代において非常に特異な存在です。一つは、他に例がないということと、二つには非常に古い石塔であるということですね。最古・最大という位置づけがなされています。

そして、多くの方々が指摘されるように、百済の系統であるという点です。百済の石塔の中で、そのモデルになったのは、百済の最後の都であった扶餘《プヨ》の定林寺《チョンニムサ》の石塔といわれます。そこの伽藍配置図と石塔の図[2]を示しておきました（第61図）。その後、高麗時代にこの定林寺石塔をモデルとして、あちこちで石塔が造られたようです。

そのように百済や、かつて百済のあった地域で、高麗時代に造られた様々な石塔の中で、石塔寺ともっとも近いといわれるのが、忠清南道扶餘郡場岩面《チャンアムミョン》の長蝦里《チャンハリ》の石塔[3]です。石塔寺と長蝦里の石塔の図を並べていますので、改めて比較していただきたいと思います（第62・63図）。

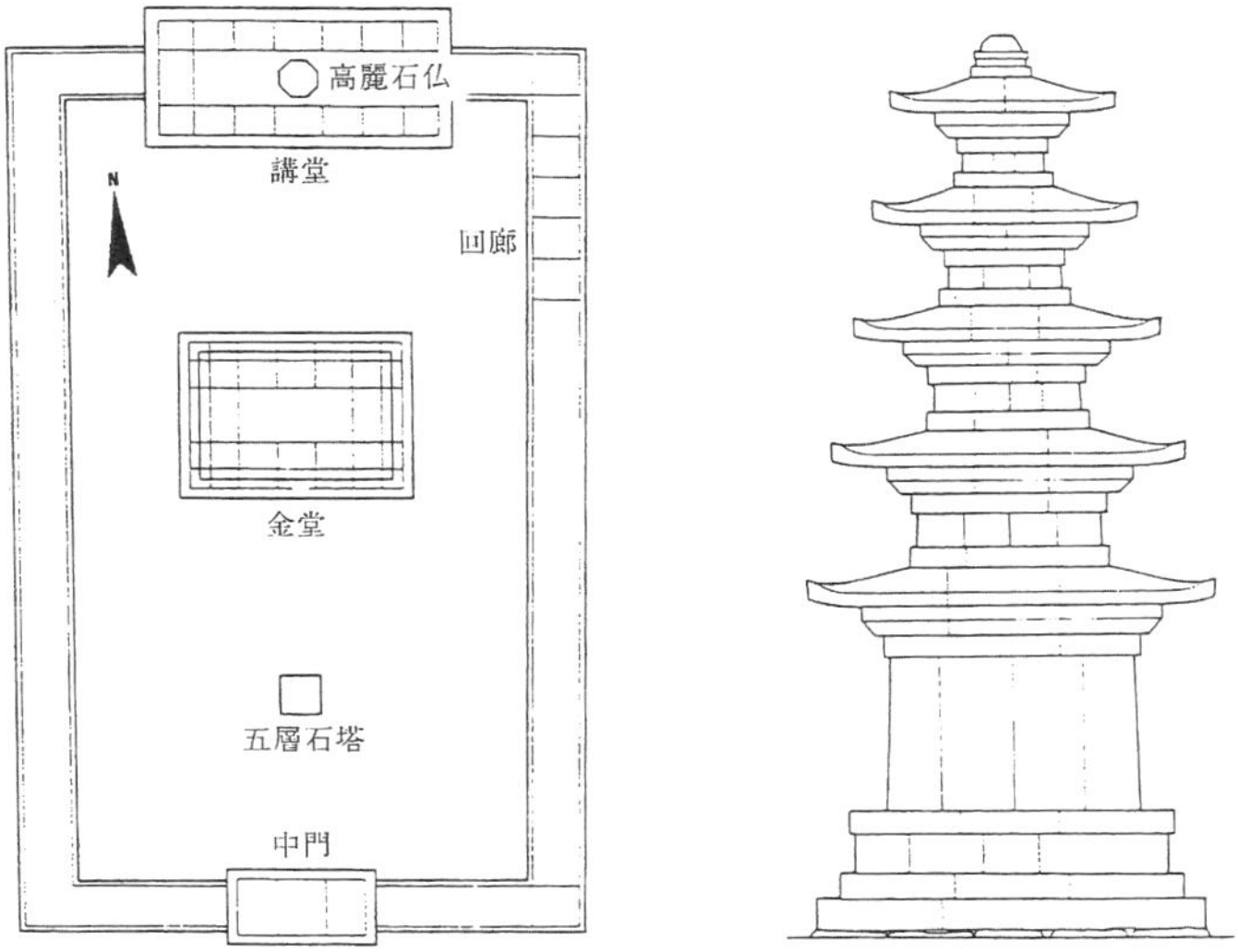

第 61 図　定林寺伽藍遺構配置図と五重石塔実測図
（奈良国立文化財研究所，1985『日本と韓国の塑像』『飛鳥資料館図録』第 14 冊より）

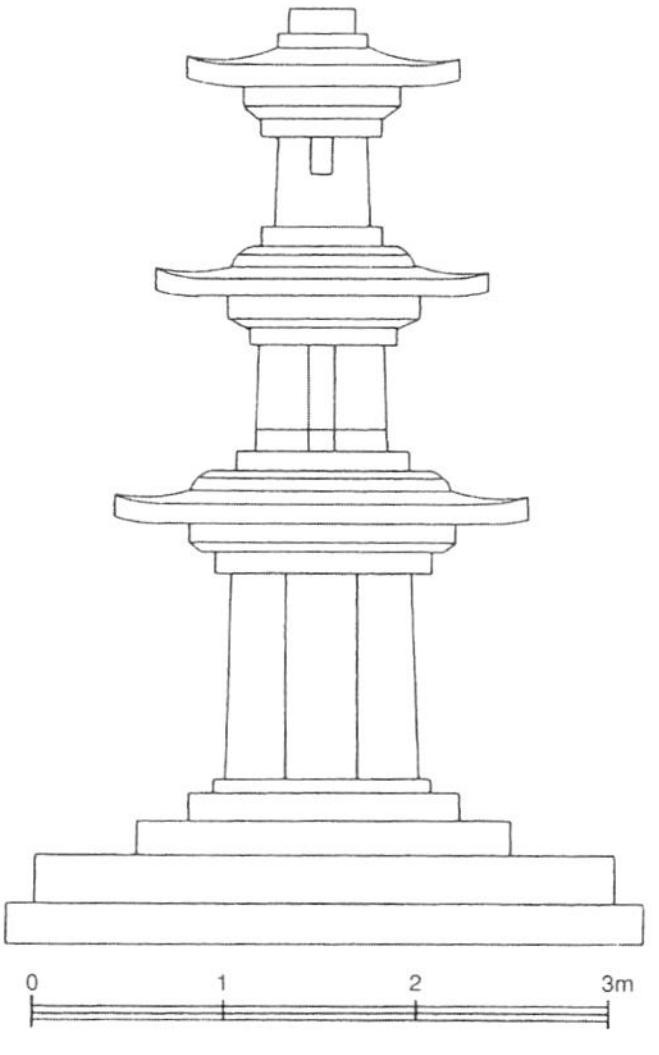

第 62 図　長蝦里三重石塔実測図
（1985『塔婆』『国宝』巻 6 より）

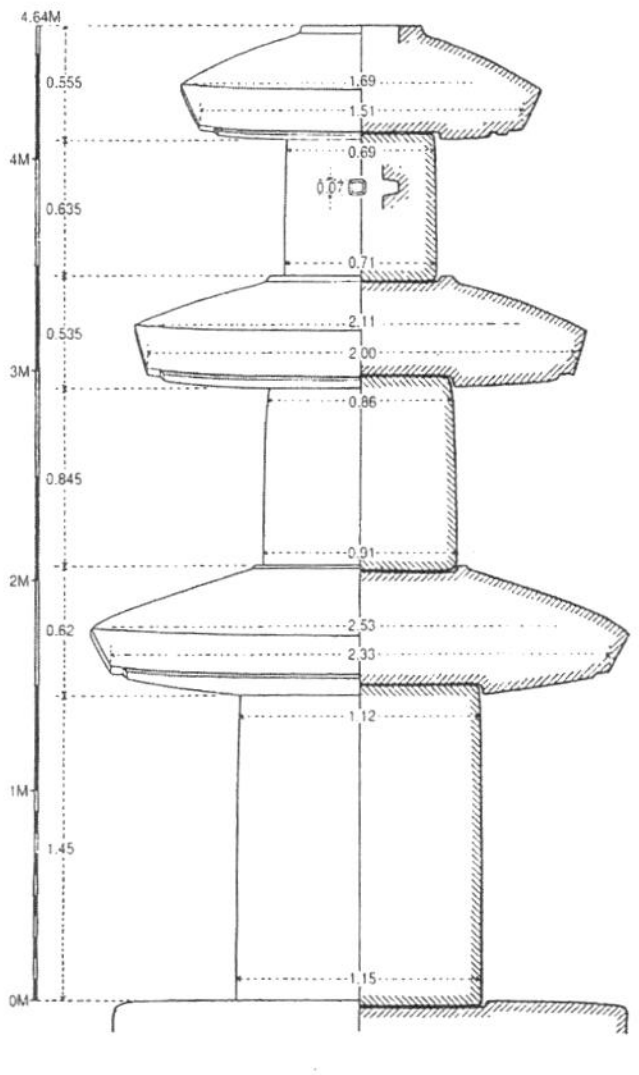

第 63 図　石塔寺三重石塔実測図
（坪井良平・藤澤一夫、1937「近江石塔寺の阿育王塔」『考古学』第 8 巻第 6 号より）

全羅北道井邑市の隠仙里にある石塔

この長蝦里の石塔や、その地域のことを考えるときに参考になるかと思いまして、全羅北道《チョルラプクド》井邑《チョンウプ》市の隠仙里《ウンソンニ》にある石塔を一つご紹介しましょう（第64図）。改めてこの問題を取り上げたいと思います。なぜ私がこれを取り上げたかといいますと、隠仙里の石塔が建っているところは、歴史的に見て百済地域の一つの中心地なのです。第65図で真ん中よりちょっと右手、つまり東の方に塔の印がありますが、ここに隠仙里の石塔が建っています。この塔の建っているところでは、すぐ右手、山の方に隠仙里古墳群があります。さらに、この塔から北に一キロメートルほど行くと雲鶴里古墳群があります。このように、石塔のあるところにはそういった古墳群があるということです。

第64図　隠仙里三重石塔　背後の山の中に古墳群がある

とくに、北方にある雲鶴里古墳群からは龍の文様を透《す》かし彫《ぼ》りにした金銅製の帯金具が出土しています。これについて研究者の間では、大阪府堺市の七観山古墳からの出土品と酷似しているところから、かねて注目されて来ました。そのような古墳群ばかりでなく、雲鶴里古墳群のすぐ左、つまり西側には自然丘陵を利用して、まわりを削り出したらしい土城跡が知られます。

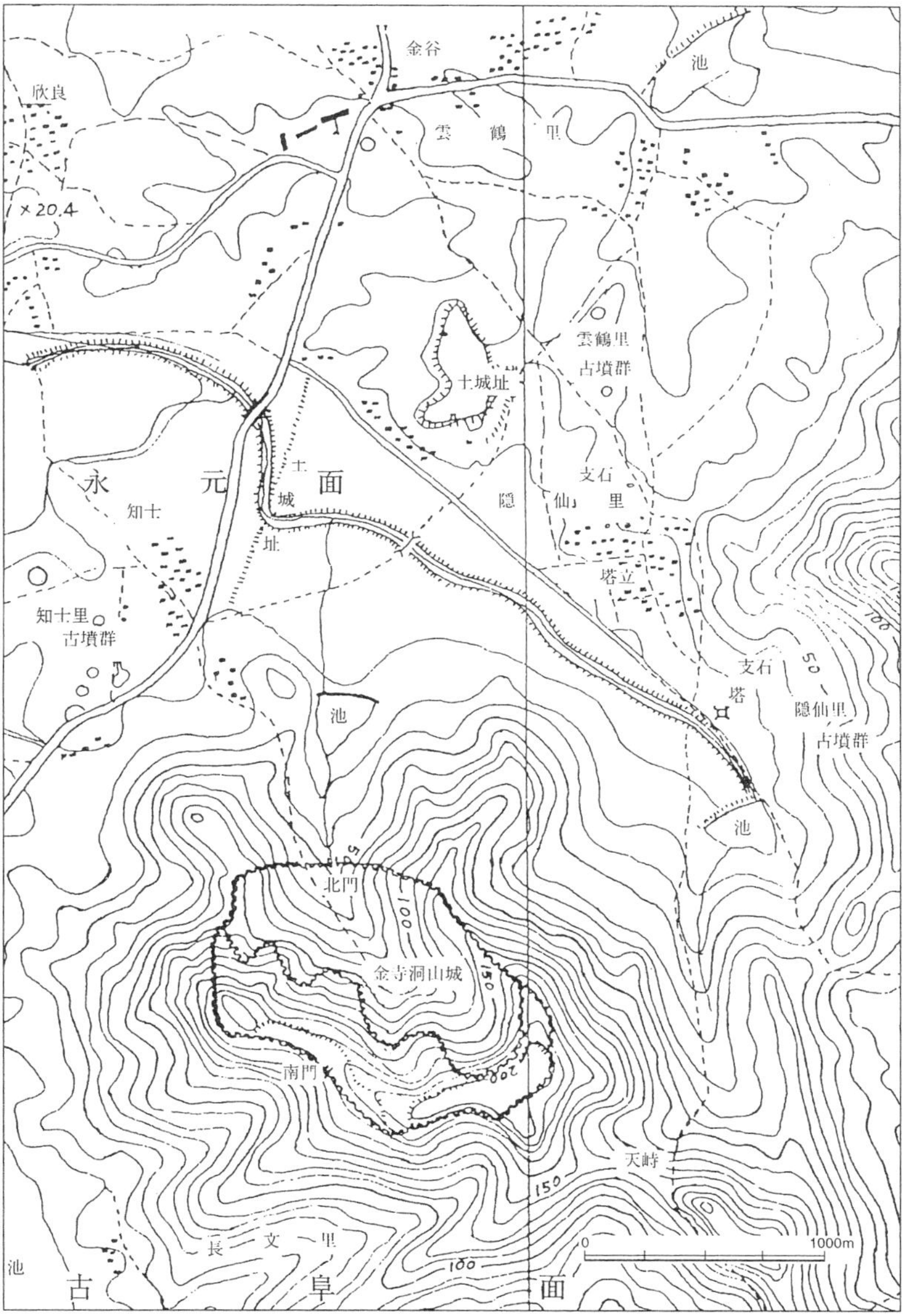

第 65 図　金寺洞山城付近遺跡群位置図
（全榮來，1980『古沙夫里―古阜地方古代文化圏調査報告書』より）

第66図　隠仙里石塔から雲鶴里古墳群のある丘陵を望む

調査をされた全榮來先生によれば、この土城は木柵で囲まれており、この地域の中心になるような集落があったのではないかということです。集落といっても普通の集落ではなくて、地域の役所のような性格を備えたところではなかったかといわれます。

次に、地図の左下、つまり西南の方に行きますと、そこに金寺洞山城というところがあります。ここでは二つの尾根を取り囲むようにして、城壁が二キロメートル以上めぐっています。このように見て来ますと、この隠仙里の石塔の建っている地域には古墳だけでなく、地域の中心になる役所のような集落、さらに山城といったように、いろんな遺跡群が集中していることが分かります[4]。

この隠仙里は古阜《コブ》という地域に当たるのですが、これは百済の古い地名です。このようにいろんな遺跡群のある地域は古阜地方といいまして、百済時代には「中方古沙夫里城」と呼ばれていた地域に当たるのではないかと考えられています。百済という国は、五つの地域に分けて統治されていました。現代でいえば都道府県ごとに行政を行っているように、東西南北それぞれを中方、東方、南方などといった感じでした(5)。その中方の中の古沙夫里に相当するとされています。

百済の滅亡

ご承知のとおり、七世紀後半に百済の都が陥落します。都が陥落したからといって百済全体が滅亡したわけではありません。あちこちの集落で勢力が残存していたのです。この古阜地方、つまり、当時の古沙夫里という地域も新羅との統一戦争の過程で滅ぼされていったものと思われます。

長蝦里についても、長蝦里に石塔があるということは、その周辺にいろんな遺跡が残っていて、地域の一つの中心ではなかったかと思います。百済の都が陥落し、都の近くの長蝦里のある場岩面一帯が落ち、そして、さらに南へ数十キロメートル離れた、現在の井邑市の辺りも滅びるという形で、百済が完全に新羅の領域へ入っていくという歴史をたどったのではないでしょうか。長蝦里を考えるときに石塔だけではなくて、それ以外に、地域を支えた人々が残したいろんな遺跡をトータルに考えていく必要があるのではないかと思います。

石塔寺三重石塔建立と渡来人

百済の都が陥落し、都の周辺、さらに各地方がどんどんと滅ぼされていきます。そして、百済が完全に滅亡することになるわけです。そこで思い出しますのが有名な『日本書紀』の記事です。天智天皇二（六六三）年の白村江における敗戦の後、天智天皇四年に「百済の男女四百余人を、近江国の神前郡《かんざき》に住まわせた」という記事に続いて、天智天皇八年には「男女七百余人を近江国の蒲生郡に移した」という記録が出ています。百済の都が落ち、各地域がだんだんと滅びていくことをきっかけとして、百済から日本列島に、少なからざる人々が渡来もしくは亡命して来たのです。そういう背景の中で理解すべきであろうと思います。このことは、すでに早くから多くの方々が指摘されていることですが、改めてそう思うのです。

あったはずの仏教寺院

ところで、現在の石塔寺に上述したような百済系の石塔が建っているということは、当然ここに伽藍寺院があったと考えるべきでしょう。さきほども述べましたように、定林寺をご覧になっても、中門を入ると塔があり、金堂・講堂があって、さらに回廊がめぐるという伽藍配置が見られます。塔一つだけで寺院は成り立ちません。伽藍があって、その中のお舎利を納めたところが石塔であったのです。それでは石塔寺の三重石塔以外にどういう建物があったのかということは、今のところ分かっていませんので、今後の課題です。

蒲生町では、たとえば宮井廃寺という白鳳時代、つまり石塔寺の石塔とほぼ同時期の寺院跡が調査されています。ここからは、塔の基壇や瓦類が検出されています。そして、ここから二・五キロメートルほど行くと、有名な雪野寺跡があります。つまり、この地域には仏教寺院、それも白鳳時代といった古い寺院跡がいくつも知られます。そこで、ここ蒲生野の地域は日本あるいは近畿地方の中でも初期の仏教文化の一つの中心であったのではないかと考えるわけです。

当時の寺院というのは、今でいえば総合文化センターのようなところといえます。もちろん仏教という宗教理念を信仰する場ではありますが、事あるごとにいろいろなイベントが行われ、ともかくたくさんの人々が集まった場所です。当時としては最高の建造物であり、それを建てるためには高度な土木と建築の技術が必要でした。そういう意味では寺院は文化センター・宗教センターであると同時に、当時のハイテクの殿堂であったといえます。

仏教寺院の造営というと、まず土地を造成し、木材を伐り出して柱をつくり、あるいは、瓦を焼いて屋根を葺くといった、これら各種の土木・建築工事には、渡来した人々の先進的な技術が駆使されたことと考えます。

布施の溜池と百済の碧骨堤

当時の先進的な土木技術を示す具体的な例として、蒲生地域には非常に興味深いものが一つあります。それは布施《ふせ》の溜池です[6]（第67・68図）。これは相当、広大な溜池であったといわれていますが、最近の研究では、どうも石塔寺と同じ白鳳時代の頃にさかのぼるのではないかという説もあります。先進的な渡来技術によって寺院を建てるだけでなく、溜池をつくり、この地域の水田などを潤したのではないでしょうか。そのようなことも考えてみたいところです。

私は、布施溜池というのは非常に重要な存在だと思っています。近畿地方では有名な狭山池《さやまいけ》の調査が行われて、現在、そのそばに大阪府立狭山池博物館が開設されています。発掘調査の結果、注目されたのは、狭山池の土手をつくる際に、もっとも基礎の部分にいろんな木の葉や枝などを敷いていることでした。これを専門的には「敷粗朶《しきそだ》工法」と呼び、土木技術の上では非常に有効な手段として、古代において中国・朝鮮、そして、日本で用いられた方法です。

たとえば、百済の領域内であった現在の全羅北道金堤《キムジェ》郡というところに碧骨堤《ピョッコルチェ》《へっこってい》[7]と呼ばれる堤が残っており、どうもそこに大きな溜池があったらしいといわれています。その堤の調査が行われた際に、その土手の一番下のところに木の葉や枝を敷いた炭化層があることが分かり、これがまさに狭山池の起源になる土木技術ではないかと考えられるようになりました。ですから布施の溜池の土手も、将来、発掘するようなことがあれば、おそらく碧骨堤や狭山池のような敷粗朶工法が認められるのではないかと類

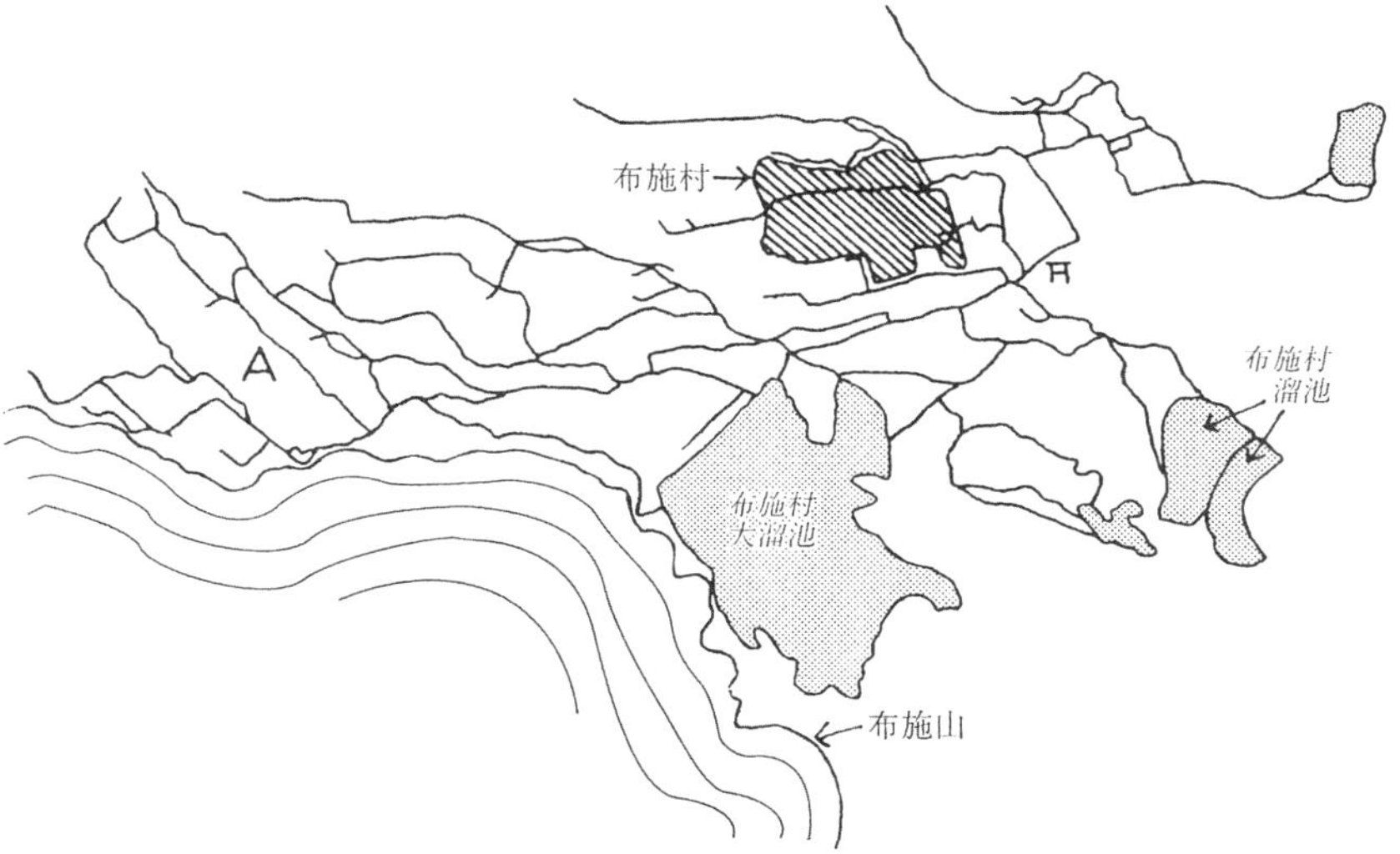

第 67 図　元禄 8（1695）年の絵図に描かれた布施村の水路網（『八日市市史』第 1 巻より）

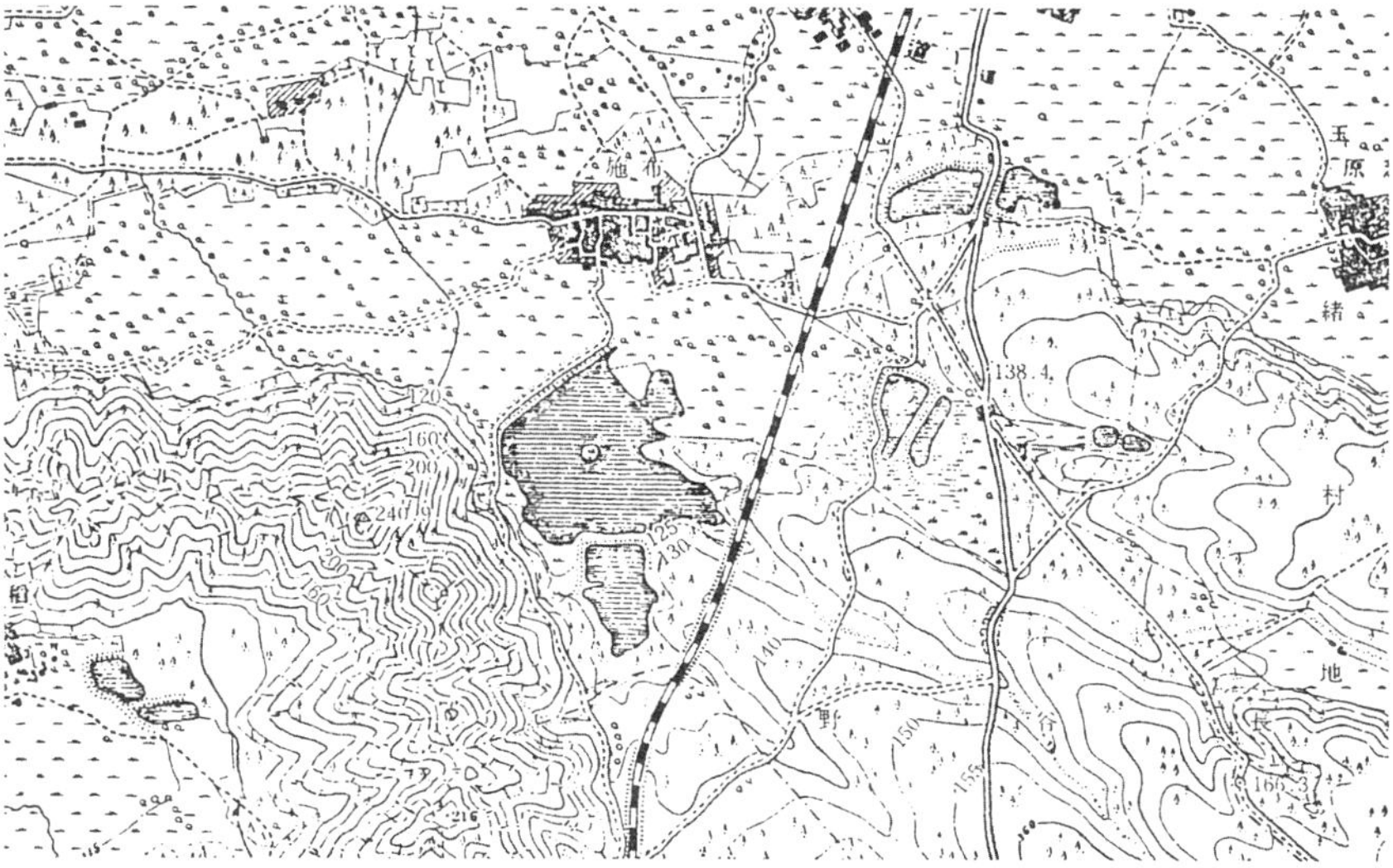

第 68 図　明治時代の地形図に見る布施溜池と周辺（『八日市市史』第 1 巻より）

推することが出来ます。

碧骨堤は現在、長さ三キロメートルほどが残っていますが、高さが約四・三メートルほどあります。本来は、堤全体が結ばれており、広大な溜池となっていたはずです。発掘調査後、保存・整備されていますが、一部には水門が残っています。

水門には高さが五・五メートル、一つが八トンもある非常に大きな石を用い、おそらく木の板を上げ下ろしして開けたり閉めたりしたのでしょう。発掘調査の折、土手の一番下の部分に木の葉や枝を敷いた層があることが分かり、放射性炭素C^{14}による年代測定が行われたところ、四世紀中頃という結果が出ました。この堤については、実は『三国史記《サムグクサギ》《さんごくしき》』という、日本でいえば『日本書紀』に相当する朝鮮古代に関する歴史書の中に、「西暦三三〇年に当たる年に碧骨堤をつくった」とする記録が見えるのです。この文献記録と放射性炭素C^{14}の測定結果から見て、これは四世紀代に築造されたものと推測されています。

九州の場合でも、太宰府市にある大野城という山城が参考になります。これは『日本書紀』の記録のとおり、百済人の技術者が指導して築いたと考えられ、そして、記録どおり百済式の山城が残っています。そのそばには水城《みずき》と呼ばれる、土手を築いて防衛施設とした遺構があり、その発掘調査でも基底部で敷粗朶工法が見つかりました。山城ならびにそれに関連する城壁についても、『日本書紀』の記録どおり、百済の技術が導入されているということが明らかになったのです。

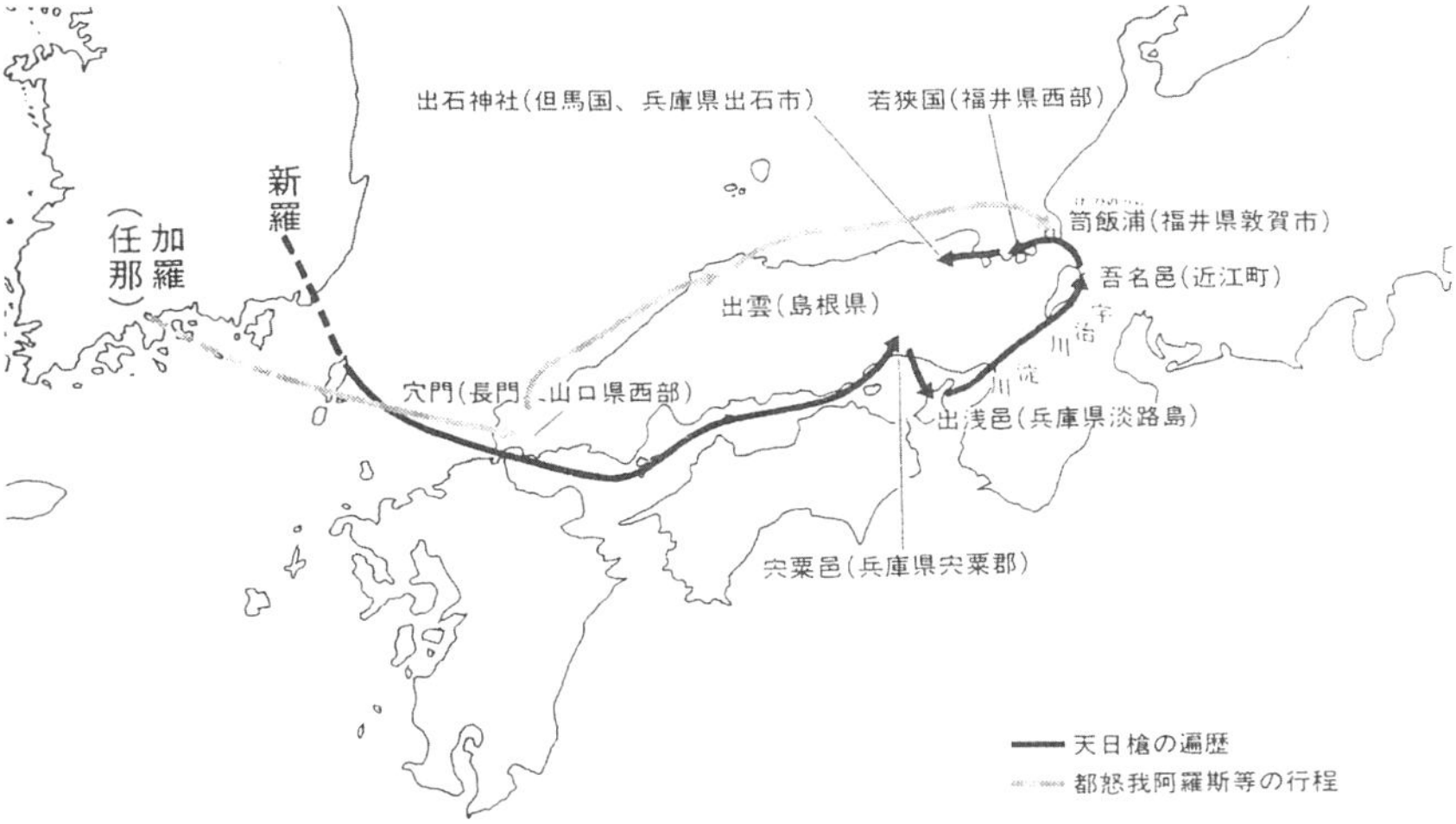

第69図　天日槍《あめのひぼこ》と都怒我阿羅斯等《つぬがあらしと》の遍歴

天日槍と都怒我阿羅斯等の二人の『日本書紀』に記された遍歴地をつなぎあわせると、ほとんど西日本全体にわたる。二人に象徴される渡来人の足跡が、いかに広範なものであるかを知ることができる（『図説滋賀県の歴史』河出書房新社より）。

須恵器とオンドルの登場

その他にも新しい技術や文化を持った人々が渡来して居住した結果、蒲生の地域にいろんな影響をもたらしたと考えられます。律令時代に入って、いわゆる条里制として水田を整然と区画していくことなども、渡来人によってもたらされた土木技術によって展開されたのではないでしょうか。さらに、人々の生活様式においても、この頃に大きな変化が現われて来ます。

すなわち、和泉ではすでに早く四世紀末頃から始まっていたことですが、蒲生地域でもいいますと、『日本書紀』垂仁天皇紀の中に、近江の鏡村に陶人《すえびと》がいて、かれらは天日槍《あめのひぼこ》の従人《つかいびと》であると見えます。『日本書紀』の記録、ならびに新羅の王子である天日槍がたどった道筋を第69図に示しておきます。[8] 当時の朝鮮から新しくやって来た王族の従者が鏡村で須恵器を焼いたという伝承を残しているわけです。そのことにふさわしく、この地域では鏡山に須恵器を焼いた窯跡が残っています。また、蒲生町内では宮川という集落に窯跡があることが知られています。それまでの軟質の土師器に対して、硬い焼きの須恵器が登場して来たわけで、これは大きな変化の一つです。

もう一つの例として、オンドルの登場があります。蒲生町周辺でいいますと、能登川町西ノ辻にある四世紀前半の遺跡で珍しい住居構造が見つかっています。縄文・弥生時代以来の竪穴住居の場合、普通は炉《ろ》を作っていますが、ここでは住居の壁ぎわに竈《かまど》を作り付けていました。竈を作り付ける住居自体がこの頃に始まったもので、四世紀前半というのは日本では非常に早い例です。それだけでなく、この遺跡では壁ぎわに竈の炎が通る道（煙道《えんどう》）があり、竈で煮炊きする火で屋内を暖房することが出来る非常に珍しい構造になっていたのです。

石塔寺の年代に近い例としては、近隣の日野町の野田道遺跡では石で組んだ、まさに住居の床を走るオンドル状の遺構が見つかっています。そして、南部朝鮮では最近、これに類似した遺跡が次々と発見されており、これらのルーツが朝鮮にあるということがはっきりして来ました。

そのように、百済の滅亡を契機に亡命渡来人が移住して来て、この地域に新しい生活様式、新しい技術を伝えていたことが、その後の新しい仏教の発展に大きな礎となったのではないかと考えることが出来ましょう。

〔注〕

（1）坪井良平・藤澤一夫、一九三七「近江石塔寺の阿育王塔」『考古学』第八巻第六号、東京考古学会。
（2）奈良国立文化財研究所、一九八五『日本と韓国の塑像』『飛鳥資料館図録』第一四冊。
（3）一九八五『塔婆』『国宝』巻六、竹書房。
（4）全　榮來、一九八〇『古沙夫里―古阜地方古代文化圏調査報告書』。
（5）山田隆文、二〇一八「古代山城の立地環境―百済・新羅との比較を通して―」『鞠智城と古代社会』第六号、熊本県教育委員会。
（6）『八日市市史』第一巻、八日市市。
（7）大阪狭山市教育委員会、二〇一三『碧骨堤の謎を探る』狭山池シンポジウム二〇一三。
（8）『図説　滋賀県の歴史』河出書房新社。

第2章　東海に見られる朝鮮系文化

遠賀川式土器と無文土器

ここでは、古代の東海における国際化の問題に焦点を絞って、話を進めたいと思います。

古代の国際化といいますと、やはり朝鮮半島との関わりが注目されます。そこで、「東海に見られる朝鮮系文化」ということになるわけですが、朝鮮系とわざわざいいますのは——ここがミソです——古代朝鮮の文化そのものではないという点です。将来の課題としては直接的な関係が見つかるかもしれませんが、今のところは間接的に古代朝鮮に起源、あるいはルーツを持ついろいろな要素が東海に見られるということです。

まず、愛知県春日井市内の松河戸《まつかわど》遺跡の安賀《やすか》地区で、大変興味深い発見があります。実は、その後の調査でここから古代朝鮮系の無文《むもん》土器が出土しているということが判明したのです。

無文土器といいますと、第70図のような土器です。よくご覧いただくと、甕の口縁部のところに粘土の帯を巡らしています。そのように口縁部のところに粘土の帯とか紐を巡らすタイプのものを無文土器といいます。それが弥生時代の頃の朝鮮半島においては一般的な土器であったのです。一見して弥生土器とは異なりますので、朝鮮系の無文土器と称しています。松河戸遺跡の安賀地区では他に、同時代の在地の土器として条痕《じょうこん》文系の土器がありました。これは貝殻を使って土器の表面をきれいに仕上げたタイプです。さらに、それらと一緒に遠賀川《おんがかわ》式系統の土器が出ています。

遠賀川式土器とは、北部九州の遠賀川の河床で最初の稲作の証拠となる籾痕《もみこん》土器とともに発見された土器の型式に属するグループを指します。遠賀川式土器は稲作に伴う弥生文化の東方への伝播を示すものとして扱われて来ましたが、北部九州はもちろん、広く西日本から東日本へと広がっています。昔、佐原真先生が「みちのくの遠賀川」(1)というテーマで論文を書かれましたが、青森県辺りまで分布の広がりが見られます。

第70図　松河戸遺跡出土の無文土器（森浩一編，2001『東海学の創造をめざして』五月書房より）

その遠賀川式土器は、東海でも、ここ春日井市の他、豊橋市や岡崎市辺りでも見つかっています。このことから、この付近で弥生時代の前期の頃から稲作を行う集落が登場していたことが分かります。このように春日井市内の松河戸遺跡で、遠賀川式土器に加えて古代朝鮮系の無文土器が出たことはきわめて重要です。といいますのは、佐原真先生の「みちのくの遠賀川」という論文の中に、遠賀川式土器の伝播、つまり稲作技術の伝播の背景には、朝鮮半島から渡来した人々が関係しているのではないかと、以前私が先生にしゃべったことが、引用されていました。

どうしてそんなことがいえるのでしょうか。遠賀川式土器は日本海岸をずっと北上して青森付近にまで行くと、さらに太平洋側の八戸《はちのへ》辺りまで伝播するのではないかと思いますが、それらの出土品を見ていくと、ところどころで無文土器が出ているのです。典型的な例として、西川津という遺跡が出雲の松江市内にありますが、そういうところで——この点は今もそう考えていますが——朝鮮からの渡来の人々が稲作の伝播に関与していたのではないか、という趣旨を佐原先生にお話をしたのでした。

東海では、前述の春日井市の松河戸という遺跡を残した人々が、弥生時代前期に稲作を始めています。このことがその後の歴史の展開に大きな礎となっていくわけですが、こういった無文土器をもたらした渡来人が、歴史の展開に関与したのではないかと考えています。

須恵器と陶質土器

弥生時代の無文土器の解明は今後とも課題ではありますが、次の古墳時代に入ると古代朝鮮系の文化と関わる問題がたくさん出て来ます。今、無文土器というごく日常的な生活用具を取り上げてお話をしましたが、古墳時代においても日常生活と関わる土器の問題は重要です。

古墳時代の土器といえば、縄文、弥生土器以来の延長線上にある土師器《はじき》という焼きの柔らかい土器があります。これが一般的ですが、やがて五世紀の頃から須恵器が登場します。そしてその頃、相前後して、朝鮮半島製と思われる土器——陶質土器《とうしつ》と便宜上呼ぶことにします——が出現します。

なお、陶質の「陶」というのは陶邑《すえむら》の「陶」ですね。あるいは陶というのはスエ質をいう意味でして、スエ質の「スウエ」というのは朝鮮語で鉄という意味です。これはかつて金達寿《キムタルス》先生がご指摘になったことです。鉄のように硬い焼きで、金属のような、叩くとチンチンと音の出るような、そういう硬い土器という意味でスエキとなったといっておられました。私も全く同感です。

陶質土器とは、古墳時代の須恵器のように硬い土器ですが、日本で焼かれたものではなく朝鮮半島から海を渡って持ち込まれました。そこで、日本産の須恵器と区別するため、便宜上、陶質土器と呼ばれています。こうした陶質土器は、東海では比較的早くから知られていて、四世紀末から五世紀のはじめ頃といわれている岐阜県大垣市の遊塚《あそびづか》古墳という前方後円墳から発見されています。これ以外にも東海では、陶質土器が四世紀末から五、六世紀にかけてあちこちで出ています。

数量的には、北部九州が一番多く、次いで近畿地方、その次に現在の岡山県の吉備地方を中心とした地域と東海地域です。二〇〇一（平成一三）年の時点で、東海では、たとえば岐阜県の八例、愛知県の七例、静岡県の三例で一八例です。さらに、これにプラスして三重県に数例知られます。

これら陶質土器は、初期の頃は古代朝鮮でも加耶《かや》という地域――日本ではしばしば任那《みまな》とか加羅《から》とも呼ばれます――の土器が中心です。その他に新羅の土器もあります。また、伊勢出土の陶質土器は百済系の可能性が高いと思われます。このように加耶だけではなく、時代的には少し遅れますが、新羅土器とか、百済土器も東海地域に入っているということがいえます。

初期須恵器・韓式土器と加耶の土器

陶質土器と並んで、大切な事柄として初期須恵器の問題があります。初期須恵器は、日本で最初に焼かれたスエ質の硬い、金属のような土器のことです。須恵器についてはもちろん古墳時代以降もあるわけですが、とくに日本列島で最初に焼かれた頃の須恵器を初期須恵器と呼び、その後の須恵器と便宜上区別しています。私の学生時代には、日本の須恵器生産については、ヤマト王権のお膝元の和泉陶邑《いずみすえむら》の辺りでまず焼かれ、それが全国に供給されるという形の、いってみれば一元的な理解が普通でした。しかし、その後調査が進むにつれ、陶邑だけではなく、九州はもちろん四国の北岸、香川県辺りとか、あるいは東北の仙台市内、もちろん東海の名古屋市内でも古い須恵器の窯跡《かまあと》が見つかって来ました。このことから、須恵器は陶邑だけでなく、ほぼ同時か、やや遅れて各地で生産され、それぞれの地域で消費されたことが分かって来ました。東海でも、名古屋市内の東山111号窯であるとか、あるいは尾張旭市の城山2号窯が見つかり、比較的早い段階に東海地域で須恵器の生産が始まったことが裏付けられました。ただ、もう少し調べてみますと、それらは今のところ陶邑よりもわずかに遅れて始まっているようです。

付け加えますと、名古屋市内の正木町《まさき》貝塚であるとか、あるいは、志賀《しが》公園という遺跡の土器では、粘土や形を見ると、どうも東山窯跡の辺りで作られた可能性が高いのです。しかし、実際にその窯跡は見つかっていません。ただ、型式的に非常に古く、大阪府の陶邑とほぼ同時期の製品が出ていますので、

第 71 図　六大Ａ遺跡出土の初期須恵器・渡来系土器（森浩一編，2001『東海学の創造をめざして』五月書房より）

将来、陶邑とほぼ同時期の窯がこの辺りで発見される可能性があるということを指摘しておきます。もっとも、そうであったとしても、初期に陶邑のものがこちらへ流入しているということも、やはり明らかなようです。

さらに三重県津市の六大Aという遺跡から発見された土器からも面白いことが分かります（第71図）。この種の土器は、東山窯をはじめとするいわゆる猿投《さなげ》窯跡群でも出ないし、陶邑でも出ていないそうです。ということは、その近くに―つまり伊勢に―もう一つの古い初期須恵器を焼いた窯跡が発見されるか、あるいは、あったという可能性があるということです。ちなみに六大A遺跡では軟質の韓式系土器が出土しています。

韓式土器というと、さきほどの陶質土器とどこがどう違うのかとおっしゃるかもしれません。この韓式土器は陶質土器に対してやや柔らかいといいましょうか、色合いも赤味がかったり、あるいは、灰色がかった色調をしています。そこで、韓式土器とか軟質土器と呼んでいます。そういった土器も六大A遺跡では出ています。土師器に近く、しかし製作技法は陶質土器に近い、そういう土器が出て来るということは、そういう土器を作る人々が近くにいたと考えても良いと思います。それはともかく初期須恵器もこの地域ではいち早く製作されているわけです。

これは私の判断ですが、東海地域の土器は、型式的には加耶の土器と非常に関係が深いと思います。もっと思い切っていいますと、加耶の地域からやって来た人々がこの土地で最初の須恵器を焼いたといっても過言ではないと思います。そんな状況が見られるのです。もっとも初期須恵器と陶質土器は非常に密接な関係があり、現物を見て、これが海を渡って持ち込まれたのか、あるいは、この土地で焼かれたのかは区別しかねることも事実です。それほど似ています。ということは加耶の技術を実現することのできる何かがあったということでしょう。そして、初期須恵器や陶質土器に対する科学的な成分分析も試みられています。いずれにせよ、加耶の系統の土器が運ばれて来た、もしくは、加耶の土器を作った技術で焼かれたものが陶邑と並んでいち早く尾張で生産が開始された、ということを重要な事実として記憶に止めていただきたいと思います。

第 72 図　金生山最後の鉄鉱脈（右の黒い部分、カメラを構えるのは八賀晋先生）

鉄鋌の産地問題と遺跡

次に問題にしたいのは、そういった陶質土器や初期須恵器を出土した遺跡についてです。まず注目したいのは、名古屋市中区の伊勢山中学校遺跡です。年魚市《あゆち》潟の古墳の分布を見ますと、断夫山古墳の少し北に伊勢山中学校遺跡が位置しています。この伊勢山中学校遺跡で興味深い点は、一つは陶質土器が出ていること、もう一つはこの伊勢山中学校遺跡の竪穴住居の中からバチ型をした鉄素材である鉄鋌《てってい》[2]—鉄の練《ね》り金《がね》、いち早く森浩一先生が注目して論文をお書きになっている—が出土しているという点です。これは鉄器を作るための鉄素材です。

この鉄素材は、陶質土器と同じく加耶付近から運ばれて来たものでしょう。これは東海以東では東京都、千葉県に次いで三例目の非常に珍しい発見です。古墳時代にこういう鉄素材を加工して各種の鉄製品が製作されました。この鉄素材と関連して興味深く思いましたのは、八賀晋先生が一九九四（平成六）年にまとめられた『古代赤坂金生山《きんしょうざん》の製鉄研究』（金生山製鉄史研究会）という書物の中に、岐阜県大垣市の金生山に赤鉄鉱が出る鉱脈があり、そこが今、第72図で見るように大変注目されているという記述があるのです。

八賀先生のご研究によれば、東海各地の古墳から出土した鉄製品、すなわち刀剣類や、斧とか鎌などの成分を分析すると、金生山の赤鉄鉱の鉱石を原料とするものは砒素と銅の含有率が非常に高いという特色があるようです。そして、東海各地で出土する製品の中には、金生山の鉄鉱石で作ったものが含まれることが指摘されており、それらの中には四世紀にさかのぼるものもあるということです。つまり、すでに四世紀に金生山の鉄鉱石から鉄素材を作り、それを使って鉄製品を仕上げたことが考えられるわけです。そうしますと、さきほど私は輸入品といいましたが、ひょっとしたら金生山で鉄鋌が作られた可能性もないとはいえません。この伊勢山中学校遺跡出土の鉄鋌の成分分析を通じて、今後、ぜひ解明していただきたいと思います。ともかく古代の東海において、鉄の問題は非常に重要です。

古代の住居と採暖装置

鉄素材の問題と合わせて、もう一つ注目したいのは名古屋市中区の正木町遺跡です。この遺跡は初期須恵器の問題にも関わる、大変興味深い重要な遺跡ですが、とくにそこの竪穴住居に注目したいと思います。なぜかといいますと、この住居には壁に竈《かまど》が作り付けられているのです。

縄文時代と弥生時代の住居では炉が一般的です。床に炉があって、そこで煮炊きをし、暖をとり、そして、明かり取りにもなります。しかし、この正木町遺跡の竪穴住居では、五世紀の前半という非常に早い段階にもかかわらず、壁際に竈を作り付けているのです。日本列島で竪穴住居にいつ頃から竈が作り付けられたかという問題は、研究課題の一つにもなっています。これが普及しますのは古墳時代の後期、六世紀後半以後のことですが、東海ではすでに五世紀の前半頃にそれが出現していることになります。今のところ日本列島で一番古い作り付け竈というのは、私が知っている限り、弥生時代の終末期頃から古墳時代のごく初頭の頃のものです。たとえば、大阪府堺市の四池《よついけ》遺跡でその頃のものが見つかっていますし、九州でも弥生時代終末期にさかのぼる竈の例があります。どうも弥生時代の終わり頃に、竪穴住居に竈を作り付けるという生活様式が流入して来て、開始されているようです。

今、流入して来たといいましたが、これは古代朝鮮渡来の生活様式です。ところで、『三国志』の、「魏志倭人伝」の前に「魏志韓伝」という部分があります。そこには住居の西に竈を作るという記述が見られます。その点に関して一九八〇年に、釜山の西隣りの金海《きんかい》市の府院洞《ふいんどう》という遺跡が発掘された際、竪穴住居に竈が見つかり、これが韓国における初見例となりました。「魏志韓伝」に記述だけはあったのですが、やっと具体的なデータとして裏付けられたわけです。日本の弥生時代終末期に併行した時期に、朝鮮半島東南部で竈の存在が確認されたのです。最近そうした例がどんどん増えて、今ではもう弥生時代の後期のはじめ、あるいは中期の終わり頃に相当する時期に、朝鮮半島南部地域の各地に普及し

第 73 図　オンドル状遺構（小松市・額見遺跡　写真提供：小松市教育委員会埋蔵文化調査室）

第 74 図　オンドル状遺構（大津市・穴太遺跡　写真提供：大津市教育委員会）

ていたことが分かって来ました。そして、その頃いち早く北部九州に入り、一挙に近畿地方まで伝わり、その後五世紀の中頃には関東まで広がっていったようです[3]。

竈の問題と関連して興味深いのは、第73・74図のように竪穴住居にオンドル状遺構が見つかっている点です。オンドル状遺構といえば、石川県小松市で、七世紀前後の例が知られていますが、七世紀以後になると滋賀県の大津市内でも検出されています。竪穴住居の床のところに石組みがあって、床暖房が出来るようになっています。ここで注目したいのはオンドルそのものではなく、後に床暖房のオンドルに発展する原初的なもので、便宜上オンドル状遺構と呼んでいるものです。竪穴住居の壁際に竈があって、その竈から石組みとか粘土で壁沿いに煙道が設置されています。煙道を通る熱で室内は温まるわけですから、そうした火の道を作っているという点で後のオンドルに通じる遺構です。こうした例が最近、あちこちで見つかって来ています。

今のところ一番古い例は、近江の琵琶湖の東寄りの蒲生《がもう》町の奥に日野《ひの》町というところがありますが、そこの野田道《のだみち》という遺跡で発見されました。四世紀前半にさかのぼる、須恵器が出現する以前の古い竪穴住居の壁際に、ずっと粘土で作られた、煙が外に出るようにした遺構が見つかりました。同じ構造を

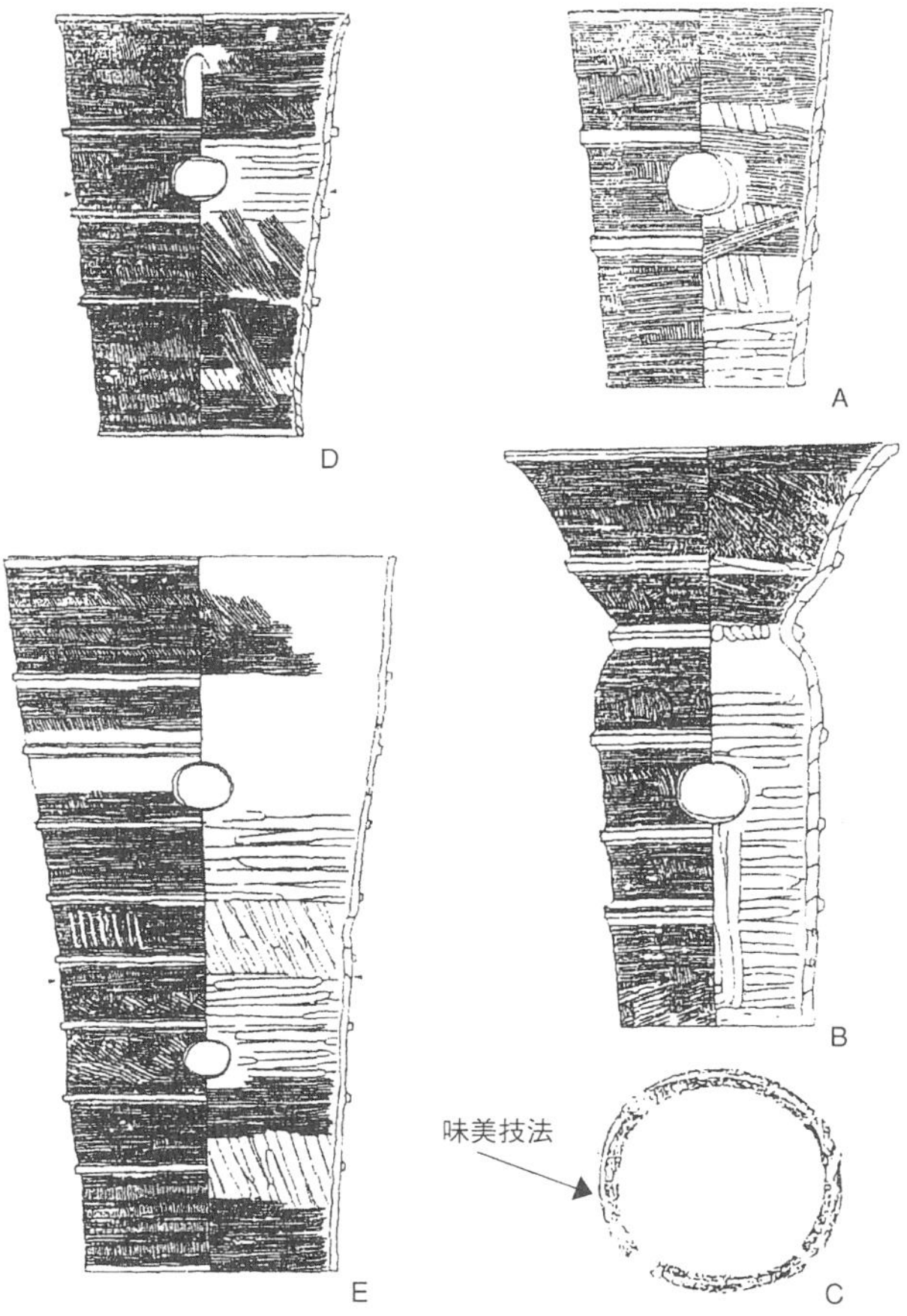

第 75 図　尾張型埴輪
A：池下古墳　B：塔の越遺跡　D：味美二子山古墳
E：断夫山古墳出土（愛知県埋蔵文化財センター，1991『池下古墳』より）

第76図　勝川遺跡出土の刻書埴輪片（35×50 mm）
1986 年 7 月 26 日撮影

したものが、六世紀以後の各地の遺跡から見つかって来ています。

こういうオンドル状遺構が最近、韓国でもあちらこちらで発掘されています。今のところ年代的にはさきほどの竈とほぼ同時期の紀元前後から二、三世紀にかけて、つまり弥生時代の後期に相当します。日本列島では、七世紀前半のものが一番古いのですが、さきほどの竈の例から類推して、私は弥生時代の終末期に、北部九州をはじめとする西日本で見つかる可能性があると予測しています。こうした生活様式の一端としての竈が、五世紀の段階で東海でも見られるということは、やはり注目してしかるべき問題であろうと思います。

円筒埴輪の文字

最後に取り上げたいのは、文字の問題です。第76図に示しましたように、春日井市内の勝川遺跡から出土した円筒埴輪の破片の内側に文字と考えられるものが二つ刻まれています。この文字としては下から上に—円筒の中に手を突っ込んで—下から上方向へと刻まれたようです。報告書では、おそらく生乾きのときに書いたのではないかとあります。そこに書かれた文字とは何でしょうか。それを私は「于」という字、その次は「目」ではないかと思います。その下には縦の一本棒があるのですが、これは残念ながら割れていますので判別出来ません。こういったものが東海で見つかっており、年代的には五世紀の終わりから六世紀の初め頃と考えられます。

文字は文明の大きな指標です。たとえば、現代でも、国連は国際識字年を設けて文字の普及を盛んに提唱しています。つまり五世紀終わりの段階で、この尾張地域において文明化が始まった、あるいは進み始めたということです。五世紀後半といえば、有名な埼玉県の稲荷山鉄剣銘文も五世紀後半です。この時代は、文字に象徴される文明化が一気に進んだ時代といえるでしょう。円筒埴輪の文字がどんな背景から登場したのか、今のところ確実なことはいえませんが、私は百済系渡来人の関与の可能性があるのではないかと推測しています。

東海における文字といえば、皆さんすぐ思いつかれるのが三重県の安濃《あのう》町、あるいは嬉野《うれしの》町の文字資料のはずです。弥生時代後半の時期に、嬉野町の大城遺跡で「奉」に見える字を刻み、安濃町の見蔵遺跡では――これは古墳時代前期のものですが――「田」に見える字を墨書しているということで、発見された当時マスコミにも大きく報道されました。皆さんの記憶にも残っているのではないでしょうか。

二〇〇〇年に、大阪府立弥生文化博物館では「卑弥呼の音楽会」、つまり弥生時代に焦点を当てた楽器の展覧会を開催しました(4)。その時の展示品の中に嬉野町と安濃町で出土した「田」とか「奉」という文字を記した資料も展示されていて、私はそこで初めて実物を見ることが出来ました。新聞発表の当時、考古学や文献史学の先生方が慎重に検討されて、文字として発表されたわけです。そのことが正しいとすれば、穂積裕昌先生が三重県伊勢で渡来系の文化がまま見られ、その背後には渡来系集団の存在が考えられるという趣旨のことを述べられました(5)が、そのことと関わって来るのではないかと思います。つまり、五世紀後半以後の初期の文字の姿、あるいは文明化の始まりというか、そのことを示す注目すべき事例が尾張にもあるということで、おそらく朝鮮渡来の文明であろうと考えるわけです。しかし、穂積先生ご自身は嬉野町や安濃町の文字資料に関しては疑問を持っておられるようです。

問題点の整理

このように見て来ますと、古代国家成立以前の弥生時代からすでに古代朝鮮に源を発するさまざまな文化上の問題が整理されて来ます。すなわち、

・無文土器という文化現象が東海で見られたという問題。

古墳時代の、とくに五世紀から六世紀にかけては、

・須恵器というそれまでまったくなかった、新しい製作技術で作られた土器が登場する問題。

・鈴鹿市のホコリ1号墳で出土しているような金製の垂飾りの付いた耳飾りが出て来る問題。

・埼玉県の稲荷山古墳出土の鉄剣に見られるような象嵌《ぞうがん》という新しい技術が出現する問題。

そして古墳時代の生活様式としても、

・竪穴住居内に竈が作り付けられたり、あるいはオンドル状遺構も出始めるといった問題。

などがあります。

これらのことから、私は五世紀から六世紀の時期を、手工業生産における技術革新の世紀と呼びたいと思います。

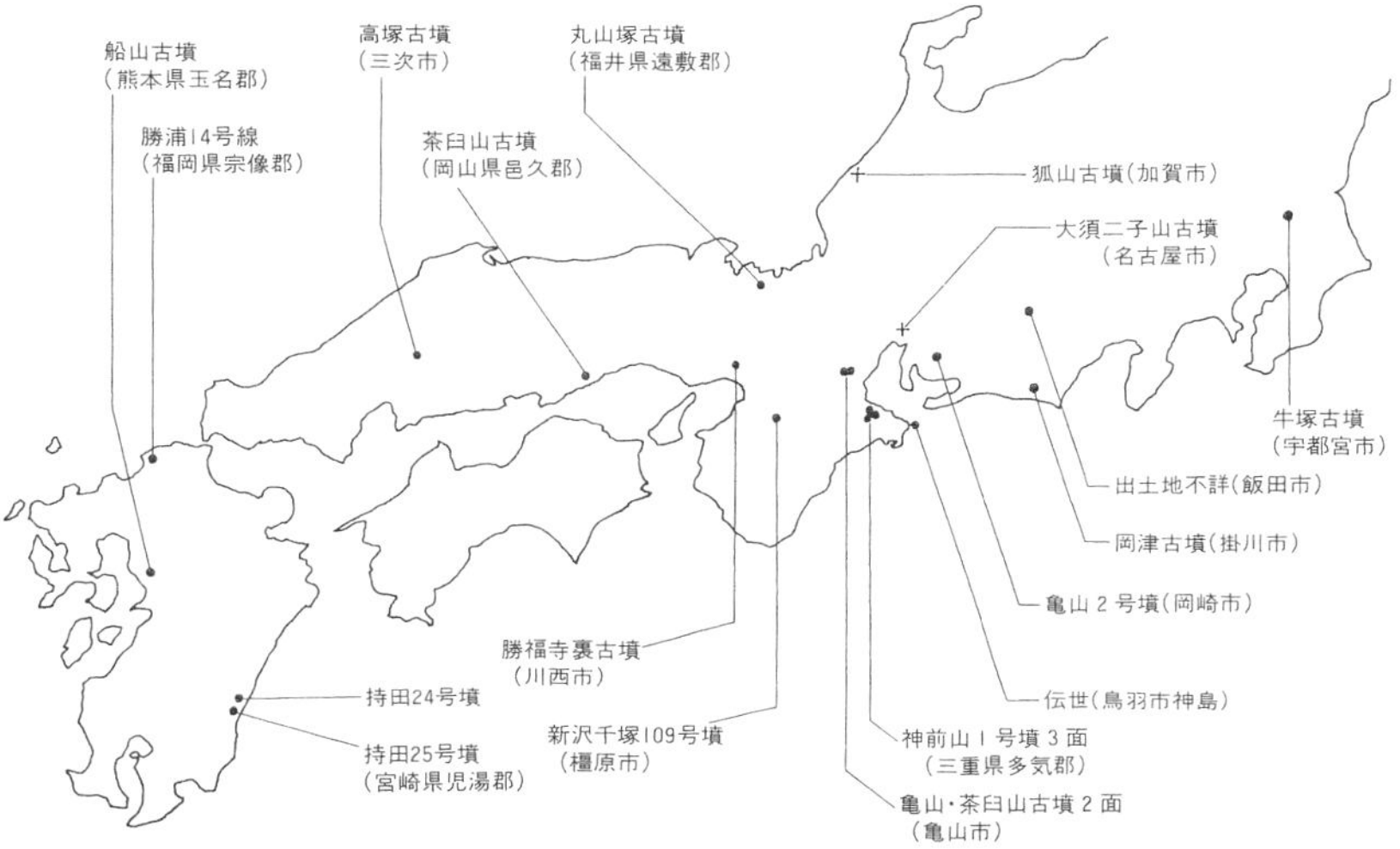

第 77 図　画文帯神獣鏡同笵鏡分有図（澄田正一，1963「伊勢湾沿岸の画文帯神獣鏡について」『近畿古文化論攷』吉川弘文館より）

なお、付言しますと、木簡で志摩国英虞《あご》郡名錐郷《なきりのごう》から耽羅《たむら》の鰒《あわび》というのが調《ちょう》として献上されている問題についてです。耽羅は現在の済州島ですね。耽羅と日本列島との関係というのは古代においては頻繁ではなかったのです。それに対して、済州島と百済との間にはずい分と密接な関係があって、最近では先史時代の本土部から済州島の土器が――あそこの土器は火山礫《れき》が入っていますからすぐ分かるのですが――出たりしていて、密接な関係がずい分うかがえます。一方で日本列島との関係は古代においては希薄であるということを考えますと、一つは九州辺りで加工されたものが、耽羅の名を冠して運ばれて来たという可能性も一部にはあるのではないかと思います。長崎県の壱岐島の北端に串山ミルメ浦という遺跡がありまして、そこから鰒貝がたくさん出て来ました。古墳時代後期です。ここは鰒の加工場ではないかと推定しています。

ちなみに壱岐は占いが有名で亀卜なども出土しています。

そして、先進的な技術を駆使した文物が出て来る古墳は、断夫山古墳にしろ、味美二子山古墳にしろ、非常に巨大な古墳です。そこから出土するもの、あるいは、そういう巨大古墳を築いた人々の集落から出て来るものを見るにつけ、巨大古墳の世紀である五世紀は非常に技術革新が進んだ世紀だといえます。これに対し同じ五世紀を、文献史学の藤間生大《とうませいた》先生は、『倭の五王』（岩波書店、一九六八）の時代とされています。古代朝鮮のみならず、中国との国際交流も非常に進んだ、国際化の世紀として捉えることが出来ます。東海地方の国際的な諸要素を考古学から見て、とりわけ古代朝鮮との間接的な関係が深いことを今日は確認しつつお話を進めて来ました。もちろん、合わせてこの時期は古代中国との関係にも深いものがあります。伊勢湾沿岸は画文帯神獣鏡という鏡が濃密に分布する地域として紹介されています（第77図）。この鏡の元になる鏡は中国南朝の画文帯神獣鏡をモデルとしたものです。(6)

考古学と文献史学の観点を総合しますと、五、六世紀という時代は、東アジアにおいて中国の北朝と高句麗・新羅、これに対する中国の南朝と百済・加耶に日本列島の倭が加わり、大きく南北二つの勢力圏に分かれていた時代でした。そのような国際情勢を反映して、日本列島の倭にもっとも関係の深かった加耶や百済の文物が入ってくるのは当然でしょうし、その背後の南朝の文物が入ってくるのもまた当然といえるでしょう。そういう古代の国際化、国際交流という視野で古代東海の文化を見ていくことも、東海学創造の一つの視点ではないかと思います。

最後に一言述べますと、私は東海に見られる朝鮮系文化ということで、背後に渡来人の問題を指摘しました。五、六世紀にまず加耶、そして百済、新羅との関係もあったことを述べました。海を越えて運ばれて来た陶質土器の出土は、上述のとおり、美濃＝岐阜県が一番多くて八例、次いで愛知県が七例となっています。ここまでは考古学の問題です。

しかし、こういった事実に対して、『続日本紀』の次の記事を参考にしたいと思うのです。元明天皇の霊亀元（七一五）年に、尾張国の人と新羅の人、七四家を美濃国に戸籍を移し席田《むしろだ》郡を建てたという記事が見えますね。新羅の人を尾張から美濃に移したということは、八世紀初め以前に尾張に新羅の人がいた、と解釈して良いと思うのです。同じく『続日本紀』の天平宝字二（七五八）年のところには、新しく出来た美濃国席田郡の大領の子人《こひと》という人の言上が載っています。それによれば、郡の大領子人の六世の祖父――六代前のお祖父さん――は賀羅《から》の国から天皇の徳を慕ってやって来たというのです。そして、名前がないので名前を下さい、と言上をして賀羅造という姓を賜ったという記録が出ています。この場合は、郡の大領の六代前が賀羅すなわち加耶の国の人だというのです。仮に文字どおり六代ということを信用し、一世代二〇年ないし三〇年としますと、西暦六〇〇年前後になりましょうか。その頃から加耶の人もいたという記録が、そのように『続日本紀』に見られるのです。年代については、考古学上、土器によって得られる知見との間に少しギャップがありますが、こういった記事は東海の渡来文化、あるいは渡来人の問題を考えるときに参考になるのではないでしょうか。

〔注〕

（1）佐原　真、一九八七「みちのくの遠賀川」『東アジアの考古と歴史』中、同朋舎出版。

（2）森　浩一、一九五九「古墳出土の鉄鋌について」『古代学研究』二一・二二合併号、古代学研究会。

（3）西谷　正、一九八三「加耶地域と北部九州」九州歴史資料館開館十周年記念『大宰府古文化論叢』上巻、吉川弘文館。

（4）大阪府立弥生文化博物館、二〇〇〇『卑弥呼の音楽会』大阪府立弥生文化博物館図録二一。

（5）穂積裕昌、二〇〇〇「伊勢の地域的特質―近畿から東国へ至る陸路と海路の地域的拠点―」第八回春日井シンポジウム資料集、同シンポジウム実行委員会。

（6）澄田正一、一九六三「伊勢湾沿岸の画文帯神獣鏡について―櫛田川流域の調査を中心として―」『近畿古文化論攷』吉川弘文館。

第3章　北陸の渡来文化　―渡来人の虚像と実像―

石川県、つまり古代の加賀・能登における渡来人の足跡といいましょうか、そして、それを象徴するような遺跡として小松市の額見《ぬかみ》遺跡[1]が発見されまして、多くの竪穴住居にオンドル状の遺構を持っていることが分かりました。そのルーツといえば、韓国でその関連の遺跡が次々と見つかっているのです。額見遺跡については渡来人の集落であろうという評価がなされていますが、そういう集落をどのようにして特定していくかという問題があります。また、小嶋芳孝氏によりますと、たとえば高句麗から使いが来たときに、その使節団を送り届ける送使、こちらからも送って行き向こうでいろんな情報をつかんで来るということもあったでしょう。

そういうわけで、これまで渡来人をキーワードとして、いろいろと考えて来たところです。渡来人という言葉は四〇年ほど前から、学界はもとより古代史・考古学に関心のある方々の間で話題を呼ぶようになって来るのです。それは一つには、亡くなられましたが、作家であられた金達寿先生がきっかけを作られました。先生はもともと現代小説を書いておられましたが、晩年というか後半に入ると歴史小説や日本の中の朝鮮文化に関心を持たれて、ずっと調べていかれたのです。そうしますと、日本列島にはずい分早くから、また、いろんな地域に朝鮮半島から渡来して来た人々の痕跡があることが次々と明らかになって来ました。

そして一方で、古代史学界においては上田正昭先生らを中心として、いわゆる帰化人という問題が研究されました。そういう中で帰化人は帰化人として、しかし、帰化人という言葉で表現できない朝鮮半島から渡って来た人々の重要性についての研究も深められていきました。そういうことで一九六〇年代の終わりから七〇年代の初めごろには、渡来人という言葉がかなり普及して来ますとともに、帰化人という言葉が影を薄めていったわけです。(2)

誤解があってはいけないんですが、帰化人といっていたのが実は帰化人ではなくて渡来人だということではなくて、帰化人というのは現代でもありますように、古代においてもいたことは事実です。帰化人も含めて渡来して来た人々全体を考えていく必要があるということです。今、述べましたように、渡来人を考えるときにすぐ帰化人が念頭に浮かぶというか、また、年配の方々は帰化人と渡来人が一体どういう関係にあるんだろうかと思われるかもしれません。上田正昭先生のご研究によりますと、帰化とか帰化人という言葉で非常に重要なことは、居住地を決めて戸籍に登録することなんです。私達、いろいろ事あるごとに戸籍謄本や戸籍抄本を取りますけれども、それを見ると、どこどこで何年何月に生まれ、そして、戸籍に入れたと書かれています。これが大事なんです。ですから、帰化あるいは帰化人というのは国家が成立して、そこで戸籍が作られ、それに登録するということです。したがって、日本列島以外の地域から来た人々が、居住地を決めて戸籍に登録されることがまさに帰化です。そういう帰化人は日本列島で国家が成立した以後、現代まで続いているわけです。実はそういう人々だけが渡来して来たわけではありませんし、それ以外に大勢の人々がいて、それらの人々が日本列島の歴史の発展に大きな役割を果たして来たということです。

今、戸籍が大事だといいましたけれども、この点につきましては皆さんご承知のとおり、『日本書紀』によりますと天智天皇九（六七〇）年に庚午年籍という戸籍が作られました。これが日本で一番古い戸籍といわれています。国家が体制を整え、律令制度つまり法律によって国家を治めてゆきます。地方行政制度も完備するという方向にだんだん進みます。その一環として戸籍が作られるわけです。戸籍を作るということは、それにもとづいて税金を徴収し、経済的な基盤を安定させるということにもなるのです。そういうことで、七世紀の後半以後に帰化人がいたことは事実でして、それをいろいろ調べるとほとんどが朝鮮半島からの渡来人であるということです。

さてここで、渡来人という言葉がキーワードですが、それも一つ一つそのつど説明すると繁雑ですので渡来人といっています。厳密にいいますと、渡って来た人が渡来人であり、その人々が住み着いて二世、三世、四世と続きます。さらに、四〇〇年余り前に渡来して来た人々が今もその家系を継いでいる場合さえあります。たとえば、陶磁器で有名な薩摩焼の沈壽官先生の家なんかがそうですね。四〇〇年前から営々として渡来人の系譜を守って生きておられる人々です。最初に渡って来た人が渡来人であり、二世、三世以後につきましては渡来系の人々、あるいは、その一族という意味では渡来系集団というべきだと思うんです。

同じように渡来文化につきましても、海を渡って運ばれて来たもの、新しい先進的な技術や文明、そういうものは渡来文化ですが、それが日本列島に根づいて、そこで形を変え、変容してゆきます。そうしますと、これは渡来文化というよりも、厳密にいえば、渡来系の文化と呼ぶべきでしょう。また、その表われ方も、渡来系の人々のこだわりというか、関わり方のいかんによって内容もずい分変わって来ますけれども、そういうふうに厳密には分けるべきだと思っています。

そして、日本列島以外の地域から渡来して来た人々が原始・古代はもとより、それ以後もいるわけですが、とくに原始・古代におきましてはほとんどが朝鮮半島からの人々です。小嶋芳孝さんは、いってみれば渡来人、渡来文化、あるいは渡来系集団なり渡来系文化を考えるときに、何万年も前の旧石器時代にさかのぼって考える必要があるといわれたことがありましたが、まったく同感です。今から何万年か前に地球が非常に寒冷化したとき、少しでも暖かいところを求めて旧石器時代の人々が現在の朝鮮半島辺りから日本列島に渡って来る頃から始まるのです。そして、縄文時代何千年の間には対馬海峡を挟んで沿岸部の人々が相互に往来していたことは、相互に互いの土器が出土したりしますので、間違いないようです。

そういう流れの中で、遠く石川県におきましても三引《みびき》遺跡で朝鮮の新石器時代の櫛目文土器のようなものが出て来るのです。対馬海峡を挟んで沿岸部の住民は、当時漁労活動が中心ですから、自由に、また自然に交流している中で行ったり来たりして、互いに住み着くこともあったことでしょう。それが縄文時代の実像ではないでしょうか。そのような背景からはるか石川県にもその痕跡があるのかもしれません。これは石川県と朝鮮半島というよりも、対馬海峡を挟んだ沿岸漁民を通じてまず出雲に伝わり、出雲からさらに北陸へという途中の経由地があると思うのです。そういった縄文時代の交流が何千年にわたって続くわけです。

そのような何千年にもわたる往来が、その後の交流の歴史の大きな基盤として作用し、今から二千数百年前に始まる弥生文化の成立へとつながるのです。その弥生文化といえば、稲作と金属器に象徴され

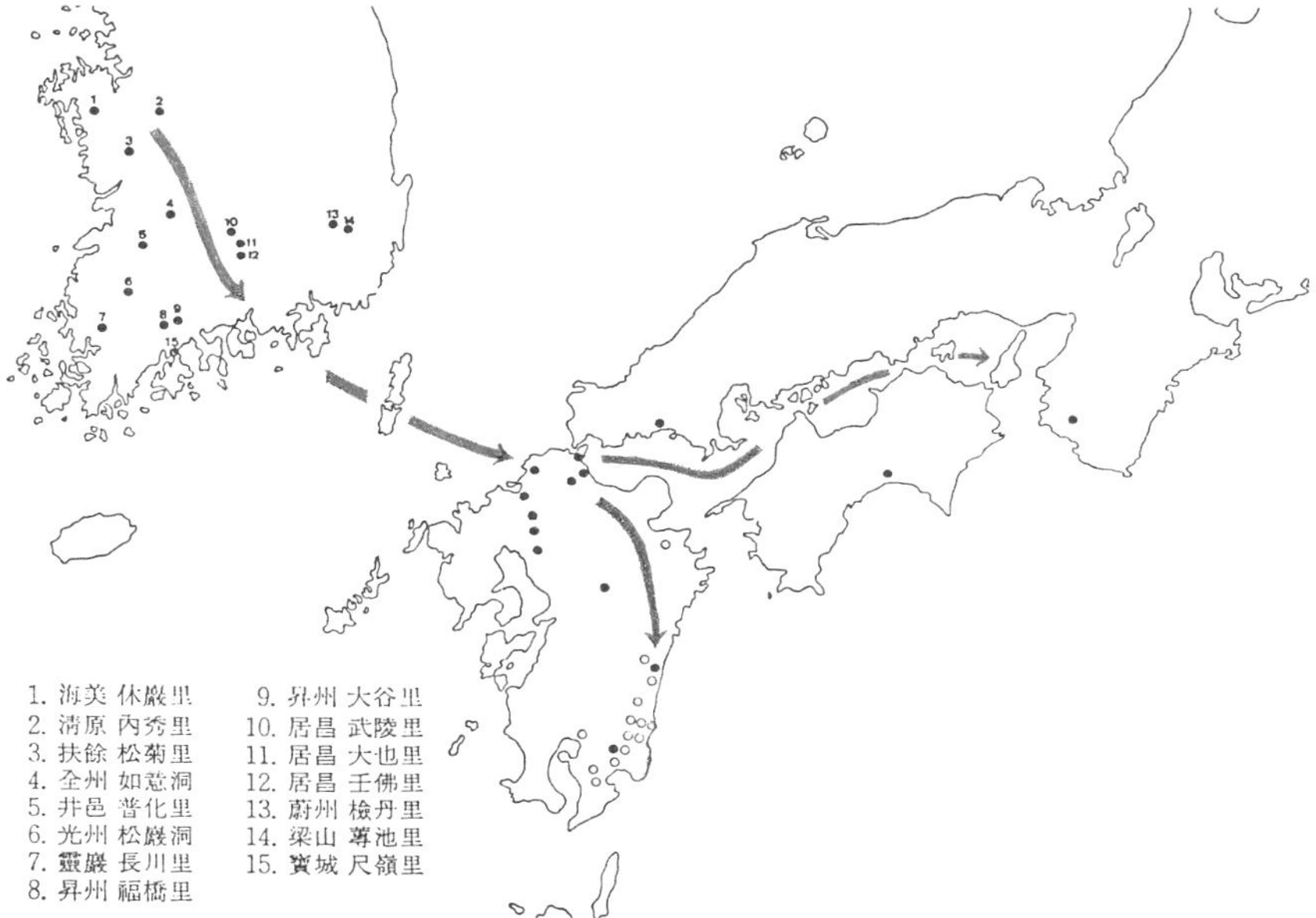

第 78 図　韓半島南部から西日本へいたる松菊里型住居の伝播経路（李健茂，1992「松菊里型住居分類試論」『韓国史学論叢』より）

る文化であることは、義務教育を受けた日本国民すべてが知っていることです。弥生文化の形成に当たっては単に新しい土器がもたらされたとか、あるいはまた、珍しい青銅器がもたらされたというだけではなくて、稲作の技術あるいは墳墓の様式、たとえば支石墓という墳墓が登場したりもします。

そして、韓国の李健茂先生の業績の中に、「松菊里《しょうきくり》型住居」（第78図）に関する論文[3]があります。朝鮮中西部の松菊里遺跡で特徴的に見られる竪穴住居の様式が、北部九州をはじめとしてずっと近畿地方や、さらには東海地方まで、変容しながら伝播しているのです。そしてまた、弥生土器がふんだんにある時代に朝鮮の無文土器が出土したりします。こうなって来ると、そういった技術や文化を担った人々が海を渡ってやって来て住み着き、また、その子孫も定着していったと考えるべきではないでしょうか。

そういう人々がおそらく日本列島を、日本海岸あるいは太平洋海岸の沿岸沿いにずっと北上して行くわけです。ですから、稲作の歴史というのは、日本列島を北上する歴史といっても過言ではありません。たとえば、九州で稲作が始まった頃の非常に特徴的な土器に遠賀川式土器という弥生土器があります。これが一〇〇年ぐらいの間に青森県まで伝播しています。それとともに稲作技術はおそらく日本海岸の北陸から新潟へとずっと北上して行って青森で定着したのではないでしょうか。その折に、担い手としては朝鮮半島からの渡来系の人々が関わっていたと考えています。いくつかの遺跡を見ますと、たとえば島根県の西川津遺跡とか鳥取県の長瀬高浜遺跡といったところでは、稲作文化とともに朝鮮系の無文土器が出土しています。ですから、日本の稲作文化が列島の北部へと伝播していく背景には渡来系の人々、あるいは、渡来人の子孫が関与したのではないかと推測しています。そういう渡来人なり渡来系の文化が弥生時代開始期の特徴ではないかと思っています。

そして、弥生時代も後期になりますと、日本列島において非常に大きな技術革新が起こります。弥生時代後期になると鉄器が普及するのです。弥生時代は金属器の時代といわれますが、当初は青銅器で、後期になると鉄器が普及します。このことを考えるとき、その背後にやはり朝鮮半島東南部の「魏志倭人伝」に出て来る狗邪韓国といった地域の鉄が問題になります。また、鉄や鉄器を作る技術と一緒に、叩いて仕上げた灰陶質《かいとうしつ》（瓦質）土器、それまでの縄文・弥生土器にまったくなかった、叩き技法で作った土器が出て来ます。あるいはまた、竪穴住居跡の壁際に作り付けた竈もその頃に出て来るのです。倭人伝のすぐ前を見ますと、「魏志弁辰伝」がありますが、そこでは韓の弁辰の国々では住居の西側に竃を作ったと書いてあります。ですから、弥生時代後期に鉄器が普及し、少なくとも近畿地方ぐらいまでは灰陶質（瓦質）土器や竃も流入しています。

そのルーツといえば、倭人伝に邪馬台国の使者が帯方郡を通じて洛陽に行くという国際交流の時代に当たり、その時代に朝鮮半島東南部の鉄や鉄器、あるいは叩いて仕上げる土器の技術や竃が、九州そして近畿地方まで伝来して来るのです。そのように、弥生時代の後期も非常に大きな変革の時期です。それらもやはり土器とか竃とか、生活に密着したものが新しく出て来ますので、その背後に渡来人なり、渡来系の集団を想定するのが自然ではないかと思うのです。

そして、日本列島の各地にあった小さな国々がまとまってヤマト王権の時代へと入ってゆきますが、古墳時代の始まりです。古墳時代においても前期、中期、後期と大きく三つの時期に分けて考えます。そのうちの中期というのは非常に大きな出来事が起こった時代です。私は常にいっているのですが、古墳時代中期というのは五世紀から六世紀にかけての頃ですが、巨大古墳の世紀なんです。大仙《だいせん》（仁徳天皇陵）古墳のように、ピラミッドに比較されるような巨大な古墳が日本列島の各地で築かれるのです。

そのように巨大古墳の世紀でありますが、一方でこの時代は国際交流が非常に盛んであった時代でもあります。これは文献記録でいえば、倭の五人の大王が中国南朝に使いをやって、国際化が非常に展開した、倭の五王の時代です。その時代に中国からも新しい技術や文化が入って来ますし、もちろん朝鮮半島からも継続して入って来るわけです。巨大古墳の世紀の前方後円墳などを発掘しますと、手工業生産において技術革新がずい分と進行しているんです。そういうことから、私は技術革新の世紀でもあるというい方をしています。たとえば、石川県の二本松古墳から加耶系の冠・耳飾り、あるいは、帯金具が出たりしています。その他、甲冑とか、鏨《たがね》で文様や文字を彫り込んで金や銀をはめ込む象嵌の技術であるとか、生活のいろんな面で新しい技術が五世紀には突然出て来るんです。そこで私は、技術革新の世紀と表現しています。

そればかりか生活様式を見ましても、さきほども、問題にしました作り付けの竈も竪穴住居に出現します。これも五世紀になると近畿地方からさらに関東、もちろん北陸へと伝播します。私が調べたところでは、確か石川県でも五世紀後半の竈の例があったと記憶しています。

そして、お墓を見ても、この時代になると横穴式石室という横から出入りして次々と家族を埋葬することが出来るという新しい様相が見られます。ともかく古墳時代中期、五世紀という時代は身の回りで非常にいろんな変化が起こっています。片や朝鮮・中国など外国にもどんどん出かけて行っています。そういう中でこそ、まさに象徴的に巨大古墳が築かれるという社会です。

そこで一つ考えたいと思いますのは、さきほど取り上げた竈が関東地方まで広がっていくことにしても、これは非常に生活に密着した住居様式のことです。そして、その時代の日本列島の土器は縄文・弥生土器の伝統を受け継いだ土師器《はじ》ですけれども、それ以外に叩いて仕上げるという灰陶質（瓦質）土器といったものも出現します。生活に非常に密着したものがあるということは、やはりその背後にそういう生活様式を持った人々がいたということです。その新しい生活様式のルーツは現在の韓国、朝鮮半島南部ですので、その辺りから渡って来た人々、あるいはその子孫がそういう新しい生活を始めたのではなかったでしょうか。

いろんな面で技術革新が見られるといいましたけれども、もう一つ非常に重要なことを忘れてはなりません。それは、四世紀末ないし五世紀になって須恵器《すえ》という硬い焼きの土器が作り始められるのです。その元になるような朝鮮の土器はすでに海を渡って舶来されていましたが、日本列島内で須恵器を焼き始めるのは五世紀からです。さきほどもお話をしました金達寿先生は、須恵器というのは朝鮮語のスゥエから来ているといわれました。朝鮮語でスゥエというと鉄という意味なんです。つまり、鉄のように、金属のように硬い焼きの土器というので須恵器と呼んだ、それが須恵器の語源だとおっしゃっています。私もまったく同感です。博物館へ行きまして、韓国から借りて来られた土器をケース越しに見ますと、金属かと思われるぐらい色も焼きぐあいも違いまして、これまでまったく見なかった新しい高度な技術で焼かれた焼き物であることを実感します。

須恵器につきましても古式須恵器が石川県内でも見つかっています。たとえば、七尾市の矢田遺跡出土の須恵器の蓋があります。これにつきましては、初期須恵器と呼ばれています。初期須恵器という用語は、私たちの仲間うちで、日本列島で最初に窯の中で焼かれた硬い土器をそのように呼んでいます。須恵器はもちろん中世までずっと焼かれるわけですが、はじめて焼かれたものをとくに初期須恵器という用語で呼んで区別しています。

一方、この初期須恵器に対して、「加耶系陶質土器」とも呼ばれます。同じ須恵器ですのに、片や「初期須恵器」つまり国産だといわれ、片や「加耶系陶質土器」と呼ばれるのです。土器は同じ一つなんですが、ある人は国産、つまり日本列島ではじめて焼かれた初期須恵器だとおっしゃり、ある人は加耶の系統といわれます。陶質土器というのは舶来品、渡来品だという言葉です。いい換えれば、それほ

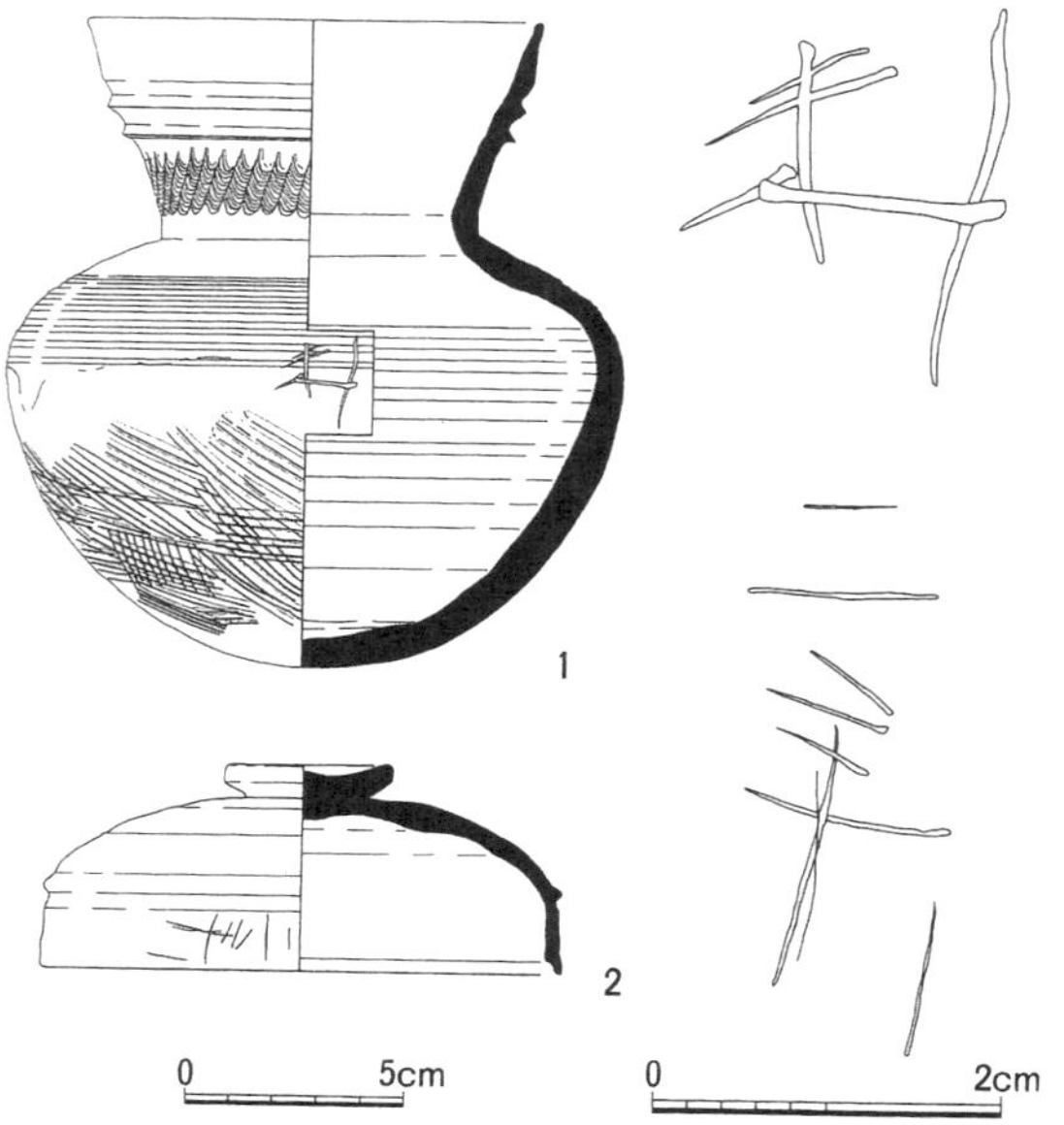

第79図　和田山23号墳出土刻書須恵器（能美市教育委員会（菅原雄一），2014より）

ど土器の産地同定は難しいということです。私もこれをぜひ手に取って見て、また陶邑などで見つかっている窯から出たものと比較して調べてみたい気持ちが起こりましたけれども、それほど難しいんです。専門家が見ても意見が分かれるぐらいです。海を渡って運び込まれたか、あるいは日本列島で焼かれたか区別がつかないものがあるんです。

ここで、最近の調査結果として、非常に注目されるのは、石川県能美市の能美古墳群からは初期須恵器[4]が多量に発掘されています（第79図）。そのうちとくに、和田山23号墳では、五世紀末の須恵器に「二年」とか「未」という漢字が刻書されていました。日本における文字の初期のものとして、きわめて重要です。

ということは、モデルになったのが加耶の土器であることは間違いないわけです。加耶から持って来られたものなのか、それをモデルとして焼かれた初期須恵器なのかという判別が非常に難しいんです。それほど最近では胎土分析といいまして、微量元素の組成から決着をつけるというやり方もあります。それほど区別が難しいということは、土器を焼いた人、仮にこれが日本列島で焼かれた国産の土器であるとすれば、これは加耶人と考えざるを得ないと思います。加耶から渡って来た人が加耶で作っていたように焼いたから、加耶のものと区別がつかないぐらいよく似たものが出来上がったということです。そういうわけで、日本の初期須恵器の国産化の背後には、間違いなく朝鮮半島、とくに加耶の人々が日本列島に渡って来て、そして焼き始めたのが起源であると考えるべきでしょう。

比較のために分かりやすくいいますと、近世初期の薩摩焼や萩焼にしても、四〇〇年余り前の文禄・慶長の役、つまり豊臣秀吉が朝鮮半島を侵略し、技術者を連行して来て焼かせたのが始まりです。ところが、伝統を大事に守っている作家もあれば、中にはおよそ四〇〇年前の陶磁器と関係のないオブジェや前衛的な作品を作ったりする人もおられます。そういうふうにして、その後の関わり方によってずいぶん変容する場合もありますが、当初におきましてはそっくりです。窯跡から出なければ朝鮮の李朝（朝鮮）時代の陶磁器と見紛うばかりのものが萩焼、薩摩焼、唐津焼にもあるのです。そういうことが千数百年前にもありました。そのような技術をもたらしたのが朝鮮半島から渡来して来た人々、あるいはその子孫になろうかと思います。

そういうわけで、古墳時代中期、五世紀の頃の技術革新の背後には、先進的な技術を持った人々が渡って来て、土器を焼いたり製鉄技術を教えたり、また、馬具を作る技術を伝えたりしました。つまり日本列島における技術革新の担い手、師匠は朝鮮半島、とくに加耶の人々ではなかったかというわけです。

そういう中で、もう一つ重要な問題があります。この時代には加耶を中心とした朝鮮半島東南部の先進的なものが入って来るといいましたが、それには背景があって、当時の国際情勢が大きく関係しているのです。当時、一言でいえば、北東アジアにおきまして南北世界が形成されていました。つまり、北は中国大陸の北朝に朝鮮半島の高句麗・新羅という北方の勢力圏です。それと対立するような感じで中国の南朝があり、そこと手を結んだ百済があり、さらに百済と仲の良い、日本列島の倭があるという形です。その間に古い時代には加耶もありました。そういう中国の北朝、高句麗・新羅、それに対抗する南朝、百済・加耶、倭と大きく二つの世界に分かれていたのです。南北世界はそれぞれ互いに抗争したり戦争したり、あるいは平和的な話し合いをしたりと外交戦略を駆使するわけです。そういう中で日本列島と一番仲の良い加耶、その先の百済、そして百済から中国の南朝へと倭の方が出掛けて行ったのでした。そういう中で当然といえば当然のこととして、加耶や百済の先進的な技術や文化が入って来るという背景の中で理解出来るのです。

ただ、ここで重要なことが一つありまして、それは外交の二重構造という問題です。これは今から三〇年以上前に、聖徳太子の問題で話題になった人ですが、大山誠一先生という古代史が専門の方がそういう論文を発表されて(5)、非常に感銘を受けました。つまり、外交には二面性があって、中央政権とは別に、地域政権が独自の交流を持っていたというわけです。たとえば、九州でいいますと、ヤマト王権が新羅と敵対しているとき、ヤマト王権に反抗する北部九州の豪族、筑紫君磐井は、新羅と内々に通じていた、新羅から賄賂をもらっていたと『日本書紀』には書かれています。中央政権は新羅と緊張状態にあるけれども、地方では新羅とツーツーであるという二面性です。北陸の場合、小嶋芳孝さんがおっしゃるように、越の中に越王権があり、そして、加賀・能登の王権がヤマト王権とは無関係に、あるいは、独自に朝鮮半島の新羅や高句麗と交流を持っていた可能性があるといえましょう。まさにその点です。

中大坤さんが韓国の前方後円墳に関連して、朝鮮半島西南部の栄山江流域に独自の勢力圏があって、そこは北部九州もしくは中九州のたとえば江田船山古墳に葬られた豪族、つまり肥君に相当する豪族と、ヤマト王権や百済という正式の国家間の関係ではなくて、九州と栄山江流域という地域間で交流を行っていたのではないかといわれて[6]います。まさにそのとおりですね。ですから、外交には常に二面性があって、地域と地域の交流、これは日本列島でもそうですが、日本列島外、とくに朝鮮半島の地域との間に交流があったということもまた重要なことです。その際に朝鮮半島から人々が渡って来たり、あるいは場合によってはこちらからも出掛けて行くということが考えられるのです。そのようにしまして、古墳時代の五世紀を中心とした頃には、外交の二面性、二重構造が非常に重要なことであり、そういう中で渡来人、渡来文化を考えていく必要があるというわけです。

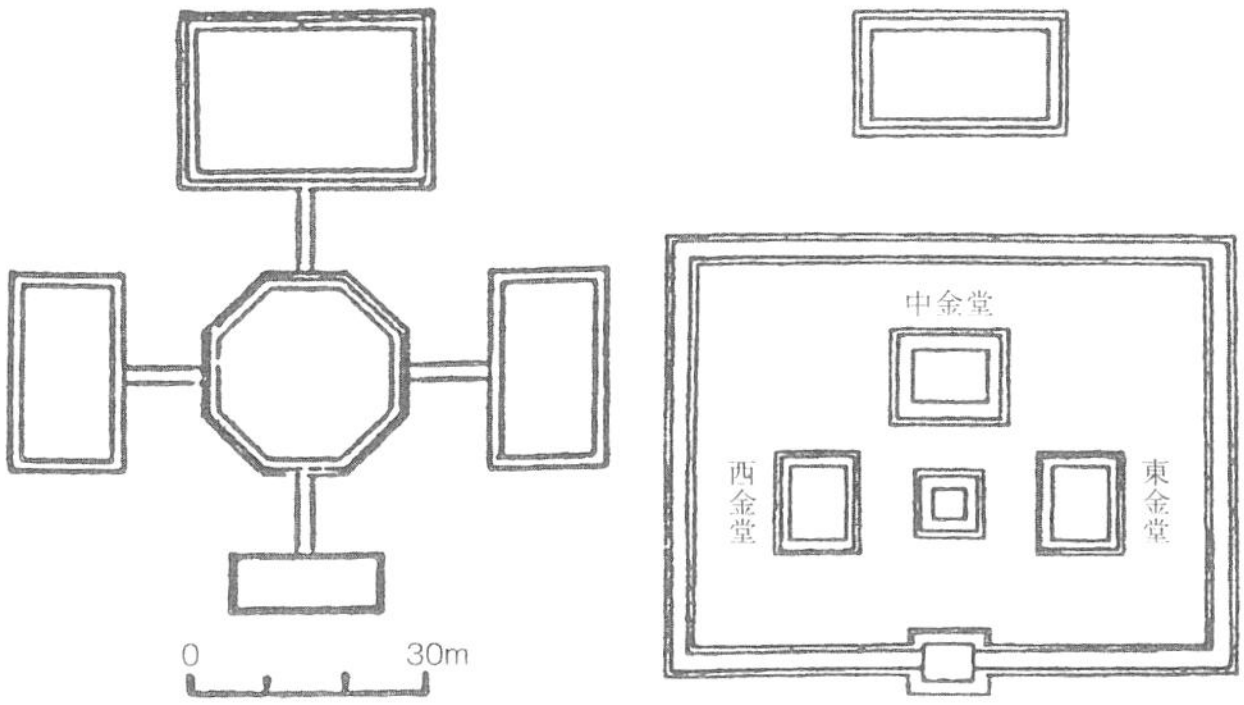

清岩洞廃寺（金剛寺）　法興寺（飛鳥寺）

第80図　清岩洞廃寺と法興寺の伽藍配置図（著者提供）

古墳時代も後期になりますと、また新しい社会へと大きく移行してゆきます。古墳時代の終わりの頃は、考古学の時代区分でいいますと古墳時代後期と呼んでいますが、一方でその頃に大和盆地南部の飛鳥の地に王朝が出来まして、飛鳥王権の時代に入ってゆきます。考古学では古墳時代の後期、あるいは終末期と呼んでいますけれども、一方では飛鳥時代と同じ時代のことです。

この関係を如実に示してくれるのは、飛鳥に飛鳥寺とか法興寺という寺院があって、周知のとおり『日本書紀』によりますと崇峻天皇元（五八八）年に創建されています。その寺跡の発掘が行われたとき、私は高校二年生でしたが、見学に行きました。当時、奈良国立文化財研究所の鈴木嘉吉・坪井清足両先生が、とくに坪井先生は鉢巻をして掘っておられました。すると、塔の心礎のところに鎮壇具としていろいろなものが納めてあったのです。それらを見ると甲や装身具の耳環が出たりと、それらは古墳時代後期の横穴式石室から出て来るものとまったく同じものです。それらを見ると、飛鳥時代が実は古墳時代後期でもあることをまざまざと見せ付けられたことを、高校生のころに実感した記憶をいつも思い出します。

古墳時代後期に、日本に仏教が伝来し、その殿堂として建てられたのが、法興寺、つまり仏法を興す寺、まさに日本最初の伽藍寺院といったところです。飛鳥にありますので飛鳥寺とも呼ばれます（第80図）。飛鳥寺のような寺を建てるということは大土木工事ですね。それに百済から僧侶や建築技術者らが派遣されて来ます。その中にはたとえば瓦博士がいます。発掘された寺跡の近くに瓦窯跡があって、そこで焼かれた瓦と同じ瓦が寺跡から出土します。それを見ると現在の扶餘に都があった頃の百済の瓦と、蓮弁の数は少し違ってもまったく同じ文様形式といって良いものです。『日本書紀』に書かれている記録と発掘された瓦の文様を見ると、瓦一つを取っても百済仏教直伝といってよいくらいの内容です。

ところが、飛鳥寺を見ると伽藍配置が一風変わっているんです。伽藍の真ん中に塔が一カ所ありまして、その周りに金堂が三つあることから一塔三金堂式伽藍配置ということになっています。この伽藍配置は日本周辺を見渡して、どこにあるかといいますと、高句麗後期の都があったピョンヤンに見出せます。ピョンヤン市内に清岩洞というところがありますが、その付近に金日成・金正日父子の遺体が安置されている錦繍宮殿というところがありますので、私たちは現地には行けません。そこを戦前に日本人が発掘していまして、清岩洞廃寺跡と呼んでいます。それがまさに一塔三金堂式なんです。法興寺の屋根瓦は百済式ですが、建物の伽藍配置、設計は高句麗式らしいというわけです。

飛鳥時代といえば、聖徳太子の仏教の師匠が高句麗僧・慧慈でした。飛鳥仏教を考える場合に、百済仏教だけでなくて高句麗仏教も同時に考える必要があるのです。そのように百済と高句麗の関係が見られるということです。飛鳥時代は、いい換えますと古墳時代後期のそういう時代です。

古墳時代後期の古墳を見ますと、まさにそういう時代を反映して古墳の中に仏教的な要素が表われます。その一例として、兵庫県北部の豊岡市のすぐ北に村岡町というところがありまして、そこに長者ヶ平という古墳があります。そこの石室に蓮華の文様を描いているのが見つかっています。私はずいぶん分前に現地へ行って調べたことがあります。去る二〇〇〇年、大阪府立近つ飛鳥博物館で実物が展示されましたが、そういうものが日本海側で見つかっているのです。仏教文化が入って来たことで、古墳の中にも影響を与えているということなんです。

また、村岡町の長者ヶ平古墳のすぐそばに八幡山古墳というところがあります。そこは八幡神社の境内にあるところからそういう名前が付いていますが、その古墳を見ますと珍しい石室構造をしています。これはどういうことかといいますと、難しい言葉ですが、隅三角持送り式天井の構造を持っています。石室を築くのに石を平面は長方形に積んでいきますけれども、コーナーのところは斜めに石を渡すのです。ちょうど隅が三角になっているので隅三角です。順番に持ち送って狭めていって、最後に頂上に天井石を置くという構築方法です。隅三角持送り式天井というのは、私たちの間では高句麗の建築様式と考えています。このルーツを探れば敦煌石窟の壁画に至るのです。敦煌と高句麗に同じものがあるということは何を意味するのかといいますと、真ん中に前秦という国があって、前秦という国が東で高句麗に仏教を伝え、西で敦煌を開いているという関係で両者に共通点が表われるわけです。そして、おそらく北朝の前秦から高句麗に伝わった建築様式が高句麗で流行します。それがさらに朝鮮半島の東海岸を経由して、山陰・北陸へと伝播して来たのではないかと考えたいのです。

その典型的な例が、日本列島では数少ない例として石川県でも知られていまして、地元の皆さんには良く知られた能登島町の蝦夷穴《えぞあな》古墳です。蝦夷穴古墳の横穴式石室は、一つの大きな真四角の方墳の中に二つ並んでいるんです。一つの古墳の中に二つ並んでいるというのも珍しいですね。ここの天井部のコーナーが三角に切られたようになっています。このような隅三角持送り式構造という高句麗の技術の石室が見られる蝦夷穴古墳は非常に重要ですので、文化庁では国の史跡に指定しています。この右側つまり東側の雌穴と呼ばれる石室から珍しい鉄の斧が出土しています。すなわち柄の着装部が空洞になっていて、枘《ほぞ》穴鉄斧という呼称があります。この形式の鉄斧は日本では島根県、奈良県、京都府や石川県などで数例しかありませんが、こういったものは新羅でも見られるということです。

そこで、皆さんの中に思い出される方がおられると思いますが、『万葉集』の能登の国歌に杣人《そまびと》つまり木こりが新羅の斧を海に落として嘆き悲しんでいるという歌がうたわれています。その新羅斧というのはこういうものではないかと教えてくれるものが、ここから見つかっているのです。このように見て来ますと、能登あるいは加賀の地域の古墳文化の中に、古墳時代の後期あるいは飛鳥時代においてはどうも高句麗や新羅との関係があるらしいことがうかがえます。なぜ高句麗あるいは新羅のものが入っているかを考えるときに、私は漂着民の文化ではないかと思います。つまり、日本列島に向かっていたころ漂流し、着いたところが加賀・能登であったというわけです。そのことを示す文献史料の中に、『日本書紀』欽明天皇三一（五七〇）年の条に、高句麗の使者が越の国に到着したとか、あるいは新羅の琴が二張、こちらに流れ着いたとか、そういう記録から類推しますと、これらは漂流の結果で、偶然的な要素が非常に強いのではないかと私は考えています。

飛鳥時代につきまして、小松市の額見遺跡のように、大規模な集落遺跡で、朝鮮系軟質土器なども出土して、渡来系移民集落という解釈もなされています。

額見遺跡については、契機として飛鳥の王権は関係していないという感じを持っています。私は高句麗からの漂流民がまず第一歩を刻み、やがて北陸の地にこういうすばらしい技術を持った集団がいるということがヤマトに聞こえて、その後、推古朝の額田部《ぬかたべ》などの設置につながると思っています。それ以前に実体として漂流民がここに住み着いて、新しい第一歩を踏み出したのでしょう。

それはあくまでも可能性の問題です。ここで当時の朝鮮半島の状況を考える必要があります。新羅が六世紀の中頃からどんどん勢力を伸ばしていって、やがて唐と連合して百済ついで高句麗を倒します。その過程で、新羅に対抗して百済と高句麗が倭と手を結びます。百済とはもともと友好関係にありましたが、その北の高句麗も新羅が脅威になって来て、新羅を牽制するため後ろの倭と手を結ぶようになったのです。そういう中で使いを送って来たのでしょうけれども、本当なら対馬、壱岐を経て北部九州に着くべきところが、漂流して越の国に着いたのです。そこに住み着いて、おそらく新しい技術で新しい開発を行っていったことでしょう。そのことが中央に聞こえて推古朝になると、この地に対する介入を行った、そういうイメージで見ています。

　白鳳時代になりますと、非常にまた大きな問題があります。私は白鳳時代というのは公権力が北陸地域の渡来文化に関わっていると考えます。やはり小嶋芳孝さんのご指摘のように、阿部比羅夫《あべのひらふ》が百済救援軍として派遣されます。当然、帰って来ます。そのときに百済の文化を持ち帰っている可能性があります。もう一つ非常に重要なことは、どうもここに一世か二世か分かりませんが、百済人の子孫が住み着いていたという記録が、『続日本後紀』に出て来るのです。そういうことを考えると、ヤマトの中央政権が北陸地域から百済へ派遣したり、中央政権によって本拠地を移された人々がいたということです。私は飛鳥時代は漂流民的な偶然の機会が多いと思いますが、白鳳時代に入りますと、中央政権が北陸地域の渡来人なり渡来文化に大きく関与していたと考えます。

　そういう意味では、近江国の蒲生《がもう》郡や神前《かんざき》郡辺りに渡来人を何百人あるいは一〇〇〇人以上も住まわせたという記録も非常に重要です。この地域に行きますと、石塔寺という寺院に五重の石塔が残っていまして、それが扶餘の近くの長蝦里《チャンハリ》というところの石塔と非常によく似ているんです。これなどは、百済から渡って来て住み着いた何百人という渡来人が、自分たちで寺を建てて造った石塔ではないかと思っています。今、蒲生町と扶餘の長蝦里の村が町村レベルで姉妹協定を結ばれまして、ずい分と行ったり来たり交流を行っておられます。それはともかくとして、公権力が何百人という人々をあっちに住まわせたり、こっちに移したりということをやって、渡来人あるいは渡来系の集団がヤマト王権の支配下のもとで生き続けた、ということがあったのではないでしょうか。

〔注〕

（1）小松市教育委員会、二〇〇六～二〇〇八『額見町遺跡Ⅰ～Ⅲ』—串・額見地区産業団地造成に伴う埋蔵文化財発掘調査報告書一～三—。

（2）上田正昭、一九六五『帰化人』中公新書。

（3）李　健茂、一九九二「松菊里型住居分類試論」『韓国史学論叢』擇窩許善道先生停年記念韓国史学論叢刊行委員会、一潮閣。

西谷　正、一九九八「松菊里型住居の分布とその意味」『先史日本の住居とその周辺』同成社。

（4）能美市教育委員会（菅原雄一）、二〇一四「石川県能美市　能美古墳群　和田山二三号墳」『考古学研究』第六〇巻第四号、考古学研究会。

（5）大山誠一、一九八二「継体朝成立をめぐる国際関係」『史学論叢』第一〇号。

（6）申　大坤、二〇〇一「栄山江流域の前方後円墳」日韓国際シンポジウム『飛鳥の王権とカガの渡来人』石川県立歴史博物館。

第4章　綿貫観音山・八幡観音塚古墳と朝鮮半島

日本の古墳文化、わけても綿貫観音山古墳や八幡観音塚古墳のある群馬県を中心として、また、その時代である六世紀の後半を中心とした頃に、古代朝鮮と関わりがあるどういった遺物なり遺構があるのでしょうか。ここで私は主として遺物の面からそういった点に触れてみたいと思います。

まず取り上げたい問題としまして、どの時代もそうですが、古代においてもっとも基本的な文物といいましょうか、遺物として残っているものに土器がありますが、その須恵器の問題から入ってみたいと思います。

もうすでにご承知のとおり、今から一五〇〇年以上前に、それまでの縄文・弥生・土師器という日本で伝統的に使っていました土器に加えて、日本で初めて須恵器という硬質の硬い焼きの土器が出現して来ます。その後、五世紀の終わりから六世紀に入り、各地で須恵器が作られていきます。当初においては古代朝鮮から持ち込まれたもの、あるいはそれをそのまま真似たようなものから始まります。関東あるいは東国につきまして、その辺りのことはかつて埼玉県立歴史資料館（現、駒沢大学教授）の酒井清治さんが詳しく研究しておられます。酒井さんのご研究[1]によりますと、六世紀、つまり須恵器が日本各地に普及している時代に、群馬県においても太田市の東金井に窯がありましてどんどん焼かれています。そういう時代にもかかわらず、つまり土師器や須恵器が自由に手に入る時代にもかかわらず、どうも朝鮮と関わりの深い別の焼物があるということです。例を挙げますと、高崎市内の佐野遺跡とか、ちょっと北の渋川市といったところで遺物が出ているようです。

土器というのは、人々の日常生活にとって非常に基本的な日常の容器です。そのために先史時代以来ずっと日本独特の土器が発達して来ましたが、五世紀頃から須恵器が出現します。そのような土器が普及している段階にもかかわらず、六世紀の時代に群馬地方で朝鮮と非常に関わりの深い土器が出ているのです。それは軟質の土器で、土師器とも須恵器とも違うのですが、成型技法を見ますと、格子目と刷毛目がありまして、大きな瓶の破片とか、あるいはまた平底の小さな鉢などにそういったものが含まれています。これは分量もごく限られていますが、宝物とか特別貴重なものではなくて日常的な容器であり、しかも土師器や須恵器がたくさんある時代に、なおかつそういうものがあるということは、じゅうぶん注目に値する遺物ではないかと考えます。

刀剣の象嵌技術と王冠

つぎに取り上げたいのは主として大刀ですが、刀の柄とか刀身の部分に象嵌《ぞうがん》を施すという技術が見られます。これは埼玉県の稲荷山鉄剣銘文が有名ですが、文字やさまざまな文様を刀剣の身あるいは装具の部分に象嵌を施すというものです。この点に関しましても、日本では五世紀の中頃から始まりますが、六世紀頃になると全国的に出土して来ます(2)。

象嵌技術の起源につきましては、全羅北道南原の月山里で、実に見事な金や銀を象嵌したものが知ら

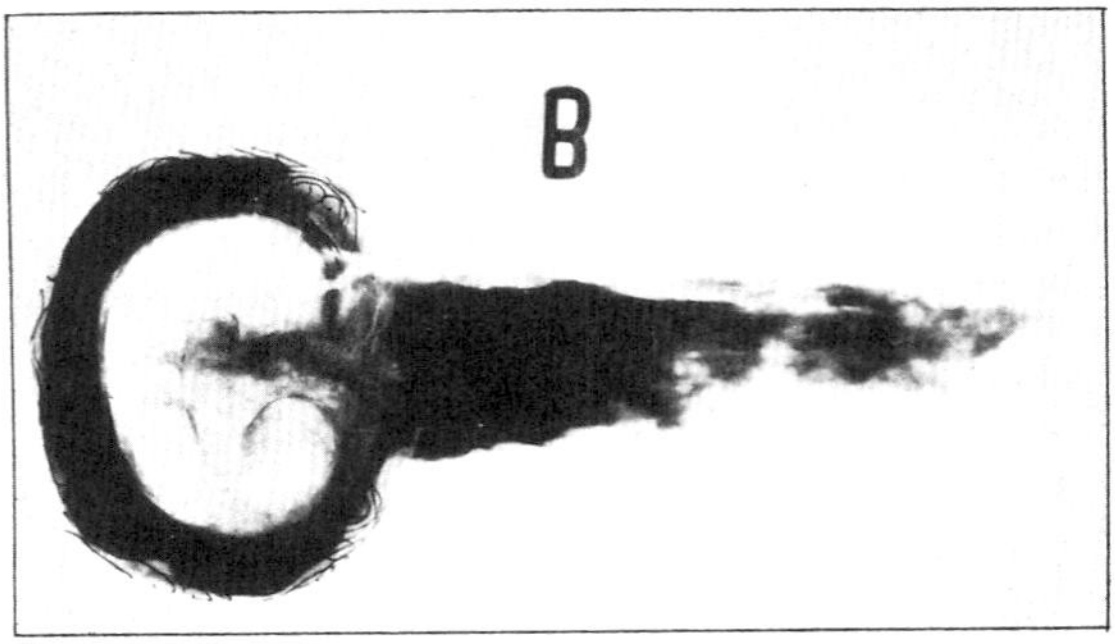

〈사진 2〉 X-레이 촬영으로 찾아낸 銀象嵌唐草文様

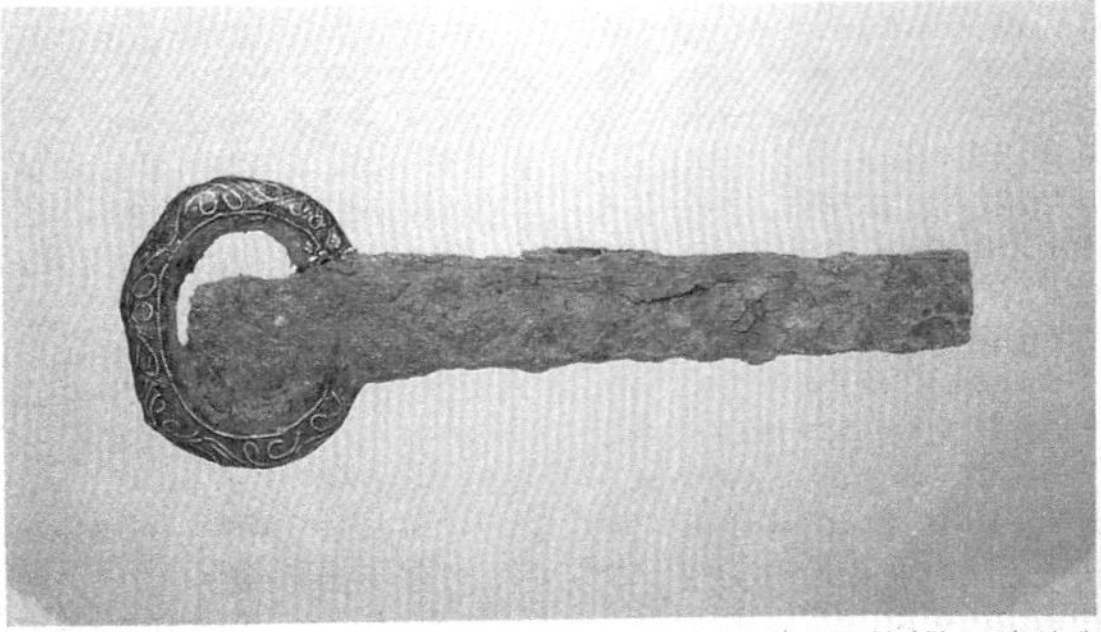

〈사진 3〉 보존처리한 後의 상태

第81図　池山洞32NE-1号墳出土　銀象嵌単鳳環頭大刀

れます。それは一応、百済のものと考えられています。ちょうど稲荷山鉄剣銘文が見つかったことが刺激になりまして、韓国におきましても刀剣類にX線をかけるという作業が行われましたところ、慶南北道高霊市の池山洞出土の素環《そかん》頭《とう》の大刀の把頭《つかがしら》のところに、銀で象嵌した唐草文様が見つかりました（第81図）。このように見て来ますと、どうも五世紀の中頃に百済ないしは加耶から伝来した象嵌技術が、五世紀の後半から六世紀にかけての頃、日本の倭でも始まり、また普及していく状況がうかがえそうです。

現在、日本で知られている刀剣の象嵌は、およそ一二〇例ほどあろうかと思います。そのうち一つだけ参考例としてお話ししますと、ここ観音山古墳では二つの大刀が出土しています。その一つの素環頭大刀を見ますと、鞘《さや》の付け根の部分、つまり鍔《つば》に当たる部分と鞘尻《さやじり》のところに龍が二匹向かい合った見事な銀の象嵌が施されています。これは百足《むかで》という人もいるようですが、一応、龍が二匹向かい合っているとしておきましょう。その他、すでに昔、東京国立博物館に入っているものに、やはり高崎市内から出土したと伝えられる象嵌のあるものが二例ほど知られていまして、この辺りで六世紀代に数例の象嵌技術が見られるということになります。

もう一つ、観音山古墳の大刀で注目されますのは、残念ながらレントゲン撮影により象嵌があることが分かっただけで、現在は錆が覆っており肉眼では見ることができませんが、珍しい象嵌文様が認められます。これは図柄を花と見立てれば花形文となりますが、弓なりの弧文が連続してありますので連弧、真ん中に輪が一重ないし二重ありまして、そういう意味では輪状文ということになりますので、連弧輪状文、もしくは花形文といわれる類の象嵌です。この種のものは現在のところ全国で一三カ所ほど見つかっています。一三カ所ほどのうちには、藤ノ木古墳で発見された大刀の二例も含まれます。

そのように重要なものが観音山古墳で見つかっているのです。この点に関しましては、一三例の分布範囲を見ますと、北は福島県の八幡横穴の23号墓、そして、ずっと南に来まして九州の江田船山古墳といったように、かなり全国的に分布しています。もちろん畿内でも、藤ノ木古墳の他に、畿内の前方後円墳の最後の一つである大和平群《へぐり》の烏土塚《うとづか》などで見つかっています。このように見て来ますと、花形文、もしくは連弧輪状文といわれる象嵌文様が、やはり近畿地方を中心として、北は福島から南は熊本辺りまで広範に分布しているという状況が指摘できます。

いま象嵌の話をしましたが、群馬地方におきましてはもう一つ昔から私たちになじみ深いものに、前橋市の山王山金冠塚で発見されている見事な金銅製の冠があります。この冠につきましては、非常に特色があり、〝山〟という字、もしくは〝出〟という字に似ていることから、山字形、あるいは出字形の冠と呼ばれています。

この形式はもともと中国の東晋から五胡十六国時代の北方遊牧民族のシャーマンが、神がかりになったときの依《よ》り代《しろ》として樹木を頭に挿していたことに由来しています。つまり、いい換えますと、シャーマン的な首長が司祭するときの樹木の依り代が金属になり、樹木形の冠飾りとなります。その形がしだいに崩れていき、最後のものが山王山金冠塚から出土したああいうタイプのものになるわけです。これについても皆さんが指摘されるように、新羅の金冠と形態が非常に似ています。ただ違うところは、山王山金冠塚のものは金銅製品であるという点が一つです。そして〝出〟もしくは〝山〟という字形をした飾りについてです。新羅の金冠は歩瑤《ほよう》が付いていて、動かすと揺れるような感じですが、群馬県内の出土品の場合は、上にくっついています。さらに、出字形の本体も先端が非常に大きく誇張されている点も異なります。以上のことから、ルーツは確かに新羅の金冠ですが、やはり倭製と考えたいものです。そのように、百済・加耶、それ以外に新羅と関わりの深い文物も見られるということです。

初期の文字資料

さらに取り上げたい問題は、初期の文字資料です。この問題につきましては、日本古代において文字がいつごろから普及するのかという点が絶えず私たちの関心にのぼって来ます。これまでの研究成果によりますと、だいたい大化改新《たいかのかいしん》の頃、つまり七世紀の中頃から、文字がようやく全国的に普及していきます。これは、やはり大化改新によって地方制度といいましょうか、そういう国内統一の過程で、いろいろと行政機構が整っていきます。その際、文字の使用が行政と非常に深い関連をもって広がっていったようです。

その結果、具体的な遺物としましては、木簡《もっかん》とか、土器に墨で文字が書かれたりとか、あるいは、これから取り上げるような、土器に文字を刻むといった資料が知られます。そういった文字資料が七世紀の中頃から全国的に認められるようになります。その頃の遺物が、群馬県内におきましても甘楽郡吉井町の黒熊第四遺跡というところで、「下」という字と「家」という字を書きまして、何と読むのか私には分かりませんが、そういう文字を表裏に刻んだ紡錘車《ぼうすいしゃ》が見つかっています。七世紀中頃以後になりますと、全国的に俄然、そういうデータが増えて来ます。

それに対して、七世紀中頃以前の、つまり観音山や観音塚古墳の時代の文字資料はきわめて少ないのです。実は私、この問題につきましては、四〇年ほど前からずっと資料を集めながら考えているのですが、七世紀中頃以前の非常に古い文字資料が群馬県内から出ています。

去る昭和六三（一九八八）年に、古代東国の王者の時代、つまり「三ツ寺居館とその時代」というテーマの特別展が群馬県立歴史博物館で開催されました。その折の図録を拝見していましたら、高崎市内の下佐野《しもさの》遺跡、あるいは佐波郡赤堀町の下触牛伏《しもふれうしぶせ》遺跡といったところで、土師器もしくは須恵器に、明らかに文字と思われるものが刻まれていました。実物を見ていませんので、何と解読できるのか、まだそこまで至っていません。図録によりますと、古墳時代後期と書かれていますので、日本でも非常に古い文字資料が群馬県内にはあるということになります。

さきほど述べました須恵器や土師器がふんだんにある時代に、きわめてわずかですが、古代朝鮮と関わりの深い土器が出土するということと、竪穴住居に住んでいる当時の一般の住民が朝鮮と関わりの深いそういう土器を持っていることとを合わせ考えますと、やはりこれは文字を知っていて文字を書ける人の存在、具体的にいえば、そういう先進的な文字なり土器の技術なりに関わった渡来系の人々の存在も、やはり考えてみる必要があるのではないかと思う次第です。

見事な石工技術

最後に取り上げたいと思いますのは、主として石室構造面の話でして、かねて関心を持っていました観音山古墳も、平成元（一九八九）年にはじめてつぶさに見ていて、報告書などで知っていた以上に感激しましたのは、見事な石工技術です。角閃石安山岩《かくせんせきあんざんがん》を四面加工したり、中には部分的に切り込んだものまであります。そのような石材を使って整然と組み立てて立派な石室を造っていました。こういった切り石造りの石室は、ご承知のように、古墳時代後期から終末期にかけて日本の各地で見られます。いちばん有名な例を挙げますと、観音山や観音塚の時代では奈良県桜井市の文殊院西古墳とか、その後、畿内では大和の高取町の束明神古墳などがよく知られます。群馬地方におきましても、いま述べました観音山古墳、あるいは時代が少し新しくなりますと、前橋市総社の宝塔山《ほうとうざん》古墳や蛇穴山《じゃけつざん》古墳に見られます。

そういう見事な石工技術といいましょうか、切り石造りの石室が、群馬県下で出現しているという問題です。この点につきましては、畿内大和の切り石造りの石室の技術が百済系のものであることは、古くから多くの人が説いて来たところですので、こういう新しい先進的技術はやはり百済との関係で理解すべきだと思います。

このように見て来ますと、断片的な資料だけを取り上げたとはいえ、観音山・観音塚両古墳の時代において、また、高崎市を中心とした群馬、いわゆる上毛野の地域において、あるときは新羅とか、百済の、また、新羅によって滅ぼされる以前においては加耶の、といった具合に、朝鮮半島三国時代における、主として南部の百済・新羅や加耶といった国々に起源が求められるような、さまざまな要素が少なからず認められます。

わけても私が注目したいのは、巨大な前方後円墳を築いた首長層ではなく、文字資料とか土器といった当時の地域社会を支えていた一般住民と関わりの深いものが出ているという点です。その背後には渡来人の存在も考える必要があるのではないかと思うのです。

ここで、少し補足をさせていただきます。古墳時代というのは前方後円墳の時代ともいわれるように、前方後円墳の時代が終わったということは古墳時代は終わったに等しいような出来事だと思うんです。それがちょうど推古朝に起こるということは、推古朝に新しい行政なりいろいろな面で秩序が変わったということで、そういう動きと関係があるのではないかと思われます。

推古朝の前夜に当たる六世紀の中頃以後、新羅が非常に勢力を拡大して来まして、それまで仲の良かった高句麗の南方も一部手中に収めたり、あるいは、百済の北方の一部も手に入れます。そのように朝鮮半島の中部西海岸を手中に収めて中国にも出かけていけるといったように、朝鮮半島の政治構図が変わって来るわけです。そういう背景のもとで、高句麗が新羅を牽制する意味で倭国と手を結ぶといいましょうか、新たな交流を開始します。その結果が、欽明朝・敏達朝、そして、推古朝へと、六世紀から七世紀にかけての高句麗と倭との密接な関係の構築ということになったと思います。

日本海ルートという意味では、高句麗との関係が出て来るのは、それが国家間の外交にしろ民間同士の交流にしろ、やはり六世紀の後半以後、渤海《ぼっかい》へかけての時期ではないかと考えています。私は九州に住んでいますので、絶えず九州と出雲の関係とかにも興味を持っていまして、出雲のことはいろいろ調べているのですが、高句麗の要素はなかなかつかめません。断片的にないことはないんですけれども、やはりそれも六世紀の後半以後、新羅の勢力の拡大、強大化ということを契機として、それ以後のことであると考えています。群馬地方への日本海ルートという点についても、私は否定的です。

最後に、藤ノ木古墳に関連して、一言述べさせていただきます。千葉県には、藤ノ木古墳や綿貫観音山古墳と並んで、金鈴塚《きんれいづか》古墳という突出した顕著な古墳があります。それらクラスの古墳は各地にあるんではないでしょうか。たとえば讃岐でいいますと王墓山古墳とか、出雲では松江市の岡田山古墳といった古墳です。それらの被葬者像としては、後の郡司につながるような国造クラスの在地の豪族層と考えたいですね。

そういうことで、日本各地の古墳の分析を行う中で、おのずから藤ノ木古墳や観音山古墳の位置づけも解決されていくでしょうし、そのように全国的な視野で再検討する必要があると思っています。

一つには、古代日本における新しい文化要素のルーツを尋ねれば、百済とかその他の古代朝鮮につながるものがあるということです。この点につきまして二つほど古記録を参考にしますと、藤ノ木古墳の被葬者として、私は、膳臣《かしわでのおみ》巴提便《はすひ》説を支持しています。巴提便が外交目的で中国へ行ったときに呉の

第 82 図　６世紀後半の東アジア諸国（高崎市教育委員会，1990『古代東国と東アジア』河出書房新社より）

財物、宝物をもらって来たと書いています。そのような外交に伴う事象があります。

もう一つは、『日本霊異記』という平安時代前期、九世紀の初めに出来た書物を見ますと、たとえば備後国三谷郡の大領の祖先が、百済支援のために派遣されたが、無事に帰国したときには伽藍、つまりお寺を建てたいといって出かけます。果たして無事、帰って来まして、その郡司の祖先になる人は、おそらく国造クラスの人だと思いますが、百済の僧侶である弘済禅師《ぐさいぜんじ》を伴って帰国し、建てられたのが三谷寺であるという伝承を残しています。この寺院跡は広島県と三次《みよし》市の教育委員会が発掘調査していますが、寺町廃寺跡がそれに当たります。この場合などは僧侶を連れて帰っているのです。

そういうわけで、中央と地方の豪族が百済支援といった外交上の目的で百済に渡った折に、百済にストックされていた南朝や北朝の中国の文物を入手する場合もあれば、僧侶とかその他の技術者を連れて帰るということもあったことでしょう。そういう人々に、朝鮮起源のいろいろなものを日本で作らせるといったことも起こったと思います。そういったことが、金色に憧れていた大和人の、藤ノ木古墳に金銅製品を多く残すという結果をもたらしたのではないかと考えます。いずれにしても北東アジアという広い視野で検討していく必要があります。

ことに、綿貫観音山古墳出土[3]の環状七乳獣帯鏡と銅製水瓶はともに中国製品で、百済経由でもたらされたものでしょう（第82図）。

〔注〕

（1）酒井清治、二〇〇二『古代関東の須恵器と瓦』同成社。

（２）西谷　正、一九九七「象嵌技術の系譜」上田正昭編『古代の日本と渡来の文化』学生社。
（３）高崎市教育委員会、一九九〇『古代東国と東アジア』河出書房新社。

編集を終えて

本書は、冒頭の「発刊に当たって」でも述べましたように、『地域の考古学』のテーマのもとに編集したものですが、折にふれて行った講演・講座などの記録を集めたものであるため、体系的ではないことを改めて、お断りしておきたいと存じます。内容的には、私の専門性から古代における日本列島各地と朝鮮半島諸地域との交流史が特色になっています。また、今読み返してみますと、重複部分も少なからず見受けられますが、本書作成の性格上お許しいただきたく存じます。そして、いずれの項目もすでに発表したものですので、その発表の場や、収録された小冊子などを以下に明記しておきます。

第Ⅰ部　筑紫・豊前・日向と肥後

第1章　筑後川の流域史
本章は、２００２（平成14）年11月16・17日に、愛知県春日井市で開催された、春日井市・春日井市教育委員会・春日井シンポジウム実行委員会主催の第10回春日井シンポジウム「日本文化を考える～東海学を深める視点から～」における基調報告の記録です。
原題「筑後川の流域史」森浩一編『東海学と日本文化』（五月書房、２００３）

第2章　遠賀川流域の考古学
本章は、１９８８（昭和63）年7月23日に、福岡県直方市で開催された、九州大学公開講座『文化と人間』における講義の記録です。

原題「遠賀川流域の考古学」九州大学公開講座委員会編『文化と人間』（九州大学公開講座21、（財）九州大学出版会、１９８９）

第３章　古代宇佐と朝鮮文化

本章は、１９７７（昭和52）年5月14・15日に、大分県宇佐市で開催された、宇佐の文化財を守る会主催の宇佐市文化財保護宣言都市一周年記念の「古代宇佐シンポジウム」において発表した講演の記録です。

原題「古代宇佐と朝鮮文化」賀川光夫編『宇佐―大陸文化と日本古代史―』（吉川弘文館、１９７８）

第４章　生目古墳群と史跡整備

本章は、２００９（平成21）年10月7日に、宮崎市で開催された、第44回全国史跡整備市町村協議会の講演会における講演の記録です。

原題「生目古墳群と史跡整備」『第44回全国史跡整備市町村協議会大会議事録』（第44回全国史跡整備市町村協議会大会実行委員会事務局・宮崎県宮崎市、２００９）

第５章　鞠智城と菊池川文化

本章は、２００７（平成19）年2月24日に、熊本県山鹿市で開催された、平成18年度菊池川流域古代文化研究会総会における記念講演の記録です。

原題「鞠智城と菊池川文化」『菊池川流域古代文化研究会だより』第19号（菊池川流域古代文化研究会、２００８）

第Ⅱ部　出雲・伯耆と吉備

第１章　楽浪文化と古代出雲
本章は、２００２（平成14）年11月20日に、島根県松江市で開催された、環日本海松江国際交流会議「楽浪文化と古代出雲」における講演の記録です。
原題「楽浪文化と古代出雲」『楽浪文化と古代出雲』北東アジアシリーズ報告書'02（環日本海松江国際交流会議、２００３）

第２章　伯耆と吉備の弥生社会―倭人伝を紐解く―

本章は、２０１０（平成22）年２月７日に、岡山市で開催された、鳥取県教育委員会・岡山県教育委員会共催のとっとり発！ 弥生文化シンポジウム「とっとり倭人伝　吉備と山陰の弥生社会」における記念講演の記録です。

原題「倭人伝を紐解く」未刊

第３章　古代朝鮮と山陰の古墳文化
本章は１９９１（平成３）年10月17・18日に、島根県松江市で開催された、環日本海日朝国際交流会議「古代朝鮮文化と山陰」における講演の記録です。
原題「古代朝鮮文化と山陰の古墳文化」環日本海シリーズ　環日本海日朝国際交流会議報告書'91（環日本海松江国際交流会議、１９９２）

第4章　出雲と新羅の考古学
本章は、2000（平成12）年10月18日に、島根県松江市で開催された、環日本海松江国際交流会議「風土記時代と北東アジア─7～8世紀の古代出雲─」における講演の記録です。
原題「出雲と新羅の考古学」『風土記時代と北東アジア─七～八世紀の古代出雲─』（環日本海松江国際交流会議、2001）

第Ⅲ部　近江・美濃・尾張・加賀・能登と上野

第1章　石塔寺三重石塔建立の背景
本章は、1999（平成11）年10月31日に、当時、滋賀県蒲生郡蒲生町（現、東近江市）で開催された、蒲生町国際親善10周年記念事業・日韓文化交流シンポジウムにおける基調報告の記録です。
原題「石塔寺三重石塔建立の背景」『石塔寺三重石塔のルーツを探る』（蒲生町国際親善10周年記念事業実行委員会・蒲生町・蒲生町国際親善協会・蒲生町文化祭実行委員会、2000）

第2章　東海に見られる朝鮮系文化
本章は、2000（平成12）年11月11・12日に、愛知県春日井市で開催された、第8回春日井シンポジウム「東海学の創造をめざして─考古学と歴史学の諸問題─」における基調発表の記録です。
原題「東海に見られる朝鮮系文化」森浩一編『東海学の創造をめざして─考古学と歴史学の諸問題─』（五月書房、2001）

第3章　北陸の渡来文化―渡来人の虚像と実像―

本書は、2001（平成13）年9月16日に、石川県金沢市で開催された、石川県立歴史博物館・大韓民国国立全州博物館姉妹館提携10周年記念の日韓国際シンポジウムにおける基調講演の記録です。

原題「渡来人の虚像と実像」『飛鳥の王権とカガの渡来人』（石川県立歴史博物館、2001）

第4章　綿貫観音山・八幡観音塚古墳と朝鮮半島

本章は、1989（平成元）年1月16日に、群馬県高崎市で開催された、高崎市教育委員会主催の観音塚考古資料館開館記念の国際シンポジウム「古代東国とアジア」のシンポジウムにおける発言の記録です。

原題「古代東国と東アジア」「東アジア史からみた観音塚・観音山古墳の系譜」高崎市教育委員会編『古代東国と東アジア』（河出書房新社、1990）

最後に、本書が出来上がるについては、既発表の文章が朱筆で真っ赤になるほど加除修正を少なからず行った草稿を、きれいな原稿に仕上げていただいた㈱梓書院編集部の皆さんに、まずもって心から深甚の感謝を申し上げます。とくに、藤山明子さんには、企画の段階から辛抱強く編集作業に取り組んでいただきました。ただ、藤山さんは去る3月末をもって㈱梓書院を退職されましたが、その後は森下駿亮さんが引き継いで下さっています。お陰様で、このような一書にまとまりました。まことにありがとうございました。

なお、私事にわたって申し訳ございませんが、私は本年11月11日にめでたく傘壽を迎えることが出来ます。本書にその記念の意味を込めて心密かに自祝したいと思っています。

２０１８年5月4日　みどりの日

西谷　正

〔追記〕去る七月三日早朝、中国・河南省の旅舎にて、郷里・大阪府高槻市からの、満一〇一歳の老母の訃報に接しました。洛陽に在る「旅人一人涙流れて止まず」でした。本書を黄泉国の人となった母に捧げ、追悼の誠を捧げることをお許しいただきたいと存じます。

２０１８年7月20日

著者略歴
西谷　正（にしたに　ただし）
1938（昭和13）年、大阪府高槻市生まれ。
1966年、京都大学大学院文学研究科（考古学専攻）修士課程修了。奈良国立文化財研究所研究員、福岡県教育委員会技術主査、九州大学助教授を経て、1987～2002年九州大学教授、1993～1996年佐賀県立名護屋城博物館初代館長、2004～2008年韓国伝統文化学校（現、韓国伝統文化大学）外国人招聘教授。
現在、海の道むなかた館長、九州歴史資料館名誉館長、糸島市立伊都国歴史博物館名誉館長、九州大学名誉教授、名誉文学博士（東亜大学校・国立公州大学校）。
主な著書・編著『東アジア考古学辞典』（東京堂出版）、『魏志倭人伝の考古学－邪馬台国への道』（学生社）、『古代北東アジアの中の日本』（梓書院）、『邪馬台国をめぐる国々』（雄山閣）、『古代日本と朝鮮半島の交流史』（同成社）、『北東アジアの中の弥生文化』『北東アジアの中の古墳文化』（梓書院）など。

地域《ちいき》の考古学《こうこがく》　私《わたし》の考古学講義《こうこがくこうぎ》

2018年12月15日　初版第1刷発行

著　者　西谷　正
発行者　田村志朗
発行所　㈱梓書院

〒812-0044 福岡市博多区千代3-2-1
TEL 092-643-7075
印刷・製本　大同印刷㈱

ISBN978-4-87035-638-2